THE PERENNIALS:
The Megatrends Creating
a Postgenerational Society

多代社会

重新思考事业、家庭和未来规划

[西班牙] 莫洛·F. 纪廉（Mauro F. Guillén）/ 著
张培青 陈召强 / 译

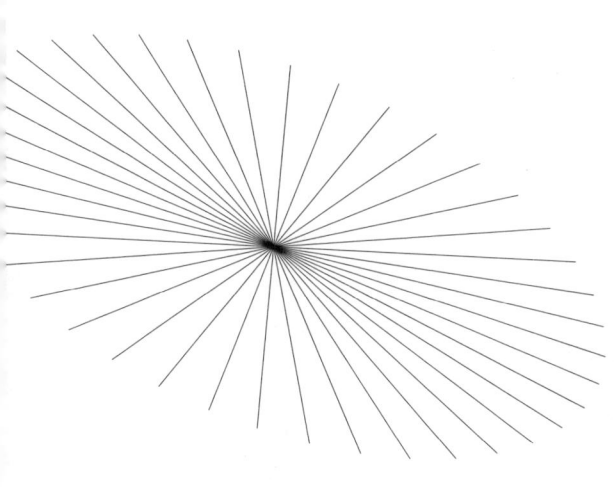
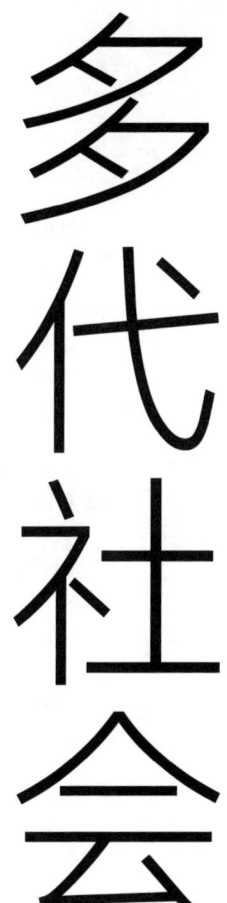

中信出版集团 | 北京

图书在版编目（CIP）数据

多代社会 /（西）莫洛·F. 纪廉著；张培青，陈召强译 . -- 北京：中信出版社，2024.6
书名原文：The Perennials: The Megatrends Creating a Postgenerational Society
ISBN 978-7-5217-6487-1

Ⅰ.①多… Ⅱ.①莫… ②张… ③陈… Ⅲ.①社会学－研究 Ⅳ.① C91

中国国家版本馆 CIP 数据核字（2024）第 072116 号

The Perennials by Mauro F. Guillén
Copyright © 2023 by Mauro F. Guillén
Published by arrangement with Aevitas Creative Management, through The Grayhawk Agency Ltd.
Simplified Chinese translation copyright © 2024 by CITIC Press Corporation
ALL RIGHTS RESERVED
本书仅限中国大陆地区发行销售

多代社会

著者：　　[西] 莫洛·F. 纪廉
译者：　　张培青　陈召强
出版发行：中信出版集团股份有限公司
　　　　　（北京市朝阳区东三环北路 27 号嘉铭中心　邮编　100020）
承印者：　北京盛通印刷股份有限公司

开本：787mm×1092mm　1/16　　印张：17.5　　字数：237 千字
版次：2024 年 6 月第 1 版　　　　印次：2024 年 6 月第 1 次印刷
京权图字：01-2024-1963　　　　　书号：ISBN 978-7-5217-6487-1
定价：75.00 元

版权所有·侵权必究
如有印刷、装订问题，本公司负责调换。
服务热线：400-600-8099
投稿邮箱：author@citicpub.com

献给

桑德拉、丹妮拉和安德烈娅

目录

推荐序一　颠覆传统认知，积极应对人口变局　　　　　　/7
推荐序二　"皆大欢喜"的后世代社会？　　　　　　　　/11
推荐序三　迎接后世代社会：拥抱开放与变革　　　　　　/17
后世代社会的关键数据　　　　　　　　　　　　　　　　/23
前言　　　　　　　　　　　　　　　　　　　　　　　　/25

01 人生四站
玩乐、学习、工作和退休

人生顺序模式　　　　　　　　　　　　　　　　　　/005
从儿女一箩筐到小皇帝　　　　　　　　　　　　　　/009
青少年的烦恼　　　　　　　　　　　　　　　　　　/013
中年危机　　　　　　　　　　　　　　　　　　　　/015
孤独的时代　　　　　　　　　　　　　　　　　　　/018
代际冲突　　　　　　　　　　　　　　　　　　　　/020

02 长寿与健康
在延长的寿命中活得更健康

人类寿命简史　　　　　　　　　　　　　　　　　　/024
中年白人男性怎么了　　　　　　　　　　　　　　　/026
是什么"杀死"了职业女性　　　　　　　　　　　　/028
绝望之死　　　　　　　　　　　　　　　　　　　　/030
从"不老泉"到延缓衰老的"上帝分子"　　　　　　/031
寿命和健康寿命　　　　　　　　　　　　　　　　　/034

代际正义 /037
养老金体系 /039
消除问题与解决问题 /042

03 核心家庭的兴衰
更加多元化的家庭与生活安排

核心家庭：挣扎与绝望 /048
"非传统"家庭 /051
单人家庭 /056
"空巢"不再 /058
多代家庭回归 /062
性别及无性别认同 /067

04 无因的反叛
不再做重大决定的青少年

父母压力和终身收入悖论 /074
青春完美主义和自由冒险主义 /078
附带伤害和机会不平等 /080
未来的工作 /082
重新构思中小学教育 /085
功能性文盲 /088
语言教育很重要 /089
高中和大学到底怎么了 /092

05 职业转换和终身学习
一生中更换多个职业赛道

寿命 × 健康寿命 × 技术 ＝ 多种职业生涯 /097

在线教育应运而生 /100
企业和政府都需要改变 /105
多代工作场所 /108
思考常青一代 /112

06 畅想退休生活
退休后再就业

推迟退休年龄 /122
60岁及以上的就业人数增多 /127
退休后再就业 /128
科技与老年人工作 /130
退休不平等 /134
后世代社会中的退休 /136

07 百岁继承
长寿颠覆遗产规划

一切始于巴比伦 /141
继承预期与继承结果 /142
继承乘数 /146
遗产继承、财富不平等和遗产税 /149
再婚打破继承权 /152
女性、财富和遗产继承 /155

08 女性
游戏规则的改变者

头胎生育年龄推迟 /163
母亲的压力 /165

母职惩罚和父职红利	/166
"妈咪轨道"的争议	/168
少女妈妈和单身母亲	/171
摒弃人生顺序模式	/174

09 后世代消费市场
摒弃以年龄为基础的市场细分假定

关于世代的刻板印象、偏见和模糊性	/182
从年龄歧视到"无龄感消费者"	/186
代际影响	/191
常青一代与后世代营销	/195

10 迈向常青一代社会
重塑生活方式

常青一代思维	/205
设想一个常青一代社会	/206
文化变革	/209
组织变革	/211
政策变革	/213
加快发展后世代社会和经济	/215

| **致谢** | /223 |
| **资料来源** | /225 |

推荐序一
颠覆传统认知，积极应对人口变局

原 新

南开大学老龄发展战略研究中心教授、主任

随着工业化、科技化和现代化进程加快，晚婚晚育行为成为社会主流，不婚不育行为也以多元价值观的形式被大众所包容。一方面，在传统婚育制度遭受冲击的情况下，出生人口减少，少子化愈演愈烈，家庭规模逐渐小型化，已然成为全球化现象，多代人口共存在一个时间段的可能性越来越大，然而共居在一个屋檐下的情景却越来越少见。另一方面，随着长寿化的快速发展，以及由此衍生的第三人生、延迟法定退休年龄改革，多代人口在社会情景，尤其是在工作情景共存的情况越来越普遍，简约与多元共振，合作与冲突共处，机遇与挑战共存，置身其间的各代不断探索应对之道，由此引发多代革命，目标是迈向常青一代社会。在人类历史长河中，自工业革命以来的短短200多年的时间，成为人口变局及经济社会变革最为集中的时期。经济社会依次走过了工业化、城镇化、农业现代化、信息化发展阶段，正在迈向现代化社会。人类自产生之日起，人口数量历经百万年的缓慢增加，终于在1800年前后达到10亿人，然而在随后的两个多世纪的时间里，人口数量净增加70亿人，2022年11月15日地球总人口达到80亿人。在同样的时间段，人类长寿化伴随死亡率的普遍下降快速挺进，出生时平均预期寿命从25～35岁攀升至72岁以上，走向长寿化时代；人口少子化伴随生育率的下降不断加速，总和生育率从5～6降至2.2，一半以上国家和地区的生育率已经达到或低于更替水平，步入低生育率时代；由此导致人口数量增长速度放缓，甚至40多个国家和地区的人口开始负增长，人口老龄化和长寿化是全球大趋势，超过100个国家和地区已经进入老龄化社会。多代共存的大趋势愈演愈烈，多代革命不可避免。勇于承认和客观看待多代共存的发展趋势，是完成多代革命的前提。多代共存意味着机遇和挑战并存，如何转"危"为"机"，需要我们及早解放思想，变革思维，以宏大的格局和预见性的眼光颠覆传统认知，认真审视这场21世纪的人口革命浪潮。

  这本书是应运而生之作，作者文笔细腻，角度新颖，视野宏大，为我们娓娓道来人口世代更迭的历史、现在和未来，为我们坚定了置身于人口变局中的人口信心，描绘了人生规划的人口坐标，勾勒了多代和谐共生的人口蓝图。

  本书的主要特色体现在三个方面。

  第一，为积极老龄化和成功老龄化提供了事实支撑，为多代合作共存提供了理论支撑。作者通过详细的资料，论证了人口创造力并不是随着时间推移而绝对衰退的，老龄化社会并不必然带来创造力衰减，老年人口通过经验积累也能迎来新的创造力高峰，而且这种创造力与年轻人口通过认知能力拥有的创造力并不冲突，不同年龄段的创造力具有互相协作的可能。这有效回击了当前社会热议的"老年人口延迟退休会抢占年轻人口工作机会""老龄化必然导致创新能力下降"的观点，夯实了积极应对人口老龄化的创造力基础。

第二，为打破固化的人生顺序模式提供宏大的历史视角和创新思维。作者认为我们当前习以为常的人生顺序是自工业革命以来逐渐构建起来的，尚未超过 200 年时间。长寿化、少子化、老龄化等人口变动已经打破长久以来的人口结构，我们如果继续故步自封，坚守这种刻板的人生顺序会显得不合时宜，"落伍"于时代潮流。作者以大历史观审视和反思旧有的人生顺序模式，恰恰印证了人口学界近些年探讨的人口结构快速变迁与社会架构滞后转变所导致的老龄社会治理失序问题，让我们对理论问题的解读有了更新颖的思路，基于对传统的人生顺序的颠覆，作者引导我们重新思考"何为老年人"，此时年龄仿佛成为一个狭隘且充满歧视的僵化标准，亟待快速打破和重新建构。

第三，为积极应对人口变局而重塑全新的人生顺序和安排。打破既有的由玩乐、学习、工作和退休依次构成的"人生四站"顺序格局，需要建构出新的顺序和安排，否则将导致失序格局堕入无序格局。首先是思考以养老金为主的社会保障可持续性问题，在延迟退休、提高就业人员及其雇主的缴费基数和税率、削减福利或加大从国外引入年轻劳动力等传统措施之外，系统地变革社会生活安排。促进更深层次的性别平等，保障女性合法权益，推进家庭支持措施。良好的人口政策不仅是为想生育的人群做好支持性举措安排，也要为非传统婚育行为（如非婚生育）提供足够的尊重；良好的教育政策不仅是提高入学率和扩大教育规模，更要关注教育结构和教育质量，看到教育并不完全等于培养职业者。要以人为本，关注人的全面发展，思考遗产税如何征收，等等。

成功的多代革命需要我们客观地认识人口变局，准确地把握人口发展的新特征，以及关注与人口浪潮同频共振的家庭转型、社会转型、经济转型和发展转型，还要看到技术转型的伟大浪潮。这本书预见性地关注到了多浪潮的交叠，为我们进一步思考人口变局打开了一角天窗。更进一步地，我们要看到当前技术浪潮包括互联网、物联网、人工智能、大数据、区块链、云计算、网络安全、新能源等多方面，基于此要牢牢把握老龄化、少子化、长寿化、城镇化、信息化、数字化、家庭小型化等多化共振的时代脉搏，为掀起更深层次的多代革命筑牢技术支撑，时刻做好迎接技术创新和变革的充分准备。

作者基于西方经验，呈现了多代革命的综合性。照拂我国现实，我们还要看到不同于西方现代化的中国式现代化特征，看到中国的多代革命必须也持续立足于人口规模巨大的国情，立足于全体人民共同富裕的追求，立足于物质文明和精神文明相协调的实践，立足于人与自然和谐共生的理念，立足于走和平发展道路的使命，在中国式现代化探索中比较中西方多代革命的异同，找寻属于我们自己的人口与经济社会、资源环境相协调的可持续发展道路，也为世界其他国家和地区的人口发展提供经验参考。

面向未来，我们坚持在积极应对人口老龄化国家战略的总体布局下，科学认识、主动适应、积极应对，将多代革命的理念融入中国式现代化发展的全领域和全过程，以人口为基础，促进经济、社会、文化、家庭、教育和职场等多维度革新和创造。

推荐序二
"皆大欢喜"的后世代社会？

庞中英

四川大学经济学院文科讲席教授

《多代社会》是继《趋势2030：重塑未来世界的八大趋势》之后，莫洛·F. 纪廉的又一本原创力作，出版后受到世界范围的普遍关注。

纪廉教授是一位杰出的社会学家，被誉为"具有原创性的思想者"。除了社会方面的"大趋势"，他目前的研究涵盖全球化的影响、比较竞争力和新兴市场等领域。

据美国宾夕法尼亚大学沃顿商学院官网介绍，莫洛·F. 纪廉是该院跨国管理学教授、负责工商管理硕士项目的副院长。我注意到，这一介绍的发布时间是2023年9月。① 在我写《趋势2030：重塑未来世界的八大趋势》的推荐序时，他正在英国剑桥大学贾奇商学院担任院长。是的，纪廉教授在英国剑桥大学只任职两年就返回了沃顿商学院。宾夕法尼亚大学的多项全球排名均在英国剑桥大学后，

---

① https://mgmt.wharton.upenn.edu/profile/guillen

但是沃顿商学院的排名比贾奇商学院靠前，有时名列全球商学院前三（另外两所是斯坦福商学院和哈佛商学院）。当然，贾奇商学院也是一流的，一般排在全球商学院的前 10 名。①

莫洛·F. 纪廉毕业于西班牙奥维耶多大学，专业是政治经济学和商业管理学。我对这所大学并不了解，查询后发现奥维耶多大学的经济学和管理学在西班牙甚至欧盟地区都还是不错的。凭借坚实的本科基础，他 1992 年在美国顶尖的耶鲁大学获得社会学博士学位。

在这本书中，纪廉教授指出他的前一本书存在不足："我在《趋势 2030：重塑未来世界的八大趋势》中并没有完全认识到人口和技术将形成合力，一同解构我们自 19 世纪末延续下来的人生顺序模式。"《趋势 2030：重塑未来世界的八大趋势》写于新冠肺炎疫情暴发前夕，没有考虑到难以预见的颠覆性社会中断，而这本书写于疫情期间，出版于其结束后。

我们可以将纪廉教授的这本书看作一篇分为两大部分的长论文，第一部分是关于大趋势的，第二部分是关于如何应对这个大趋势的。

我认为，这本书有以下几个亮点。

一、在多代共处的后世代社会，人类不仅越来越长寿，而且是健康的长寿，七十不再是"古来稀"，百岁老人并不罕见，五代人甚至六代人共处在一个家庭或者社区的情况也司空见惯。这是全球的现实和趋势，纪廉教授把这一现实和趋势称为"后世代社会"。

这个社会中的成员就是"常青一代"，这个词源于一个有意思的比喻，其原名是指各种生命时间超过两年的植物。常青一代是"一个由各行各业的、不同年龄的人组成的永远绽放的群体；他们超越了刻板成见，彼此间建立联系，同时与自己周围的世界建立联系"。不同于婴儿潮一代、千禧一代等以出生时代定义的群体，常青一代

---

① https://www.topuniversities.com/mba-rankings/global?page=3

不再单纯依据年龄来定义自己及他们应该做的事情，他们愿意尝试新事物，消费行为更多地受信念而非年龄支配。在这样的思维下，人们"可以依照环境的变化，不断修正人生方向、学习新的技能或改变自己所从事的职业"。不同代的人可以在工作和学习之间来回转换身份。

纪廉教授在这本书中指出："随着预期寿命的延长，多代人开始共享同一个舞台。在经济转型和技术创新的推动下，不同代的人越来越倾向于一起学习、一起工作、一起生活、一起消费。"这是一个新的舞台。那么旧的舞台呢？我们所熟悉的是"从上学到工作再到退休的人生顺序模式"，"如今，这种模式逐渐退出历史舞台"。

二、"后世代革命"是一场真正的"范式转变"。

纪廉教授认为：由于后世代社会的到来，"一场（社会）革命已经拉开序幕"。后世代革命正在和将要"从根本上重塑我们的个人生活、我们的公司、我们的经济乃至全球社会"。

在包括中国在内的很多国家，65岁及以上的健康老人不是在养老或者退休后成为银发经济的主角，而是真正投入他们在新阶段的新事业。百岁高龄逝世的美国前国务卿基辛格博士在20世纪80年代初从美国政府退休后，开启了他一生真正的大事业。他最后的40多年远比他的前50多年精彩，成功地克服了老龄化的干扰，一直勤奋工作到去世。2023年5月，基辛格度过百岁生日，7月他居然洲际旅行，最后一次访问中国。

未来，后世代革命将更加全面地展开，身处其中的各代人之间的新分工将重构各行各业。

三、应对大趋势的常青思维。

这本书的价值不仅在于指出了一个社会问题，而且在于提出了应对这个问题的方法。伟大的美籍奥地利经济学家熊彼特在20世纪30年代末提出"创造性破坏"理论。纪廉的"创造后世代的社会"

正是为了在21世纪通过创新引领社会学意义上的"创造性破坏"，取代19世纪以来的主流社会模型，建设21世纪的主流社会模式。

纪廉教授在这本书中努力为常青一代及常青社会提出了令人耳目一新的方法："长寿不仅对退休人员有积极的影响，对处于人生每个阶段的每个人也都有积极的影响。更长的寿命意味着人们可以为他们的孙子女创造更多的机会和更大的回旋空间，而无论孙子女的年龄多大，他们都可以借此改变目标、过间隔年或重塑自我。""政府、公司和其他组织要摒弃人生顺序模式。""同时追求多项而不是一项事业、职业或专业，并可从中获得不同的人生成就感。最重要的是，十几岁和二十几岁的人可以为他们人生中的多个转变做出规划和决定，而不是简单的一条道走到黑，即从学习到工作，然后再从工作到退休。"

在最后一章，纪廉教授引用了英国经济学家凯恩斯的一句名言："开发新思路并不难，难的是摒弃旧观念。"显然他希望人们拥抱这样一个新的时代，社会各方面的相关者都来主动推翻固有的人生和事业观念，开创每个人、每代人的常青人生，从而在21世纪形成一场历史性的社会变革。

纪廉教授还谈到了在普遍健康长寿的社会出现的养老金危机，认为如果推动健康长寿者规划其新的事业人生，解决养老金危机还是有出路的。

也许是限于篇幅，纪廉教授没有充分阐释全球社会及世界各国当前面对的巨大挑战：现存的世界秩序不适应、不能很好地应对已经发生巨大变化（例如全球化）的世界。近几年，我们经历了新冠肺炎大流行、具有全球影响的区域战争、日益加速的"去全球化"等大的事变，却对这些全球性挑战缺少真正的全球治理。这些事变已经改变很多经济学家、政治学家、历史学家、人口学家、社会学家和统计学家对人类预期寿命（健康预期寿命）和未来社会的乐观主义想象。未来的大危机、大中断还将发生，迈向进步而繁荣的后世代社会注定面临挑战。

在后世代社会，各代之间的关系可能延续以往人类各代之间关系的本质，例如分工合作和代沟冲突并存。我们不一定因为人类更加长寿、享受百年的生命跨度和多代相处，就对基于人性的各代之间关系的积极改变抱持过分乐观的态度。

推荐序三

迎接后世代社会：拥抱开放与变革

邓 宇

上海金融与发展实验室特聘研究员

不同时期，关于跨世代的研究各有维度，过去的研究通常置于历史比较或宏大叙事之中，虽有不少经典论述，但多居于理论维度，如何通俗易懂地讨论跨世代问题，则需要比较深厚的社会研究功底，甚至需要一定的跨学科知识基础。这本书的出版在一定程度上填补了这个领域的空白。这本书的作者莫洛·F.纪廉教授长期研究组织理论、经济社会学、比较社会学、国际化管理、竞争力和新兴经济体、数字平台等议题，在这些领域拥有深刻的见解和长期的研究经历。当下，这些议题不仅十分重要，而且讨论的热度始终不减。读者通常会带有很强烈的感受，试着跟随作者勾勒的线索和图景寻找自己的定位，即面对巨变的复杂时代，我们如何应对？这本书传递了一个非常清晰有力的观点，即"摆脱旧有观念，驾驭变革浪潮"。

巨变的时代究竟是怎样的图景呢？纪廉教授在2022年出版的《趋势2030：重塑未来世界的八大趋势》一书中给出了应对复杂变

化的横向思维方式及七个生存指南，为我们应对未来世界的巨变提供了一幅路线图，希望能给组织和个人带来参考和启发。在那本书中，作者对人口结构的变化尤为关注，这也凸显了最底层且最重要的逻辑——人口因素是所有经济和商业变迁的基础。就目前我们所处的人口结构和趋势来看，人口老龄化、少子化及人的寿命延长等逐渐形成银发经济和老龄化金融，并使得女性的角色变得更加重要，而人口结构变化也会影响到城市化、中产阶级及互联网文化等，这些因素构成了未来的数字化、智能化并伴随共享经济、货币结构变化及新的消费习惯、社交文化。《多代社会》一书首先从常青一代与后世代社会的关键数据挖掘其中的逻辑及演变趋势。

不难发现，有几组数据是值得高度重视的，即普遍热议的人口老龄化和少子化现象在欧洲、日本等发达国家普遍存在，在中国，人口老龄化同样不可忽视。第一组人口数据是源于外部的统计：一是老龄化，研究统计，到 21 世纪中叶，65 岁及以上的人口数量预计将增加一倍以上，达到 16 亿人，80 岁及以上的人口增长速度更快；二是少子化，目前全球人口替代率已滑落至 2.3 且持续下降。全球国内生产总值最大的 15 个国家的生育率都低于标准的人口替代率 2.1。第二组数据则来自作者的视角，这些关键数据别有意味。自 1900 年以来，美国人的出生时平均预期寿命从 46 岁增长到 78 岁，增加了 32 年；按国家划分，在 30 岁及以上人口中，通过传统方式接受高等教育的最高比例达到 10%~15%。大致来看，前述的人口老龄化和少子化已有较多讨论。但围绕作者提供的数据揭示了多代革命所发生的现象和趋势，足见作者的敏锐观察和长期思考。

客观上，大多数人会先入为主地认为，代与代之间存在不可弥合的鸿沟，但这些鸿沟是否真的不可弥合呢？作者在这本书中描述宝马公司的案例却给出了不同的答案，他们发现年龄多元化的工作组不仅能够提升工作效率，而且可以减少工作失误。以多元化的视角来看待一个项目或审视一个问题，反而汇聚的想法更多，完成目标的优势更大。各代有不同的生活准则，很难朝着相同的方向前进，总有"长江后浪推前浪"，而不是延续一代又一代——无休止地重复。作者指出，由于长久以来的人口结构转型，这种状况已经变得不合时宜。这里有两个新趋势：一个是人的寿命在增长，如何适应人口老龄化需要新的思维和理念；另一个是多代生活和工作的环境是相同的，即互联网和数字化，因而终身学习能够实现多代共存。

这本书的前两章以一定的篇幅梳理了传统意义上的"人生四站"，即人生的四个不同阶段——玩乐、学习、工作和退休，这样的观念根深蒂固。但是，能否改变这种旧模式、旧思维呢？书中提出了一个颇具趣味的问题：如果我们换个角度来思考生活，会怎么样？作者给出了一个清晰的见解，即"人的预期寿命越长，保持选择的开放性就越重要，相应地，做'重大决定'的意义就越小"。作者在第2章讨论了长寿与健康的话题，他观察发现人们普遍希望过上一种更好、更健康的生活，而不是单纯地追求长寿。人口老龄化范式下，多代在互联网文化和数字化思维方面逐渐趋同，特别是在高学历教育群体中尤为突出，即作者希望说服政府、公司、教育机构及其他组织尝试新的生活模式、学习模式、工作模式和消费模式。环顾当下，后世代社会催生了多种冲突，包括社会福利分配、资源共享等。作者提出，为寻求代际平衡，人们可能需要考虑一些中间方案。

后世代社会常出现"孤独感""社交恐惧症"等现象，恰恰反映了它的复杂性。人们不得不关注的是家庭的角色和功能的变化。作者在第3章重点讨论"核心家庭的兴衰"这一话题。20世纪70年代是核心家庭的全盛时期，核心家庭虽有益处，但作者指出了其中存在的一些问题，例如核心家庭的理念过于强调"成长"，使得孩子不得不承受巨大的压力，竭尽所能地为成人做准备，而且加剧了社会的不平等。当前核心家庭已经出现新的变化，作者认为我们所处的社会已经不再是一个严格遵循人生顺序模式且以传统的核心家庭为主体的社会。从我们自身的角度来看，目前我国大约有1.5亿个独生子女家庭。研究表明，只有一个孩子使得这些家庭与多子女家庭相比更加脆弱，风险度更高。这本书也讨论了世界范围内出现不同程度的"单亲家庭""空巢老人""独居"等现象。政府部门、公益组织和社会团体需要共同参与，通过政策、协作和保障制度来改变现状。

　　作者指出，多代家庭的回归渐成趋势，包括寿命的延长、出生率的下降、代际边界的模糊、未接受过良好教育的年轻人所面临的种种困境，以及人们对归属感的渴望，等等。回到家庭和教育方面，作者认为传统的家庭模式容易诱发少年儿童的成长压力，因而更倾向于让青少年和年轻的成年人能够重新审视自己的选择，修正方向，并通过试错法来实时适应新的情况。这一理念体现了贯穿这本书始终的思考："拥抱世代精神，让多代人一起生活、一起学习、一起工作、一起消费。"比较而言，无论是社交恐惧症还是独居生活的普遍化，均揭示了现代社会亟待消除的弊病，转而以开放、包容和接纳的姿态重新掀起变革浪潮，摒弃旧思维。如作者所言，从人生顺序模式中解放出来，也更有可能创造公平的竞争环境，让每个人都有机会过上有意义的生活。

　　如何过上有意义的生活？这本书花了较大篇幅讨论职业生涯、退休生活、女性职业发展及后世代消费等话题，体现在两个维度。其一，拥有变革的思维，在谈到女性职业发展时，作者呼吁"把女性从人生顺序模式的暴政中解放出来"，比如更灵活的工作安排、给予女性更多的选择。其二，拥抱开放和包容的观念，在谈到后世代消费市场话题时，作者认为，在消费者市场，"年轻"和"年老"的概念被越来越多的人认为带有偏见性和歧视性，并围绕常青一代与后世代市场营销提出两个策略：一是采取更包容的方法，不被年龄定义，只关注受众的价值观和相似之处；二是瞄准特定受众，但要展现积极、现代和进取的精神基调，不同年龄段的人群能够产生交集并享受由此带来的多样性。这本书最后强调，迈向常青一代社会需要在文化、组织和政策等方面实施更多的变革，包括更灵活的时间安排、教育和知识变得更加普及、全面改革养老金制度、拥抱包容的市场营销策略等。

　　读完这本书，我一如既往地感受到作者本人一直传达的理念，即开放、包容和共享。当今世界，虽然全球经济和贸易互联互通达到前所未有的高度，数字经济和互联网蓬勃发展，信息传递、资源共享、社会生产和文化交流比过去更加频繁，但也出现了新的趋势，例如逆全球化、全球气候变化、人口老龄化等新议题，这些议题关乎全人类可持续发展，更需要国际社会的共同合作，而非孤立或限制。如果说《趋势2030：重塑未来世界的八大趋势》主要从宏观层面为我们应对未来世界的巨变提供了一幅路线图，它有助于我们站在当下看未来，建立对未知和不确定性的认知，那么《多代社会》则从中观甚至微观层面为我们描绘了"后世代革命"给个人生活、公司组织、职业发展、家庭组合、商业营销等带来的巨大影响。作者虽在讨论未来，但这些趋势正在逐步应验，关键在于我们需要重新考虑传统的假定，重组人生顺序，发现新的机遇。

后世代社会的关键数据

随着预期寿命的延长，多代人开始共享同一个舞台。在经济转型和技术创新的推动下，不同代的人越来越倾向于一起学习、一起工作、一起生活、一起消费。按照旧有的人生顺序模式——从上学到工作再到退休，我们被定义为婴儿潮一代、千禧一代等，而这种划分是建立在这些群体做事方式的陈腐假设之上的。如今，这种模式逐渐退出历史舞台，一场革命已经拉开序幕。它正着力创建多种路径，助力人们灵活应对各种变化和意外事件。我们正见证后世代社会的到来，这个社会中的成员就是我们所说的常青一代——定义他们的不再是他们出生的年代，而是他们工作和学习的方式，以及与人互动的方式。

32 年： 自 1900 年以来，美国人的出生时平均预期寿命从 46 岁增长到 78 岁，增加了 32 年。

19~25年： 60岁后，美国人、欧洲人、拉丁美洲人和亚洲人平均还能再活19~25年。

13~17年： 60岁后，人们还可以健康生活13~17年。

8代： 在世界舞台上，目前有8代人共存。

18%： 2021年美国核心家庭所占的比例（18%）低于1970年的40%。所谓核心家庭，是指由一对已婚夫妇及至少一名18岁以下的子女组成的家庭。

另一个18%： 2021年生活在多代家庭中的美国人的比例（18%）高于1971年的7%。所谓多代家庭，是指三代或三代以上的人在一起生活的家庭。

10%~15%： 按国家划分，在30岁及以上人口中，通过传统方式接受高等教育的最高比例。

30%~35%： 按国家划分，在30岁及以上人口中，通过数字平台学习的最高比例。

46%： 对多代劳动力队伍的潜在优势感兴趣的国际高管的比例。

37%~38%： 在英国的Z一代和千禧一代中，有37%~38%表示他们的品牌选择受父母或监护人的影响——这一比例高于受名人和社交媒体网红影响的比例。

前言

宝马是全球知名的品牌之一,也是"终极驾驶机器"的制造者。不同于以移动装配线而闻名的福特或以参与式工作法而闻名的丰田,这家德国企业之所以能够成为头条新闻的常客,在于它的技术突破。多年来,宝马传奇的工程技术造就了很多创新,比如可减缓摩托车在颠簸路面行驶时所产生的冲击力的液压前叉、8缸合金发动机、电控防抱装置及非常成熟的纯电动汽车等。然而,对当下的宝马来说,令人瞩目的是其开创先河,着力打造一个包含5代人的工作场所,并将他们独特的技能和视角带到工作中。为此,宝马重新设计了工厂及工厂内的各个部门,使得在一起共事的多代人都能安心工作,从而提高了生产率和工作满意度。

宝马的母本工厂位于德国拜恩州首府慕尼黑的北部地区。"来自50多个国家的约8 000名员工在这里工作,其中有850名是实习生。"宝马的官方网站上写道,"每天,这里会生产大约1 000辆汽车及 2 000 台发动机。该工厂已经完全融入集团的全球生产网络。"

乍看上去，这个多代工作场所似乎是一个滋生文化误解、文化摩擦和文化冲突的温床。在很多人看来，每代人在工作上有着不同的激励因素，比如满意度、金钱或员工福利。再者，他们对技术的态度也不尽相同。举例来说，年轻一代更喜欢通过短消息或视频来交流，其他人则常采用面对面交流的方式。这就是为什么包括宝马在内的众多公司一度不愿意把多代人安排在同一个车间或同一间办公室。不过，让多代人在工作上相互协作也有明显的优势。宝马注意到，年长的员工会逐渐失去思维的敏捷性和反应速度，但他们能利用其他资源来解决问题，而这通常建立在经验的基础上。

然而，年龄和工作绩效之间的关系并不是一条直线。美国俄亥俄州立大学的研究人员惊奇地发现，人类的创造力在 20 多岁时达到巅峰，到 50 多岁时又会重回巅峰。至于其中的原因，他们发现，在职业生涯早期，人们只能依靠自己的认知能力，但随着大脑运转速度放缓，他们开始学着利用经验来弥补思维能力方面的衰退。不同年龄段的人拥有不同的能力，这也是宝马将多代人整合到同一工作场所的原因。他们发现，年龄多元化的工作组不仅能够提升工作效率，而且可以减少工作失误。"多代团队会以多元化的视角来看待一个项目或审视一个问题。"专注于该方面研究的海伦·丹尼斯（Helen Dennis）说，"汇聚的想法越多，完成目标的优势就越大。"

多代工作场所的发展潜力正与日俱增，这对我们的传统观念提出了挑战，其中包括我们怎么看待不同年龄段的人，也包括我们怎么看不同年龄段的人所能做的事情及所能取得的成就。我们常听人说，"我太年轻了，干不了那份工作"或"我年纪太大了，学不来这种新工作"。在 19 世纪 80 年代首次引入普及教育和"老年"养老金后，人们的生活就被划分为一个简单的阶段序列。幼年时期用于成长和玩乐，接下来是上学，可能还要读大学，然后参加工作。不知不觉中，我们就到了退休年龄。当我们回望这个被认为是完整而有序的线性生活模式时，我们希望子孙后代也能在他们的一生中重复同样的生活轨迹。自那时起，人生在世的时间就被严格划分为一系列明显不同的阶段。

我把这种划分生活阶段的方式称为"人生顺序模式"。在过去的大约150年里，每代人都被告知要遵循同样的规则：从日本到美国，从斯堪的纳维亚到非洲最南端，整个世界莫不如此。与此同时，战争此起彼伏，帝国兴衰更迭，女性获得选举权，人类登上月球，并向火星发射机器人探测车。但我们依然延续着以往的生活方式，一代又一代，无休止地重复。

由于长久以来的人口结构转型，这种状况已经变得不合时宜。

毋庸置疑，人类现在的寿命远超以往任何一个时期。1900年，美国人的出生时平均预期寿命为46岁，而到2022年，这一数字达到了78岁。算入新冠肺炎大流行的影响，出生时平均预期寿命会在20年内达到83岁。也就是说，美国人活到60岁后，平均还能再活23年。在某种意义上，这是人生中的另一个人生。西欧国家的情况甚至更好一些：人活到60岁后，平均还能再活25年。在亚洲，人活到60岁后，平均还能再活20年。即便是在很多方面都有待取得长足进展的非洲，这个数字也达到了惊人的16年。除了更长寿，我们还能够在更长的时间内保持更好的身体和精神状态，即所谓的健康寿命。这就意味着，现在70岁的人可以追求两代人之前的60岁的人的积极生活方式。

寿命和健康寿命都在不断延长，所以关于老年的定义也随着时间推移发生了变化。1875年，英国的《互助社团法案》（Friendly Societies Act）将"老年人"定义为50岁及以上的人。"40岁是青年的老年。50岁是老年的青年。"法国作家维克多·雨果说。雨果于1885年去世，享年83岁，所以他一生中有40%的时间属于老年。

二战后，60岁被普遍认为是老年的划线标准。在世界卫生组织的统计报告中，这个数字在60~65岁之间变动，也就是说，即便是专家，也不是很清楚该如何为老年划线。相比之下，世界经济论坛则采用了动态的定义方法，引入"预期年龄"的概念——预期寿命减去15年即为预期年龄；换句话说，当一个人的预期寿命还剩15年时，他便迈入了老年的门槛。以美国为例，时下老年的划线年龄当为63岁，这比雨果生活的那个时代的划线年龄晚了十几年。

但在寿命持续延长的这一趋势中，并非一切都是美好的。年轻一代的纳税人与那些已经在享受医疗保健和养老金福利的退休人员之间的摩擦正在激增。此外，在从人生的一个阶段过渡到另一个阶段的过程中，有太多的人在苦苦挣扎，比如走出青春期、中年危机或退休后的孤独，那些因青少年怀孕、辍学、家庭悲剧、离婚或药物滥用而致使生活脱轨的人，往往也很难再回归正常的生活轨道。在平衡家庭与工作方面，很多职场母亲陷入困境，这已经不是什么新闻，而且在职业发展和薪资方面，她们也远没有得到公平对待。虽然我们的寿命和健康寿命都变得更长了，但我们仍受制于技术变革的腐蚀性作用，这是因为时下的技术变革让我们的教育以更快的速度过时。知识的淘汰速度令人瞠目。过去，我们年轻时在学校学到的东西，可以在工作中用上几十年，那样的时代已经一去不返。

如果我们换个角度来思考生活，那会怎么样？

我们在不同的年龄段应该做什么，这并不是天生注定的。事实上，人生顺序模式是一种社会和政治建构，是建立在父权制和官僚制的概念之上的，正是这些概念将人们划分为不同的年龄组并赋予相应的角色。本书的基本观点是，预期寿命的延长、身体和精神健康的提升及技术驱动的知识过时三者形成合力，从根本上改变了整个生命过程的格局，并重新定义了我们在不同的年龄段可以做什么样的事情，以及多代人如何在一起生活、学习、工作和消费。

我将这些大规模的转型称为"后世代革命",这场革命会从根本上重塑我们的个人生活、我们的公司、我们的经济乃至全球社会。如此一来,我们就会见证常青一代人数的激增,用连续创业家吉娜·佩尔(Gina Pell)的话来说,常青一代是"一个由各行各业的、不同年龄的人组成的永远绽放的群体;他们超越了刻板成见,彼此间建立联系,同时与自己周围的世界建立联系……他们不以各自所属的世代为界限"。

"革命不是被制造出来的,而是自己到来的。"美国废奴主义者温德尔·菲利普斯(Wendell Phillips)说,"革命就像橡树一样,是自然生长的。它来自过去,其根基早在很久以前就已经打下。"的确如此,常青一代的革命性崛起是各种长期趋势综合作用的结果。在不太遥远的过去,就任何给定的时间点而言,最多会有4代或5代人共存,而如今,我们有8代人同时生活在这个星球上。在美国,这8代包括阿尔法一代(2013年及2013年后出生的人)、Z一代(1995—2012年出生的人)、千禧一代(1980—1994年出生的人)、微型一代(1975—1985年出生的人)、婴儿荒一代(1965—1979年出生的人)、婴儿潮一代(1946—1964年出生的人)、沉默的一代(1925—1945年出生的人)和最伟大的一代(1910—1924年出生的人)。在老龄化进程快于美国的日本、中国和欧洲国家,更是有多达9代人生活在同一舞台上。随着人类的寿命不断延长,在21世纪中叶之前可能会出现9代或10代人同台的场景。不同代的人能融洽相处吗?他们是否注定会陷入政治上充满争议的分配冲突,即由哪些人来为哪些服务和福利埋单?在为父母、祖父母和曾祖父母的医疗保健和养老金体系提供资金保障的问题上,年轻一代的纳税人有什么看法?我们能否通过常青思维来克服这些困难?这种思维框架又应该是什么样的?

本书的一个惊喜发现是,长寿不仅对退休人员有积极的影响,对处于人生每个阶段的每个人也都有积极的影响。更长的寿命意味着人们可以为他们的孙子女创造更多的机会和更大的回旋空间，而无论孙子女的年龄多大，他们都可以借此改变目标、过间隔年或重塑自我。但这里也有一个前提，那就是政府、公司和其他组织要摒弃人生顺序模式。如果人们能够从"适龄"活动的暴政中解放出来，进而成为常青一代，那么他们就有可能同时追求多项而不是一项事业、职业或专业，并可从中获得不同的人生成就感。最重要的是，十几岁和二十几岁的人可以为他们人生中的多个转变做出规划和决定，而不是简单的一条道走到黑，即从学习到工作，然后再从工作到退休。

在接下来的章节中，本书将会给出一个有违直觉的信息：人类的预期寿命越长，保持选择的开放性就越重要，相应地，做"重大决定"的意义就越小。举例来说，在一个由常青思维驱动的真正意义的后世代社会中，青少年将不必再为学习或未来工作的最佳路径而苦恼，因为他们知道更长的预期寿命意味着更多的机会。他们可以依照环境的变化，不断修正人生方向、学习新的技能或改变自己所从事的职业。

这可能就是等待我们的那个世界。在这样一个世界里，我们不必做出后果不可逆转的、会造成终生影响的重大决定。相反，在时间的长河中，我们可以参加更多的代际活动，并体验更多元的人生机会。比如，我们可以重新回到学校学习，我们不再被以年龄划分，不再区分主动和被动，也不再区分全日制和非全日制，等等。技术会让我们的知识和经验变得过时，但它同时可以为我们赋能，让我们拥有更灵活的、不断更新的学习与工作模式。我们的生活经历将不再遵循19世纪末大规模工业化和大众学校教育兴起时为我们确立的既定路径。事实上，我们将过上多种不同的生活，并与社会中不同代的人互动。鉴于数字平台已经广泛应用于远程办公与远程学习，这个社会将不再受年龄或距离的限制。认识到这种潜力的个人、公司和政府将进入一个生活、学习、工作和消费都不受限的新时代。如此一来，处于人生各个阶段的人都会拥有海量的机遇。这是真正意义上的后世代社会。

我是在新冠肺炎大流行期间决定写本书的。当时我被困在费城的家中，于是便将地下室作为办公室，并采购了必要的电子设备，同时借鉴我在《趋势2030：重塑未来世界的八大趋势》一书中所阐述的观点，开展教学并举办在线研讨会。该书英文版于2020年8月出版，也是我最新出版的一本书。通过线上讲坛，我与企业高管、财务分析师、猎头、政府官员、校长、独立书店店主、读书俱乐部成员、高中生、报社创始人、退休人员和医务工作者等众多人士分享了我不断发展的想法及种种分析。我向他们讲横向思维，以及将各种体验串联在一起的优点。我花了几个月的时间才发现，我在《趋势2030：重塑未来世界的八大趋势》中并没有完全认识到人口和技术将形成合力，一同解构我们自19世纪末延续下来的人生顺序模式。

正是在其中一次在线研讨会上，我领悟到了一个道理，而这最终也成为本书的根本性洞见的内容。那次研讨会的与会者是美国几家知名的动物园和水族馆的高层管理人员。在发言的过程中，我突然领悟到，除非充分考虑多代的动态发展情况，否则动物园不可能取得成功。祖父母会带孙子女去动物园玩，孩子们的父母也会因此满足自己对某种动物的喜爱，但介于这两代之间的其他人则对这种类型的外出活动缺乏兴趣。动物园怎样才能吸引青少年和那些没有子女或子女已经长大的成年人？为此，这些组织已经开始增设特别的节目或展览，并在其中融入视频游戏、虚拟现实和元宇宙等元素。在这个后世代的世界里，不仅是动物园，其他组织也需要利用一切可利用的工具，来启发处于人生各个阶段的人的想象力——切实做到毕其功于一役。

当我们重新审视自己的生活、学习、工作和消费方式时，思考每代的常青人口都是有意义的。新冠肺炎大流行让我们看到了远程学习和远程办公的巨大可能性，也看到了其艰巨性和局限性。它暴露了人类相对于机器人和智能机器的弱势，同时加剧了种族和性别的不平等。此外，它还有力地提醒我们，没有什么是永恒的。我想鼓励人们从另外一个角度看待学习、工作和消费，进而推动个人和组织去探索新的领域，并不断挑战自我，力求在一生中实现个人能力和个人成就的双突破。本书受众广泛，既适用于父母也适用于子女，既适用于男性也适用于女性，既适用于员工也适用于人才管理者，既适用于即将退休的人也适用于已经退休的人，既适用于家庭也适用于财富顾问，既适用于消费者也适用于市场营销人员。所有人都将受到后世代社会动态发展的影响。

在接下来的章节中，我会带你踏上环游世界的旅程，足迹遍布东亚、南亚、俄罗斯、中东、非洲、欧洲和美洲。我会谈及诸多小说、电影、电视剧及许多普通人，并以此来说明人生顺序模式在我们的文化和社会中的普遍性。我会指出这种组织生活的方式所造成的主要摩擦和困境，以及它们对社会各群体的影响。我还会介绍，在后世代革命和常青一代崛起的双重推动下，我们的生活、学习、工作、退休、继承和消费等将呈现何种发展趋势。

你会发现，我并没有神奇的、现成的灵丹妙药来解决与人生顺序模式相关的问题。试着把常青思维作为一种方法而非解决方案。我希望这种方法能让我们意识到，如果把人生看作一个以年龄划分不同阶段的线性序列，那么无论是个人还是家庭都将承受极其高昂的成本，进而使得很多人落后于时代发展的步伐。我希望用这种方法去挑战过时的假定，因为要想抓住当下这个技术时代的机遇，我们需要重新考虑那些假定。我希望用这种方法说服政府、公司、教育机构及其他组织，让它们尝试新的生活模式、学习模式、工作模式和消费模式，因为这些模式可以让我们在日趋明朗的后世代社会立足。同时，我也希望用这种方法为 21 世纪的我们开发出新的、富有想象力的生活方式，从而充分释放每个人与生俱来的潜力。

01　人生四站
玩乐、学习、工作和退休

> 我们的人生如溪流，
> 　　汇入大海，
> 　　遂告终止。
>
> ———
>
> 豪尔赫·曼里克（Jorge Manrique，约1440—1479），
> 《悼亡父》

时间倒回至1881年。当时，"铁血宰相"奥托·冯·俾斯麦正着力将统一后的德意志帝国打造成一个经济和地缘政治强国。这个国家不仅拥有丰富的煤炭和铁矿石资源、不断增长的人口规模、雄厚的金融资本和充满活力的大学体系，还有许多发明家和企业家，他们为世界带来了内燃机、阿司匹林和X光机。与此同时，在卡尔·马克思和弗里德里希·恩格斯等政治改革倡导者的革命理想的推动下，社会主义工人运动蓬勃发展。这让俾斯麦感到恐惧，因为政治改革倡导者坚持要让公众看到"撒旦磨坊"（即第二次工业革命时期的工厂）恶劣的工作条件。对此，俾斯麦想出了一个先发制人的高招，倡议为70岁及以上的人提供有保障的退休收入。他是一个精明的政客，因为当时的平均预期寿命不超过50岁。在致议会的一封

信中，德意志帝国皇帝威廉一世代表他的宰相写道："那些因年龄和残疾而失去劳动能力的人，有充分的理由得到国家的照顾。"1889年，世界上第一个国家养老金计划由此诞生。德意志帝国的这项开局策略得到了回报：革命得以避免。

建立覆盖所有劳动者的国民养老金制度，这种理念在世界范围内的传播非常缓慢。1908年，英国为70岁及以上的、"品行良好"的人做了类似的制度安排。之后，法国于1910年引入国民养老金制度，南非则是在1928年引入，但该国直到1944年才将黑人纳入其中。1935年，罗斯福总统签署的《社会保障法》生效，由此拉开了今天我们所熟知的美国国民养老金制度的序幕。至此，美国的产业工人被纳入保障范围，而不是像19世纪末那样，只有军人和母亲才享有保障，不过它忽视了占当时劳动力人口一半的农业劳动者和家政工人。20世纪30—50年代，拉丁美洲一些国家也建立了国民养老金制度，并不断扩大其覆盖范围，但在20世纪60年代之前，这些国家的大多数养老金计划都是分散的，缺乏统一性。比如，巴西直到1966年才启用统一的国民养老金制度；日本的国民养老金制度可以追溯到1942年，后于1961年确立了今日的结构；韩国于1953年出台企业退休金计划，但直到1988年才建立起覆盖全国的国民养老金计划。

大约在"老龄"养老金问世的同时，各国政府也开始认识到有必要为民众提供阅读、写作、历史和算数方面的基础教育。这在一定程度上是受民族主义的驱使，即打造历史学家本尼迪克特·安德森（Benedict Anderson）所说的"想象的共同体"。同时，它也受到第二次工业革命对劳动力要求的驱使。要知道，正是第二次工业革命开创了化学、制药、电气机械和汽车等以科学为基础的产业。雇主们意识到，接受过教育的劳动人口的生产率更高，特别是在资本密集型产业。英国历史学家E.P.汤普森（E. P. Thompson）写道，遵纪、守时和服从指令需要一定程度的教育。1786年，英国纽卡斯尔的牧师威廉·特纳（William Turner）就曾援引格洛斯特一家大麻和亚麻生产商的话，来证明学校教育的合理性，因为学校教育可以让孩子"变得温顺听话，减少争吵和仇恨"。学校教育成为灌输"工业习惯"的首选方法。

如此一来，学校针对儿童开展的纪律教育，也就成为推动以工资为基础的雇用体系兴起的重要因素。在工业经济时代，雇主的规模不断扩大，因而需要大量愿意为其工作的人。为换取时薪，他们会按照雇主的要求，承担其所指派的任务。社会学家查尔斯·佩罗（Charles Perrow）表示："1820年，依赖工资生活的（美国工作）人口约占总人口的20%，而到1950年，这一比例达到了80%～90%。"由于从事田间劳作或在家从事外加工制工作的人越来越少，再加上自我雇用的人不断减少，学校也就变得越发重要，进而形成了一种相互强化的模式。对雇主来说，学校提供了一个标准化的劳动力资源库，可以"持续、可预测地生产"规模庞大的产品和服务。工厂中雇用部门的兴起与官僚化的学校体系的发展密切相关。如果没有一个适应工业需求的学校体系，就很难在短时间内完成对工业劳动力的分类、培训和考察，进而使其完成特定的工作和任务。大众学校教育和大规模生产由此成为一枚硬币的两面。

与民族主义领导人和工业巨头的想法不同，社会改良派将义务教育视为保护儿童的手段，以免他们在农田或制造车间受到虐待。然而，学校远非田园诗般的学习场所。德国西南部施瓦本地区的一名教师保留了半个多世纪来他惩罚学生的部分记录："用棍棒打学生911 527次，用手杖打学生124 010次，用戒尺打学生20 989次，用手打学生136 715次，掌嘴10 235次，打耳光7 905次，打头1 118 800次。"学校教育不仅是教育，也是纪律的灌输。

学校教育之所以能成为人生顺序模式的基石，是因为它按照社会角色、职业和工种把人分归于不同的类别,其中有的人需要上大学,有的则不需要。20世纪50年代,功能主义社会学家塔尔科特·帕森斯(Talcott Parsons)试图回答如下两个问题,即学校课堂如何发挥作用,让学生有能力在未来成功担起成年人的责任,以及如何将这些人力资源配置到成人社会的角色结构中。如此一来,小学课堂就成了一个"社会化机构"。按照帕森斯的观点,教育体系既反映了当下的社会结构,也催生了变革和流动性。"诚然,地位高、能力强的男孩极有可能上大学,地位低、能力差的男孩则几无可能上大学。但重要的是'交叉压力'群体,即社会地位和能力这两个因素错配的群体。"鉴于学校教育具有地域约束性,特别是在小学阶段,这就导致按年龄和"家庭背景"划分的参赛者地位达到初始均衡。要知道,一般而言,社区的同质性远高于整个社会的同质性。此外,在世界上任何一个国家,都会有一定比例的父母把孩子送到私立学校上学。在帕森斯写下他那篇著名的文章后的几十年里,我们开始逐步意识到,学校既是机会的天堂,也是不平等的先行地。由此一来,原本被认为是建立在优绩主义原则之上的学校体系,也就成了一台巨大的机器,既要分门别类地把孩子配置到成人社会的角色,又要复制当下的社会等级制度。

初等义务教育的思想起源可以追溯到马丁·路德(1483—1546)。他提出,自我救赎取决于一个人对经文的诵读,也在于遵循与教义一致的生活方式。因此,要想得救,必须识字,推动教育便成了基督徒的责任。早在1690年,为寻求宗教自由而横渡北大西洋的清教徒就规定要开展学校教育,使得马萨诸塞湾殖民地成为全球的先驱。1763年,德意志政治纷争最严重的地区——普鲁士,实行由国家赞助的大众学校教育,腓特烈大帝颁令要求非精英阶层的子女必须就读乡村学校。之所以限定非精英阶层,是因为精英阶层的子女早已开始接受教育。1774年,奥地利大公约瑟夫二世批准了全民义务教育法。1791年法国宪法规定要设立"一种为全体公民所共有的公共教育制度，并免费向所有人提供必要的教育科目"。最先发起新学校教育倡议的国家和地区还包括丹麦（1814年）、加拿大安大略（1841年）、瑞典（1842年）和挪威（1848年）。

直到19世纪末，大众学校教育才在世界范围内被广泛接受。为增加教区学校和其他私立学校提供的教育机会，英国付出了数十年的努力，但进展有限。直至《1870年福斯特初等教育法案》出台，才为英国的国家教育体系奠定了基础。1876年，10岁以下的儿童必须接受义务教育，到1899年，这一年龄被提高到12岁。法国于1881年开始实行免费的初等教育，并于1882年规定13岁以下儿童必须接受义务教育。在大多数欧洲国家，女孩最初是在单独的学校接受与男孩不同的课程教育，但到二战时，男女学习统一的课程已经成为常态。在美国，南方以外的大多数州都实行义务教育；1924年，所有的美国原住民都成为公民，因而也就有了受教育的机会。

义务教育、基于工资的就业和养老金计划三位一体，共同为"人生四站"的顺序模式奠定基础。说到"人生四站"，则类似于宇宙的季节历，是一个颇有诗意的术语。事实上，到21世纪初，世界上几乎所有国家都接受了这样一种理念，即人生要依次经历四个不同的阶段——玩乐、学习、工作和退休。这被认为是理所当然的，而以这样的方式来组织我们的生活，似乎是自然的、理想的和不可避免的。

人生顺序模式

人生顺序模式的关键优势或许就在于它的可预测性，因为它可以简单明了地将人们划入以年龄为界定标准的不同群体。既不工作也不寻找工作的人被称为"消极人口"，他们由位于年龄分布谱系两端的个体组成：一端是婴儿和学龄儿童，另一端是老龄退休人员。中上阶层出身的女性也会成为消极人口的一部分，因为她们准备嫁人或全身心投入家庭，担起相夫教子、操持家务的责任，而那些为她们提供帮助的、出身工薪阶层的女性别无选择，只能成为积极人口的一部分。处于劳动年龄的男性是积极人口中最大的群体。在查尔斯·狄更斯所称的"最好的时代"，大多数积极劳动者都实现了就业，而在他所称的"最坏的时代"，很多积极劳动者失去了工作或未实现充分就业。时至今日，这些与工作相关的人口分类依然存在，既体现在劳动统计中，也体现在劳动力市场和我们的日常生活中。

要想了解我们的文化在多大程度上是受"人生四站"驱动的，最好的办法莫过于花点儿时间逛逛当地的书店。一排排的书架上摆满了各种实用指南和自助类图书，指导你如何度过"人生四站"，就好像从一个阶段过渡到另一个阶段是一个事关生存的重大问题。对孩子而言，无非就是自尊，比如《一举成名的赫尔加》（*Helga Makes a Name for Herself*）、《世界需要独一无二的你》（*The World Needs Who You Were Made to Be*）或涂色书《我自信、勇敢又美丽》（*I Am Confident, Brave & Beautiful*）。青少年和青年是很多图书的目标受众，所以最好还是不要特意提及某一本。但千万不要担心，在进入"真正的成年期"后，你可以去读《成年后如何度过童年时光》（*How to Survive Your Childhood Now That You're an Adult*），这本书或许应该取个更合适的名字，比如"弗洛伊德的精神错乱"。再接下来，关于教你如何忍受数十年工作的图书更是不胜枚举。自1936年戴尔·卡耐基出版《人性的弱点》以来，这便成了一种题材。近期，这类作品有愈演愈烈之势，话题也更加直白，比如《我是在这里工作的唯一正常的人吗？——101个妙招攻克办公室心理病》（*Am I the Only Sane One Working Here?: 101 Solutions for Surviving Office Insanity*）和《拒绝浑蛋守则》（*The No Asshole*

Rule）。关于退休阶段的书，自然也是不缺，比如《永不褪色：从容应对退休生活》(Not Fade Away: How to Thrive in Retirement)、《退休指南》(Retirement for Beginners) 和《富爸爸年轻退休》(Retire Young, Retire Rich)。除此之外，当然还有必读的《如何度过退休生活》(How to Survive Retirement)，就好像在人生这个阶段之后，世界上还有另外一个阶段等着我们。

人生顺序模式深深地植根于我们的文化，而且被载入了法律。大多数国家的宪法都为未成年儿童、学生、劳工和退休人员规定了有别于一般公民的权利和义务。联合国设立了专门的组织机构在全球范围内推动相应的事宜：针对儿童的联合国儿童基金会、针对教育的联合国教科文组织，以及针对劳工和退休人员的国际劳工组织。此外，联合国还指定了世界儿童日（11月20日）、国际教育日（1月24日）、国际劳动节（5月1日）和国际老年人日（10月1日）等，以便每年提醒我们关注不同的人生阶段。

由于人生被划分为不同的阶段，专家和学者便向我们解释每个阶段的意义所在。就个人发展而言，一个较为普遍的心理社会理论是由爱利克·埃里克森（Erik Erikson，1902—1994）在其1950年出版的《童年与社会》(Childhood and Society) 中提出的。按照埃里克森的这一理论，人的一生被划分为8个不同的心理社会发展阶段，而且每个阶段都对应一对相互冲突的偏好：婴儿期（0～2岁，信任对不信任）、童年早期（2～3岁，自主对羞怯和怀疑）、学龄前（3～5岁，主动对内疚）、学龄期（6～11岁，勤奋对自卑）、青春期（12～18岁，身份认同对角色混淆）、成年早期（19～40岁，亲密对孤独）、成年中期（40～65岁，繁衍对停滞）、成年晚期（65岁以上，自我整合对绝望）。每个阶段都是累积性的，因为解决了某一特定阶段的内在冲突，也就为下一个阶段做好了准备。此外，每个阶段还需要掌握一项关键技能，分别是摄取食物、如厕训练、探索、学习、社交关系、亲密关系、工作和为人父母，以及人生反省。由于各个阶段的顺序是预先确定好的，如果一个人不能有效掌握任一阶段的任一关键技能，那么就会产生可怕的终生影响。

"人生四站"的具体化在我们的脑海中是如此根深蒂固，以至于我们不仅将其视为理所当然，而且对那些未能及时从一个阶段过渡到下一个阶段的人大加指责，除非他们患有某些生理或心理疾病，使其无力适应原本适用于每个人的普遍发展模式。那些未能从婴儿期过渡到作为成年期前奏的青春期的人被称为"彼得·潘"。从未长大成人的青少年被界定为叛逆者，不能负担自己退休生活的人被认为是失败者、败家子或不负责任的人。众多心理学家和理疗师由此走上台前，为那些落后于各个人生发展阶段的人提供建议和治疗方案，并以此谋生。

埃里克森20世纪50年代提出心理社会理论，这在时间上并非巧合。到20世纪40年代末，受普及教育、基于工资的就业和强制性退休的影响，欧洲和美国的大部分人口及东亚和拉丁美洲的部分人口已经接受人生顺序模式。这一模式的设计者和确保所有人都遵循该模式的国家官僚厚颜无耻地辩称，上学、就业和退休的先后顺序对民众是有利的。就学校教育而言，无论是过去还是现在，其在很大程度上都是有益的，这一点我当然赞同。但同时我们也要看到，20世纪70年代发起的旨在挑战国家教育垄断的"在家教育运动"清楚表明，学校的课堂环境已经变得相当压抑，而且主要的驱动力是把儿童培养成顺从的工人。在这里，我想谈的是基于工资的就业及退休的普遍化问题，以及从教育到工作的单行道问题，即只能是从教育到工作的顺序，这两者之间是绝无可能来回颠倒的。20世纪80年代自雇人员的增加和21世纪零工经济现象的出现，为我们的辩论增添了新的紧迫性，而我们所要辩论的正是目前普遍存在的以年龄为基础的生活组织方式。困扰养老金制度的财政紧缩，为人生顺序模式的批评者提供了更多弹药。接下来，就让我们逐个阶段探讨，看看把人生划分为不同阶段并按顺序排列所产生的不一致性及负面影响。

从儿女一箩筐到小皇帝

"养这个家需要花很多钱。"小弗兰克·吉尔布雷思（Frank Gilbreth Jr.）和欧内斯廷·吉尔布雷思·凯里（Ernestine Gilbreth Carey）在他们1948年出版的畅销书《儿女一箩筐》（Cheaper by the Dozen）中写道。受该书启发，业界制作了4部故事片（其中有两部是由史蒂夫·马丁和邦妮·亨特主演的）、一部舞台剧和一部音乐剧。该书的两位作者是工业效率专家莉莲·莫勒·吉尔布雷思（Lillian Moller Gilbreth）和弗兰克·邦克·吉尔布雷思（Frank Bunker Gilbreth）养育的12个孩子中的两个。通过改进时间与动作研究的方法论，这对夫妇联手帮助公司提升生产率。他们的方法不仅启发了雇主，也启发了现代主义建筑师，比如德国艺术学校包豪斯的创始人瓦尔特·格罗皮乌斯（Walter Gropius）。在吉尔布雷思夫妇看来，他们的科学管理原则不仅要应用在工厂车间和那些不知情的工人身上，而且要应用在他们自己家里。两者并举，才是明智的做法。"在吉尔布雷思家中，高效是一种美德，与诚实、正直、慷慨、博爱和刷牙同等重要。"他们率先采用摄像机来提升生产和操作的效率。"爸爸拍下我们这些孩子洗碗的动态影像，这样他就能弄清楚怎样才能减少我们的动作，从而更快地完成任务。"老弗兰克经常被问及这样一个问题："先生，你是怎么养活那么多孩子的？"他的回答也很简洁："你知道的，按打来算就比较便宜。"

吉尔布雷思夫妇不仅因生育多而闻名，而且两人在社会地位和受教育方面也卓尔不群。莉莲出生在加利福尼亚州的一个富裕家庭，就读于加州大学伯克利分校,后又获得布朗大学的应用心理学博士学位。即便是在那个时候,一个受过如此良好教育的人生育这么多孩子也是极为少见的。就弗兰克而言,他放弃了就读麻省理工学院的机会,转而开始了他在工业和咨询领域的职业生涯,后成为享誉世界的科学管理专家。弗兰克1924年死于心力衰竭,当时他们最大的孩子安妮在史密斯学院读大二,他们最小的孩子简才刚刚两岁。40年来,莉莲一边继续从事咨询业务,一边抚养众多的子女。这期间,她还抽时间写了多本里程碑式的书,内容都是关于工厂和家庭中的心理学与效率的。在1928年出版的《和孩子一起生活》(Living with Our Children)中,莉莲反问道:"为什么家庭生活就不应该有计划呢?"当时,她面临繁重的双重任务:既要养活孩子,又要为他们的生活创造良好的机会。莉莲说:"我们把家庭生活当作对孩子的教育过程,在这个过程中,我们可以使用所有在其他领域已被验证的可行方法。"对她来说,"为让他获得生活的机会和丰富的阅历而做的大量规划,会对他将来做什么及成为什么样的人产生重大影响"。不同于如今的很多父母,莉莲声称:"大学文凭或成为名人固然重要,但在小镇当一名成功的老师或在行业中担任领导职务也同等重要。"或许正是由于她拥有大家庭的缘故,这位知名的效率专家并没有痴迷于某种特定的、可以确保孩子将来取得成功的方法。通往成功的道路有很多条,她的孩子当然也会选择不同的道路。

让我们把时间快进到21世纪初,东亚、欧洲和北美洲的生育率已经呈现大幅下跌的趋势,一名妇女一生平均生育不到两个孩子,即已低于人口的正常更替水平。据美国国家卫生统计中心2018年发布的一份报告,接受过大学教育的22~44岁的美国女性生育子女的平均数恰好是1.0,相比之下,同年龄段没有高中文凭的美国女性生育子女的平均数则为2.6。(接受过大学教育的美国男性的平均生育率为0.9。)由此来看,美国女性接受大学教育就相当于实施了独生子女政策。

正如美国芝加哥大学经济学家加里·贝克尔（Gary Becker）所提出的那个著名的观点：孩子数量减少了，但质量提高了。他认为，收入的增长使得人们更关注质量，而不是数量的增加；换句话说，他们会用更新的、更大的或更豪华的轿车或运动型多功能车替代原有的旧车，而不是在车队中增加更多低档次的汽车。"孩子的数量和质量之间的相互作用，"贝克尔写道，"是孩子的有效价格随着收入增加而增长的最重要的原因。"也就是说，当父母看到自己的收入增加时，他们更愿意把钱花在每个孩子身上，进而为他们创造更好的人生机会。从东亚和印度到欧洲和美国，一些接受过大学教育的父母已经不再执着于用成功的方式抚养孩子，而是痴迷于培养成功的孩子——或者痴迷于培养一个成功的孩子。

在培养子女的问题上，当代父母总是不遗余力地想把孩子送入最好的大学。在 TED 演讲中，迄今为止点击量最多的视频来自教育学教授肯·罗宾逊（Ken Robinson），其在演讲中指责父母破坏了人生中教育的目标。"如果你认为教育的全部目的是让你的孩子上大学，或进入某所特定的大学；如果你认为这么做的理由是他们可以拿到学位，可以得到一个有保障的未来，可以谋得一份很好的中产阶级工作并获得长期收入；如果是这样一种心态，你就明白为什么父母会给孩子施加压力了。"2018 年在都柏林召开的人才峰会上，罗宾逊指出，"这种对特定教育形式的执念是有问题的，因为它忽略了孩子在其他很多方面的才能和天赋，而这些才能和天赋是他们现在及将来都需要的。"教育领域的这个问题已经蔓延到世界的每个角落。在印度，父母的高期望值与以考试为基础的课程教育的结合已被证明不利于学生的学习。"父母过高的期望对孩子的成长来说可能是有害的，因为这会导致孩子把所有心思都花在如何提高成绩上。"阿维克·马利克（Avik Mallick）说，"在这个过程中，由于忽视了教育中最重要的部分，即记住老师所传授的知识，孩子的智力被浪费在了如何不让成绩单上出现红叉，而不是去理解和掌握所学学科的内容。"

正如阿莉娅·王（Alia Wong）在2016年发表在《大西洋月刊》上的一篇文章中指出的，直到最近，"育儿"（parenting）才成为一个被广泛使用的动名词和一种实践。在过去很长一段时间里，人们只是生孩子，然后抚养他们长大。她认为，20世纪90年代，"至少对中产阶级来说，为人父母不仅意味着要充当权威人物，要为孩子提供生活来源和支持，而且意味着要塑造孩子的生活，要为她提供更多的机会，使之具备长期竞争优势，并通过各种建设性的经历来丰富她的生活"。对那些父母受过高等教育的孩子而言，他们参观博物馆、听音乐会和看舞台剧的频率是其他孩子的两倍，甚至三倍。社会学家保罗·迪马乔（Paul DiMaggio）表示，这一趋势不仅加剧了经济不平等，还导致了社会再生产的恶化，因为一个家庭的"文化资本"是孩子中小学成绩的最佳预测指标。2019年发生在美国的大学招生舞弊丑闻令人震惊，数十人涉及其中，包括招生工作人员、体育教练、名人家长或普通富裕家长，他们因贿赂考试官员受到刑事指控。该事件清楚地表明，执迷于为孩子铺设一条成功的人生道路不仅会对他们造成伤害，而且增添了滑稽色彩。

许多父母都在不遗余力地为子女创造尽可能多的机会，其根本原因就在于人生顺序模式，而这种模式的线性结构只会加大风险。人们普遍认为，如果自己家孩子落后了，如果他们比不上别人家的孩子，那么他们将来可能就无法过好自己的生活。因为我们是从玩乐阶段到学习阶段，然后再到工作阶段，并且在此过程中没有任何反馈环，所以我们必须自一开始就最大限度地提高学习成绩，否则就会不可避免地甚或不可逆转地落后于其他人。我们要尽可能地进入最好的教育机构，并在那里学习尽可能多的知识，然后没日没夜地工作，直至退休。

青少年的烦恼

"亲爱的，她会长大的。"在 1955 年上映的重磅大片《无因的反叛》(Rebel Without a Cause)中，朱迪的母亲（罗谢尔·赫德森饰）说，"无非是年龄的问题……这是一个无所适从的年纪。"青少年的社会建构和青年的社会建构——这两个术语已经困扰专家几百年——涉及一系列的并列概念：依赖性和独立性、秩序和反叛、确定性和风险性、稳定性和冒险性……"我现在就要答案。"吉姆·斯塔克（詹姆斯·迪恩饰）抗议说，因为他父亲甚至拒绝承认他所面临的重大问题，"我对 10 年后会发生什么不感兴趣。"

这部里程碑式的影片全面呈现了郊区中产阶级家庭中的代际误解与冲突，同时展示了人生顺序模式的另一关键缺点。自大约 10 000 年前人类开始进入定居社会，青少年时期和成年早期的种种考验和磨难就一直存在。人这一生必须依次经历四个连续阶段的自然演进理念，加剧了父母和子女之间的文化冲突，父母眼中的孩子永远长不大，而孩子又迫不及待地想挣脱父母的束缚——真可谓代际冲突的完美配方。

"总有一天，你得决定你要成为什么样的人。"在奥斯卡最佳影片《月光男孩》(Moonlight)——第一部以性少数群体议题为题材的影片，也是首部全由黑人演员出演的影片——中，胡安（马赫沙拉·阿里饰）对主人公说，"不要让任何人替你做这个决定。"在从童年到成年的艰难过渡时期，很多青少年都因源于性别、种族和宗教的身份认同问题而苦恼不已。但按照人生顺序模式的假定，人生只有一条线性路径和一个单一选择，在人生的各个阶段也有且只有唯一对应的身份。

研究表明，父母对孩子施加压力并要求他们遵循社会所期望的人生顺序模式，会把他们置于一种危险境地，导致他们使用和滥用药物或陷入其他困境。卡伦治疗中心医疗服务副总裁兼医疗总监约瑟夫·加贝利博士（Dr. Joseph Garbely）表示："对正在发育的大脑施加压力可能会改变神经回路。这是一个非常严重的问题，因为这种生物学变化会让青少年面临更严重的心理健康障碍风险，以及药物使用和滥用的风险。"顺带一提，卡伦治疗中心位于美国佛罗里达州，是一家非营利组织，致力于帮助年轻人戒除药物上瘾。

　　在人生顺序模式下，父母最担心的是他们青春期的孩子会变成"彼得·潘"，即社交上不成熟的成年人。这个术语源自心理学家丹·凯利1983年出版的《彼得·潘综合征：那些长不大的男人》（*The Peter Pan Syndrome: Men Who Have Never Grown Up*），后被普及并流行开来。虽然这种情况并没有被美国精神病学协会认定为精神障碍，但已经引起父母和治疗专家的广泛关注。这种流行综合征的症状包括不愿意或没有能力承担与成年人相关的责任、缺乏自信和极度自私。在电影中，经典的彼得·潘场景一般涉及一名女性和她不成熟的男朋友，后者通常以不愿意"安定"下来的大男孩形象出现。2000年上映的、约翰·库萨克（John Cusack）主演的《失恋排行榜》（*High Fidelity*）可以说是这类影片的经典之作。"我现在明白了，我从未真正对劳拉做出过承诺。"他承认道，"我总是一只脚踩在门外，这让我无法做很多事情，比如思考我自己的未来或者……不做任何承诺，保有选择的余地，这对我来说或许更有意义。然而实际上，这就是一种慢性自杀。"

　　行为表现比较幼稚的成年人通常会被冠以一个丑陋的术语，即"跨年龄癖"（transageism）。这个词可以追溯到古代神话里的"永恒少年"（puer aeternus）或"永恒少女"（puella aeterna），也就是永远都长不大的、永远都年轻的"童神"。阿道司·赫胥黎（Aldous

Huxley）在其出版于 1962 年的小说《岛》（*Island*）中，把阿道夫·希特勒比作长不大的彼得·潘，导致"整个世界不得不为小阿道夫的迟钝和晚熟付出惨重的代价"。心理学家最近开发了一些量表，来衡量一个人在多大程度上患有彼得·潘综合征。西班牙格拉纳达大学教授翁贝利纳·罗布雷斯·奥尔特加（Humbelina Robles Ortega）表示，父母的过度保护是该综合征的主要诱因。"它所影响的通常是那些依赖他人、被家人过度保护且本人不具备必要的生活技能的人。"她认为，彼得·潘们"看到的成人世界问题重重，并对青春期大加美化，而这也正是他们想继续保有那种特权的原因"。颇具讽刺意味的是，罗布雷斯·奥尔特加任教的这所大学是基督徒于 1492 年占领伊比利亚半岛上的最后一个穆斯林居住地后建立的。据说，守城的统治者布阿卜迪勒（Boabdil）的母亲不无挖苦地对儿子说："你既然不能像个男人一样捍卫国土，那么就像女人一样哭吧。"在某种意义上，布阿卜迪勒还没有成为一个成年人，因为他不得不放弃自己的领地。几个世纪以来，社会和父母施加的关于人生不同阶段过渡期的压力，似乎总在不断地为解读人类行为提供样板背景。

中年危机

"我的半生已经过去，却一无所获。什么也没有。"在 2004 年上映的热门影片《杯酒人生》（*Sideways*）中，迈尔斯（保罗·吉亚玛提饰）对杰克（托马斯·哈登·丘奇饰）说，"我是摩天大楼窗户上的一枚指纹。我是卫生纸上的大便污迹，连同数百万吨未经处理的污水一起涌向大海。"迈尔斯是郁郁不得志的老师，也是充满抱负的小说家，杰克是已过盛年、即将结婚的演员。他们两人结伴，决定在加利福尼亚州的葡萄酒之乡进行为期一周的公路旅行。对 40 岁的人而言，生活中除了无聊和绝望，别无其他，这可以说是同题材电影的经典主题，比如《迷失东京》（Lost in Translation）、《廊桥遗梦》（The Bridges of Madison County）、《后裔》（The Descendants）、《单身男子》（A Single Man）、《奇迹小子》（Wonder Boys）和《末路狂花》（Thelma and Louise）等。

"中年（30～70岁，其中核心段为40～60岁）是人类成长过程中最不受重视的一个时期。"心理学家奥维尔·吉尔伯特·布里姆（Orville Gilbert Brim）说，他是麦克阿瑟基金会资助的一项扩展研究的负责人。大多数心理学研究都聚焦于童年、青春期或老年。与伴侣或配偶吵架、困在没有出路的工作中或看着父母一天天衰老是最显著的压力因素。"中年人之所以会面对这些压力因素，实际上是因为相比于中年以前或中年以后的生活，他们对当前的生活有着更大的掌控力。"麦克阿瑟基金会赞助研究的项目的团队成员戴维·阿尔梅达（David Almeida）观察道，"人们在描述这些压力时，通常会从应对挑战的角度来谈。"

加拿大工业经济学家埃利奥特·雅克（Elliott Jaques）在1965年创造了"中年危机"一词。在与中年危机相关的众多症状中，对生活的不满、自我质疑和对人生方向的困惑是与人生顺序模式最直接相关的症状。"这就是全部吗"或"我是失败者吗"这类问题皆被认为是中年危机最明显的征兆。劳动经济学家也加入了研究行列，着力考察工作和幸福之间的关系。通过研究自我满意度的国际调查数据，他们发现了一条"幸福曲线"，即人们对生活的感受在40多岁或50岁出头时会降至最低点。有趣的是，这种影响在平均预期寿命更长的富裕国家尤为明显。通过研究27个欧洲国家的数据，美国达特茅斯学院的戴维·布兰奇弗劳尔（David Blanchflower）和英国华威大学的安德鲁·奥斯瓦尔德（Andrew Oswald）发现，与近30岁或60岁出头的人相比，近50岁的人服用抗抑郁药的比例几乎翻了一番。

虽然在类人猿身上也发现了类似的与年龄相关的幸福度下降问

题,但人生顺序模式只是想当然地认为,我们会顺利度过中年并进入退休阶段。这是因为如果我们已经成功地进入成年阶段,那么我们就掌握了自己的命运。马萨诸塞大学阿默斯特分校心理与脑科学荣誉教授苏珊·克劳斯·惠特伯恩(Susan Krauss Whitbourne)发现,那些在职业生涯早期就更换工作的人,他们通常觉得自己的工作效率更高,并认为自己会给后代留下一些东西。"人在二三十岁时换工作,往往对中年有益。"她指出,"因为这时候他们没有感觉到人生困境。"美国康奈尔大学心理学家、社会学家伊莱恩·韦辛顿(Elaine Wethington)表示,该研究及其他研究有力地表明,以不同的方式思考人生的各个阶段,可能会对正经历中年危机的美国人(占比25%)有所帮助。

在中国,长达40年的强劲经济增长让9亿人摆脱贫困[①],并陆续步入中产阶级行列。如今,在中国的社交媒体上,中年危机已经成为热门话题。在父母、工作和社会期望的叠加压力下,无论是已婚夫妇还是那些决定继续保持单身的人,显然都受到了影响。陈丹燕是这类题材图书的畅销书作家,在其所著的小说《白雪公主的简历》中,李平一生都在从事木偶戏表演,几十年来一直扮演"白雪公主"的角色。"女人50岁是一个坎。"陈丹燕说,"社会告诉你这是一个十字路口,你的身体也会强调这一点。50岁以上的女人都有体会,孩子即将上大学,父母一天天变老……应对生活中的变化从来都不是一件容易的事,而对待它们的方式就是顺其自然。"她认为,童话故事能够以简洁明了的语言传达人与人之间的关系及年龄在其中扮演的角色。"我想这就是许多中年女性的状态——不再年轻但也不算老。"她指出,"她们总是以一种消极的方式看待事物,而且变得非常多疑和愤

[①] 2022年3月31日,财政部、国务院发展研究中心与世界银行共同发布了《中国减贫四十年:驱动力量、借鉴意义和未来政策方向》报告,报告显示,过去40年来,中国贫困人口减少了近8亿。——编者注

世嫉俗。"在她看来,"成为女巫不仅意味着你拥有了白雪公主所没有的自由,还意味着你拥有了白雪公主所不具备的能力"。

孤独的时代

"呃,80岁是什么感觉?"在1981年上映的家庭剧情片《金色池塘》(*On Golden Pond*)中,比利(道格·麦基翁饰)问诺曼(亨利·方达饰),诺曼是比利爸爸的未婚妻的父亲。"糟糕程度是40岁时的两倍。"诺曼回答说。这位已经退休的大学教授并不感到孤独,他的妻子陪在身边,他们夏天会帮忙照看一个小男孩。得益于与这个13岁孩子一起参加的冒险活动,妻子和女儿感觉他在衰老和行为举止方面的情况都有所改善。很遗憾,诺曼的经历并不常见。到60岁时,近18%的美国人独自一人生活;到75岁时,这个比例上升到25%;到89岁时,则为42%。大多数70岁及以上的人都退休了,这意味着他们日常生活中的社交机会大大减少;如果子女离他们远,那么情况更甚。数字化住宿平台爱彼迎(Airbnb)发布的报告显示,在提供租赁房源的业主中,60岁及以上的年龄群体越来越多且增速最快,其中很重要的一个原因就是他们渴望避开孤独。

"长期孤独造成的痛苦和伤害是非常真实的,需要引起足够的重视。"美国芝加哥大学的斯蒂芬妮·卡乔波(Stephanie Cacioppo)说,"作为社交性物种,我们有责任帮助孤独的孩子、父母、邻居乃至陌生人,而且要以我们对待自己的方式来对待他们。治疗孤独是人类的集体责任。"缺乏社交性联系除了会产生心理影响,还会造成生物学上的影响。"孤独是其他疾病的催化剂。"加州大学洛杉矶分校社会基因组学核心实验室负责人史蒂夫·科尔(Steve Cole)说,"从生物学上讲,孤独会加快动脉斑块的堆积,帮助癌细胞生长和扩散,并引发大脑炎症,进而导致阿尔茨海默病。"生活在危险社区的人对孤独及其副作用的感受更为强烈。"早前在对高犯罪社区的老年居民（主要是非洲裔美国人）进行调研时，我发现他们渴望参与到社会之中，但要想参与其中，面临着种种困难和障碍。"加州大学旧金山分校社会学家埃琳娜·波塔科洛尼（Elena Portacolone）说。

虽然每个年龄段的人都会产生孤独感，但随着人们退出社交生活，人生顺序模式会加剧这种心理感受。在一项研究中，18%的受访者表示他们在退休后开始感到孤独。一名参与调研的受访者表示："退休对整个生活来说是一种巨大的冲击。就让我们走出来，看看其他人在做什么。如果可以的话，我们也加入他们的行列。（谢天谢地，现在有了互联网。）"美国国立卫生研究院称，"那些因配偶或伴侣去世、朋友或家人分离、退休、行动不便或缺乏交通工具而突然产生孤独感的人"，尤其可能出现健康状况恶化的情况。这个问题已是如此普遍，以至于《会计杂志》（Journal of Accountancy）认为有必要针对从事财务规划工作的注册会计师刊发一篇论文，即《退休后孤独的财务与人力成本》（The Financial and Human Cost of Loneliness in Retirement）。"直到最近，社交孤立和孤独还被认为是影响退休满意度的纯定性因素。它们无法用金钱来衡量。"美国退休人员协会2017年的一项研究显示，由于孤独和社交孤立，每年增加的医疗保健费用多达67亿美元。

衡量退休对孤独感的影响的有效方法是对比法，即对自愿退休人员和非自愿退休人员进行比较。在《应用老年学杂志》（Journal of Applied Gerontology）发表的一篇论文中，一组研究人员使用了健康与退休研究项目2014年的数据，样本涵盖2 000余名美国退休人员。他们的关键结论是，非自愿退休人员（占退休人员总人数的近三分之一）比自愿退休人员的孤独感更强烈。此外，他们还发现"社会支持可能会减轻非自愿退休的负面影响"，暗指孤独感源于与同事之间关系的切断。另一组研究人员利用相同的数据源，探讨向完全退休过渡的速度与个人孤独感之间的关系。他们总结说："研究结果显示，重要的并不是退休的过渡类型（渐进式退休或完全退休），而是人们的感知，即他们认为退休是可选的还是被迫的。"综合来看，这两项研究有力地表明，退休对个人来说不仅是工作中社交关系的解体，而且会增加孤独感。当人们被迫放弃工作时，他们会很不开心。

"根本就不存在所谓的老年。"活到 98 岁的现代主义建筑师菲利普·约翰逊（Philip Johnson）曾断言，"我现在和 50 年前没什么两样。非要说有什么不同，那就是乐趣更多了。"从生物学上讲，退休远不具有必然性；在某种程度上，它本身成了一种要求和人生目标。显然，有些职业更适合在人们通常认为的"退休年龄"之后从事。但政客、财务顾问和房地产开发商已经说服我们，人生的最后这个阶段是值得向往和憧憬的。

代际冲突

除了在不同的时间节点给人造成多重心理压力，人生顺序模式还有其他多种负面影响，其中最糟糕的莫过于加剧代际摩擦和紧张关系，因为它生硬地把人们划入不同的年龄组。青少年越来越多地挑战父母在性别、种族认同和人际关系方面的固有观念，青年将气候变化和不景气的劳动力市场归咎于老一辈人，在职的成年人不愿意为退休人员的养老金和医疗保健费用埋单（最新的调查统计结果显示，退休人员人数已经超过在职人员），以及退休人员对年轻一代的自私和不成熟大加斥责。略微夸张一点儿讲，代际冲突对 21 世纪的影响就如同两次世界大战对 20 世纪的影响，而造成这一冲突的主要原因是快速转变的人口年龄结构。

近年发表的一篇名为"理解和管理代际冲突"（Understanding and Managing Intergenerational Conflict）的研究文章认为，父母和

青少年之间及退休人员和在职人员之间的经典冲突，在工作场所中几代人相互影响的大背景下，已经黯然失色。一名研究人员表示："许多组织的高层领导者来自另一代人，他们更倾向于面对面交流和固定的工作时长，然而很多年轻的专业人士在成长过程中所接受的理念是更聪明地工作，而不是更努力地工作。"另一名研究人员指出："在有些情况下，我不得不与某些（年长的）人发生正面冲突。在我看来，他们总是沾沾自喜又自鸣得意。"有一些差异可以归因于更广泛的社会发展趋势，比如世俗化："无论信仰的是什么宗教，老一辈人都拥有强烈的宗教价值观。但我们现在看，就年轻一代而言，有多少人上过主日学校？"

在身份政治时代，代际关系处理起来可能会更加复杂和棘手。"老一辈人的身份认同是由工作来定义的，年轻一代则是由很多不同的东西定义的。比如，我是注册财务规划师，但同时也是自行车运动员、铁人三项选手、教练和父亲，我是孩子们的教练，我是一名丈夫。所有这些都与我相关。"技术也受到指责，被认为是造成误解和人际互动复杂化的原因。"社会对我们（老一辈人）的影响其实并不大……他们（年轻一代）承受着巨大的压力。是的……有时候他们会偏离我们的轨道，我认为原因在于社会压力，即'24小时待命'心态带给我们的压力。"另外，科技也使得交流和沟通变得更加困难。"我每周都会遇到一些年轻人，可以说他们没有一丁点儿沟通能力，因为他们的沟通技能是通过推特（Twitter）学的，交谈中夹杂着缩略词和紧缩句。所以，如果让我和一个20多岁的人交流，时间稍微长一点儿，我可能都做不到。"

但与气候变化等生存问题可能引发的代际纷争相比，这些问题就显得微不足道了。"热衷于消费的婴儿潮一代给千禧一代留下了堆积如山的债务和日趋恶化的环境。"专注于气候紧急状态的网站ClimateOne.org宣称。毕竟，从20世纪50年代到70年代，随着经济的飞速增长、郊区的大规模扩张及超级油轮和大型喷气式客机等创新产品的问世，我父母那代人及我自己这代人都对石油着了迷。这种紧张关系的一个极端表现便是布鲁斯·吉布尼（Bruce Gibney）2017年出版的颇具煽动性的著作——《反社会的一代：婴儿潮一代是如何背叛美国的》(*A Generation of Sociopaths: How the Baby Boomers Betrayed America*)。作为 X 一代的成员和在线支付服务商 PayPal 的早期投资者，吉布尼预计，婴儿潮一代在"气候变化对他们的生活造成重大影响前就已经去世"。因此，"现在该是他们离场的时候了"。在他看来，这是一个经典的委托-代理困境，即在一个问题上，利害关系较小的一方是做决定的一方，受其决定影响最大的是另外一方。

  这个问题比一本书所引发的争议要广泛得多。2013年，联合国呼吁代际团结，以期实现可持续发展目标。"在世界各地和各种文化中处处可见尽心培养后代的做法。"联合国秘书长在关于该主题的报告中写道，"这是一种人类共享的普世价值观。"这一表述很难反驳，但它很清楚地揭示了一个内在偏见，也就是只从一个角度看待代际团结，即着眼年轻世代和未来世代。与此同时，联合国继续通过其专设机构不遗余力地推行僵化的、以年龄为基础的"三位一体"体系——普及教育、基于工资的就业和强制退休，而这最终破坏了联合国自己宣扬的代际正义和代际平等。各国政府和企业亦是如此。正如我们将在下一章中看到的，如果不是因为人类的预期寿命似乎在永无止境地增长，人生顺序模式或许可以很好地经受住当前社会经济动荡的考验。

02　长寿与健康
在延长的寿命中活得更健康

> 我研究的不是长寿，
> 而是如何让人们保持健康。
>
> ―――――
>
> 奥布里·德格雷（Aubrey de Grey）

　　约瑟夫·斯大林渴望长寿。在他的领导下，苏联实现了工业化，并取得了二战的胜利。他自信苏联能够赢得军备竞赛和太空竞赛。1953年，斯大林去世，享年74岁，距离苏联成功引爆第一颗氢弹和成功发射第一颗人造地球卫星"斯普特尼克"只差了几年时间。如果格鲁吉亚共和国的统计数据可信的话，那么出生在这里的斯大林活到100岁也不足为奇。事实上，在苏联的宣传造势下，整个共和国被吹捧为"长寿之乡"。但是，根据人口统计学教授尼尔·贝内特（Neil Bennett）及其同事莉·凯尔·加森（Lea Keil Garson）的详细记述，苏联党政官员夸大了高加索地区百岁老人的数量，以此取悦斯大林，让他相信自己能够活到100岁。

　　然而，平均寿命不断延长并不是假新闻。在过去的250年里，平均预期寿命呈现大幅增长的趋势。美国人2022年的出生时平均预期寿命（78岁）比 1900 年的出生时平均预期寿命（46岁）多出 32 年，两者之间的差距不可谓不大。从全球来看，出生时平均预期寿命从 1900 年的 31 岁到 2022 年的 72 岁，翻了一番还多。这一巨大的飞跃对与学校教育、工作和退休相关的传统假定构成了挑战。历史学家詹姆斯·莱利（James Riley）写道："这是我们人类在现代取得的最高成就，其重要性超过了财富、军事力量和政治稳定性。"但这确实也引发了一系列问题。难道我们只能上一次学吗？在如此漫长的人生中，我们是否注定只能追求一种事业或只能从事一种工作或职业？假定退休年龄为 65 岁，而人们退休后平均还能再活 25 年，那么我们能否负担得起？我们的储蓄怎样才能维持如此长的时间？从代际公平的角度看，多少岁退休是合适的？

人类寿命简史

犹太王国的 15 任国王（约公元前 935—前 586 年）的平均寿命为 52 岁。在罗马人洗劫雅典之前，希腊有生卒年月记载的 29 位主要的古典哲学家、诗人和政治家的平均寿命为 68 岁。在那场劫难之后幸存下来的、有生卒年月记载的 30 位主要的古典哲学家、诗人和政治家的平均寿命为 71.5 岁。相比之下，生活在公元前 30—120 年的 39 位罗马哲学家、诗人和政治家的平均寿命为 56.2 岁，究其原因，或许就在于铅质水管系统造成的大规模的铅中毒。享有特权的——大概也是锦衣玉食的——精英男性的寿命一直处于波动之中，直到今天亦是如此。基督教会的 18 位神父的平均寿命为 63.4 岁（150—400 年），文艺复兴时期的 21 位意大利著名画家的平均寿命为 62.7 岁（1300—1570 年），而 27 位意大利著名哲学家的平均寿命为 68.9 岁（1300—1600 年）。1500—1640 年，英国皇家内科医学院的成员的平均寿命为 67 岁，而 1720—1800 年仅为 62.8 岁。

由此来看，在过去的几千年里，人类的寿命似乎一直在一个相对较高的水平上波动——至少对精英阶层的男性来说是这样。在1800年之前，一个人活到60岁或70岁意味着一生要度过种种劫难——可怕的婴儿和儿童死亡率、饥荒、瘟疫及各种不治之症等。成功活过童年的女性，其预期寿命也经历过若干波动。剔除相对短暂的战争或疾病大流行时期，自工业革命后，无论是男性还是女性，预期寿命都有了显著的提升。1785年，英国人的出生时平均预期寿命为37岁，到1900年上升至47岁。不过，与20世纪的进步相比，这样的增幅就有些相形见绌：2022年，英国人的出生时平均预期寿命预计达到82岁。

与传统观点相反，预期寿命的提升并不主要是因为婴儿和儿童死亡率的下降。事实上，每个年龄段的死亡率都在下降。在美国，白人男性10岁时的平均预期寿命从1900年的51岁增加到2020年的68岁；白人男性60岁时的平均预期寿命增加了近一倍，从14年增加到23年。美国白人女性的情况也大致如此：白人女性10岁时的平均预期寿命从1900年的52岁增加到2020年的73岁；白人女性60岁时的平均预期寿命从17年增加到26年。与白人相比，非白人男性的平均预期寿命要低三四岁，非白人女性则要低两岁左右。但在过去250年的大部分时间里，每个年龄段的每个组别的平均预期寿命都有所增加。

在很大程度上，由于国内种族和收入的不平等，美国在出生时平均预期寿命方面远未达到世界领先水平。事实是，1960年，美国的全球排名为第22位，2022年则降至第48位。美国商务部人口普查局预计，到2060年，美国将进一步下滑至第49位。就2022年而言，在出生时平均预期寿命方面处于全球领先地位的国家和地区包括墨西哥、中国澳门、日本、列支敦士登、中国香港、瑞士、西班牙、新加坡和意大利。在这些国家和地区中，有些是非常富裕的，而且资源非常丰富。西班牙和意大利排名靠前，或许与两国的地中海饮食及发达的初级医疗保健系统有关。在经济大国中，俄罗斯当属例外，是世界上平均寿命最短的70个国家之一，而这其中以贫穷国家为主。

"就我们的额外生命而言，这是一个通常意义上的进步故事：绝妙的理念和协作在远离公众注意力的地方展开，并启动渐进式改进，然后在几十年后显示出其真正的量级。"史蒂文·约翰逊（Steven Johnson）在其所著的《额外生命》（*Extra Life*）中写道，这也是一本关于预期寿命的重要著作。更全面的营养、个人卫生的改善、水的氯化处理、巴氏乳制品、抗生素、大规模疫苗接种及流行病学分析的改进等，都是自工业革命以来帮助人类延长寿命的工具。在过去的250年里，人类的预期寿命增加了一倍。得益于此，如今大多数父母都足够长寿，可以和他们的孙子女一起玩乐，并且至少有三分之一可以看到他们的曾孙子女出生。然而，并非社会中所有群体的寿命都呈增长趋势。

中年白人男性怎么了

"本文发现，1999—2013年，美国非西班牙裔中年白人的全因死亡率呈显著上升趋势。"这是《美国国家科学院院刊》（*Proceedings of the National Academy of Sciences*）2015年刊登的一篇发人深思的论文的开篇语。该论文的作者是普林斯顿大学经济学家安妮·凯斯（Anne Case）和安格斯·迪顿（Angus Deaton），后者于2015年获得诺贝尔经济学奖。在这个怨恨政治的时代，他们细致的统计工作引发了一场真正意义上的政治和知识风暴。"这一变化逆转了数十年来在死亡率方面取得的进展，而且是美国这个国家所独有的现象，其他富裕国家都没有出现类似的逆转情况。"最令人震惊的发现或许是："中年死亡率上升这种情况仅局限于非西班牙裔白人；非西班牙裔中年黑人、西班牙裔中年人和 65 岁及以上的各个族群，死亡率仍呈现持续下降趋势。"当然，在这里我要赶紧补充一点，那就是后面这些群体的死亡率一开始就比较高。

两位作者紧接着又费心费力地论述，导致该死亡率上升的最主要的原因包括"毒品和酒精中毒、自杀，以及慢性肝病和肝硬化"，而所有这些都是社会失调的不祥之兆。更能说明问题的是，在这场涉及非西班牙裔中年白人的死亡率危机中，最受困扰的是那些只接受过高中或高中以下教育的男性。该群体死亡率的上升幅度远高于接受过高等教育的同类群体。更糟糕的是，这一人口群体患精神疾病和慢性疼痛的比例更高，缺乏工作能力的比例同样更高。新呈现的总体情况是痛苦、压力、孤独、绝望、疾病和过早死亡。论文作者称这种现象为"绝望之死"，而这个标签也引起了公众的共鸣。

一篇枯燥的学术论文在媒体上引发轩然大波，本身就是轰动性新闻。在 2016 年美国总统选举前夕，这最终演变成一场学术界的海啸，而当时的总统候选人唐纳德·特朗普也在呼吁关注少数几个"蓝州"①的中年白人男性的郁闷情绪。随后，两位作者在 2017 年又做了更具煽动性的分析，并提出了一种理论，即相对于其他白人群体或少数族裔群体，受教育程度较低的白人男性在劳动力市场上处于累积劣势。凯斯和迪顿表示，"蓝领贵族"的解体始于制造业的衰退、结婚率的下降及其他形式的伴侣关系的兴起，以及传统宗教团体作为社会支持来源的作用的式微。在这种情况下，全球化和技术变革对受教育程度较低的人口的经济机会造成了决定性的打击，他们注定会在不断高涨的全球竞争浪潮中遭受损失。较低水平的工资使得很多非西班牙裔白人男性退出劳动力市场，进而进入社交孤立和财务不稳定的状态，这样一来也就形成了一个自我强化的

---

① "蓝州"指民众大多支持民主党的州。——译者注

恶性循环。据两位作者已故的普林斯顿大学同事艾伦·克鲁格（Alan Krueger）的研究，在当时退出劳动力市场的男性中，有大约一半服用止痛药，其中又有三分之二服用处方止痛药，通常为阿片类药物。

虽然50多岁的非西班牙裔白人男性在美国总人口中的占比不足5%，但他们日趋严峻的窘境足以使天平倾向一位总统候选人，而这位候选人一旦当选，可能会在未来很长一段时间内彻底改变美国和全球政治。他所传递的信息能引起失落的白人劳工贵族的共鸣，是因为他针对的是特定的个人，而不是观念。具体而言，针对的就是移民、企业高管和自由派精英人士。特朗普独树一帜的民粹主义颠覆了美国政治，并将共和党变成了失意蓝领的政党。与此同时，在新冠肺炎大流行期间，黑人的死亡率远高于白人，这也让情况变得更加复杂。但即便是在新冠肺炎疫情之前，在预期寿命不断延长的整体趋势中，50多岁的非西班牙裔白人男性的困境也并非唯一让人感到惊讶和不安的问题。

是什么"杀死"了职业女性

另一个美国特有的悲剧是男女之间的预期寿命差距呈不断缩小的趋势。相比于男性，女性在60岁时的预期寿命优势在1975年达到峰值，为4.9岁；就预期寿命而言，这是一个非常大的差距。2022年，男女之间的预期寿命差距降至3.3岁，而据联合国人口司的最新预测，到2050年，这一差距将进一步下滑至2岁。与英国、瑞典、法国、德国、西班牙、意大利和韩国相比，美国的下降趋势更为明显。在富裕的大国中，日本是个例外，其女性优势仍在继续扩大，这同大多数新兴国家和发展中国家的趋势是一样的。

可别误会我的意思。目前，美国女性的预期寿命仍在继续增加，但就增速而言，要比过去几十年慢得多，而且低于男性。从历史上看，在任何一个年龄段，男性的死亡率都高于女性。男女寿命差距缩小的原因涉及从生物学到社会行为的方方面面。"女性激素及女性在生育中的作用是与更长的寿命相关联的。"《科学美国人》（Scientific American）杂志指出，"比如，雌激素有助于消除坏胆固醇，因此可以在一定程度上起到预防心脏病的作用。"相比之下，激素似乎会对男性的寿命产生不利影响。"另一方面，睾酮是与暴力及冒险相关联的。"此外，女性在生育中的作用对其自身也是有利的。"女性的身体必须做相应的储备，以应对怀孕和哺乳的需要"，如果不是因为"这种能力与更强的应对暴饮暴食的能力，以及消化体内多余食物的能力有关"，乍看起来还以为是一种劣势。

外出工作是导致死亡率升高的一个关键因素。从历史上看，男性更容易受到所谓的人为疾病的影响，包括"工业环境中工作场所的危害、酗酒、吸烟和交通事故等，而所有这些在整个20世纪实际上都呈大幅增长趋势"。时至今日，美国女性，特别是40岁以下的女性，其劳动参与率仅比男性低几个百分点，而在两代人之前，这个数字还是非常低的。

虽然越来越多的女性加入了劳动力大军，但她们依然承担了大部分家务，包括购物、做饭和照看孩子等。此外，独自抚养孩子的单身母亲的人数是单身父亲的近6倍。正如哈佛大学人口与发展研究中心主任莉萨·伯克曼（Lisa Berkman）所指出的，女性在美国经济中扮演的新角色促成了一场完美风暴：她们更容易受到工作压力和婚姻生活的影响，而其中有1 150万人是单身母亲。"慢性压力可能会导致慢性病提前发病。"加州大学旧金山分校精神病学教授埃莉萨·埃佩尔（Elissa Epel）说。埃佩尔发现压力可能会破坏染色体的保护端粒，而这些端粒是与长寿有关的。这一发现是迄今为止关于女性寿命损失的近乎确凿的证据，她也因此而成名。更糟糕的是，相比于男性，女性更倾向于通过吃来舒缓压力，而为了平衡工作和家庭生活，她们也倾向于减少运动和锻炼的时间。这无疑是一场完美风暴。

绝望之死

如果说这还不够，那么我们再来看其他类别的女性，她们的境况更糟。在美国，从受教育程度和居住地的维度来看，女性预期寿命的演变呈持续分化趋势，居住在大都市区、受过教育的女性的情况要比其他女性好得多。我的同事、宾夕法尼亚大学的艾尔玛·埃洛（Irma Elo）主持过一项研究，其所带领的人口学家团队的分析结果显示，2009—2016年，在美国的40个地区，有8个地区的"女性的预期寿命呈下降趋势"。需要重点说明的是，该数据指的是非西班牙裔白人女性。"在所有40个地区，白人男性预期寿命的增速都超过了白人女性。"1990—2016年，居住在亚拉巴马州、阿肯色州、肯塔基州、路易斯安那州、密苏里州、俄克拉何马州、田纳西州和得克萨斯州的非大都市区的女性，其"预期寿命损失近1岁"。详细的流行病学研究确定了这背后的原因：吸烟、精神和神经系统疾病及药物过量。

在死亡率研究领域，最近最令人震惊的发现或许是：即便是一些没有外出工作的女性，也出现了预期寿命损失的情况。我之前的学生、共同作者、现就职于普林斯顿大学的阿伦·亨迪（Arun Hendi）发现："自1990年以来，除高中以下学历的非西班牙裔白人女性，其他群体（不论受教育程度、种族或性别为何）的预期寿命有所增加或维持原先水平。"然而，对高中以下学历的非西班牙裔白人女性而言，在20年的时间里，预期寿命骤降2.5岁。在这么短的时间内，变化竟是如此之大。相关数据及种种花哨的统计方法根本无法讲述这背后悲惨的个人故事。在以白人居民为主的阿肯色州凯夫城，克里斯特尔·威尔逊去世时年仅38岁，她是一名患有肥胖症和糖尿病的家庭主妇。"因为结婚，她在十年级时就辍学了。"莫妮卡·波茨（Monica Potts）在《美国展望》（The American Prospect）杂志上写道，"事情就是这样。"在同一社区，像她这样过早离世的人并不鲜见。当地学区的技术协调员朱莉·约翰逊（Julie Johnson）表示："如果你是一名女性，而且受教育程度很低，那么你的机会几乎为零。你结了婚，然后生了孩子……如果你不工作，日子倒还好……这是一个可怕的循环。"至于是什么原因让那些高中辍学的白人女性过早离世，约翰逊有一个非常简洁的答案，这同那些没有接受过多少教育的非西班牙裔白人男性的经历极为相似。"时代的绝望。虽然我讲不出什么道理，但我知道这就是导致她们过早离世的原因。"约翰逊说。

受此痼疾困扰的远不止那些受教育程度较低的年轻母亲。总体而言，25～44岁年龄组的所有美国人的死亡率都呈快速上升趋势。"受2008—2010年大衰退的影响，如今的年轻人都经历过成长的阵痛，进而导致延迟进入成年期、结婚率下降及与父母合住的比率上升。"埃洛和她的共同作者指出，"在该年龄组人群中，吸食毒品和酗酒的人员比率呈上升趋势，而在接下来的几十年里，与这些行为相关的发病率和死亡率可能也会上升。"这是相当多的千禧一代成员的未来，对他们来说，全球化和技术变革是人生道路上的逆风。如果这样的情况还不够糟糕，那么让我们再看一个事实：新冠肺炎大流行推高了最弱势群体的死亡率，尤其是50岁及以上的人群。

然而，同这种"绝望之死"现象形成鲜明对比的是，我们发现了一种以技术为驱动的对永生的追求，其旨在以另一种方式挑战遗传假说。

从"不老泉"到延缓衰老的"上帝分子"

"当'食鱼人'（意为沿海居民）对岁月流逝感到惊讶时，他就会带他们来到一个喷泉边。洗完澡后，这些人会发现自己的身体润泽光滑，好似在油中沐浴过一样，而且喷泉还散发着紫罗兰的香气。"希腊地理学家、历史学的奠基人希罗多德（Herodotus，约前484—约前425）写道，"他们说，泉水积弱无力，没有什么东西能浮在水面，无论是木头还是其他任何更轻的东西都会沉入水底。如果关于这个喷泉的记述是真的，那么他们之所以如此长寿，想必是经常使用这里的水。"这个神秘的"不老泉"已经成为有史以来最令人着迷的事物之一。

我是在波多黎各瓜伊纳沃的圣何塞教区教堂举办的婚礼，马路对面就是胡安·庞塞·德莱昂（Juan Ponce de León）的故居遗址。这位征服者于1508年为西班牙王室占领了波多黎各。1513年，他率领第一支欧洲探险队抵达佛罗里达，据称就是为了寻找"不老泉"。"在距离伊斯帕尼奥拉岛325里格①的地方，他们说有一个叫'博尤卡'（Boyuca）或'安娜尼奥'（Ananeo）的岛。据那些探索过该岛内部的人讲，此地有一处神奇的泉眼，饮用泉水后可返老还童。"同时期的意大利学者、在西班牙天主教徒斐迪南二世宫廷任职的彼得·马特（Peter Martyr）写道，但他只是提到了喷泉的位置，并未提及佛罗里达或庞塞·德莱昂。"陛下，千万不要以为他们只是开玩笑，也不要不把它当回事儿。"他告诫道，"他们竟敢如此正式地在整个宫廷里传播这一信息，以至于全城的人都信以为真，其中不乏杰出人士，比如一些德高望重的人或商贾富豪。"

关于庞塞·德莱昂在佛罗里达寻找喷泉的最早的详细记载，可以追溯到贡萨洛·费尔南德斯·德奥维耶多（Gonzalo Fernández de Oviedo）于1535年印制出版的编年史，而此时，这位西班牙的征服者已经去世20年。"他讲述了那个可以让人返老还童的喷泉的故事……由于这个故事广为人知，而且那些地方的印第安人也言之凿

---

① 里格（league）是长度单位，1里格约等于3海里，约为5.556千米。——译者注

凿，所以船长庞塞·德莱昂便率领手下，乘坐轻快帆船……前去寻找喷泉。实际上，这是印第安人的一句玩笑话。"庞塞·德莱昂在30岁时首次抵达后来被称为"阳光之州"的佛罗里达。8年后，庞塞·德莱昂及其手下试图在佛罗里达南部建立一个永久定居点，并由此引发了与卡卢萨人之间的一场小规模冲突。在这场冲突中，庞塞·德莱昂受伤离世。不过，令他意想不到的是，这个半岛有朝一日会成为世界上最重要的退休目的地之一。

让我们把时间快进到互联网时代。谷歌改变了我们搜索信息、在地图上寻找目的地及接收广告商信息的方式。在充裕资金的加持下，他们于2013年成立了加州生命公司（Calico），明确表示旨在延长人类的预期寿命。两年后，他们分拆成立了睿理（Verily），其前身即谷歌生命科学，而这也是这家庞大公司旗下的众多部门之一。睿理致力于研发智能健康解决方案，包括可穿戴医疗设备和监视器、疾病管理、外科手术机器人系统、生物电子药物，以及可用于健康追踪和防止跌倒的智能鞋。2014年，有媒体对谷歌的一项"基线研究"做了报道，称其为"有史以来最雄心勃勃和最具挑战性的科学项目"和"迈向未知领域的一次巨大飞跃"。该项目旨在"了解成千上万人的身体结构——精确到细胞中的分子结构"，进而确立可检测疾病的生物标志物。

对一种可能会延缓甚至逆转衰老的"上帝分子"（God Molecule）的探索，已然激发好莱坞明星和硅谷大佬的想象力，因为他们都渴望继续无限期地享受自己的人生好运。塔德·弗兰德（Tad Friend）为《纽约客》杂志撰文，描述了他们对长寿的痴迷，演员和"宇宙主宰"都认为某种治疗衰老的"疗法"就在眼前。"我认为衰老是可塑的，是被编码的。"内科医生、在某医疗保健对冲基金担任经理的尹峻（Joon Yun）在美国国家医学院举办的一次关于该主题的会议上说，"如果某个东西是被编码的，那么我们就可以解码。"在越来越热烈的掌声中,他接着说:"如果你可以解码,那么你就可以侵入它的系统。"为与最好的科幻语言保持一致,他又补充道:"我们可以永远终结衰老。"

尹峻的大胆断言并非夸大之词。事实的真相是,我们可以通过基因操作让细胞永远增殖,或至少在一段时期内增殖,从而达到抑制衰老的作用。麻烦就在于,无论是从基因、行为还是伦理上讲,人类都是一个非常复杂的物种。"对人类来说,擅改基因是不合伦理的,而在现实中,相互冲突的力量又有很多,因此很难评估饮食限制的影响。"欧洲生物信息学研究所抗衰老专家珍妮特·桑顿(Janet Thornton)表示,"在实验室,蠕虫的寿命可以延长 10 倍,而果蝇和小鼠的寿命最多只能延长 1.5 倍。不过,同样的测量标准却无法应用于人类,因为人体系统异常复杂,有很多的内部连接和缓冲物质,使得我们难以测量人类寿命的延长情况。"尽管如此,我宁愿做一个凡人,也不愿做一条永生的蠕虫。

无限延长生命可能有悖于宗教信仰,扰乱我们在人生不同阶段所面临的激励机制,并最终导致我们这颗星球因人口过密而不再适于居住。但这并不妨碍人们投入数亿美元开发各种抗衰老技术,长生不老的想法同人类本身一样古老。问题是,我们现在及将来的投入是否值得?换句话说,我们是否应当专注于过上一种更好、更健康的生活,而不是单纯地追求长寿?

寿命和健康寿命

"我们能否做到长寿且不老?"这是亚当·高普尼克(Adam Gopnik)在《纽约客》上一篇令人大开眼界的文章中提出的问题。依照强大的进化法则,在我们将基因传递给下一代期间,人类的身体应当像时钟一样运转,并致力于完成这一使命,但到了生命的后期，情况就未必如此了。"一旦我们过了生育年龄，基因在复制时就会变得马虎起来，进而引发突变累积，因为自然选择已经不再关心这个问题。"由此，在人类预期寿命显著提升的大背景下，各种令人厌恶的健康问题也呈现成倍增长的趋势，比如癌症、心脏病、糖尿病、关节炎和痴呆症等。难题就在这里。我们是应该把有限的研究资源用于延长人类的寿命，还是用于确保我们在人生的大部分时间里都能保持健康，即我们的健康寿命？正如塔德·弗兰德所指出的，这导致了"健康主义者"和"永生主义者"之间激烈的竞争。长生不老对我们来说似乎遥不可及，但要确保我们在人生的大部分时间里都能充分享受生活，则是完全可及的。问题在于，健康寿命的增长速度往往不及寿命的增长速度，而这就意味着我们一般人在去世之前仍会面临几年健康状况不佳的情况，甚至会长达6～8年。这显然不是一个值得期待的美好前景。

2019年，美国国家医学院发起"健康长寿全球大挑战"行动计划，并将其作为"一项世界性运动，致力于提升人们在老年化过程中的身体、心理和社会福祉"。该倡议旨在减轻人口老龄化带来的不利影响，因为人口老龄化"会对全球范围内的经济、卫生系统和社会结构造成巨大的压力。但事实未必如此"。这里有一个基本理念，即通过采取一系列刺激和激励措施，"推动潜在的新药物、新疗法和新技术的爆炸式增长，同时出台各种预防性的、社会性的策略，共同提升人类的健康寿命。这些努力将有助于转变我们的老龄化进程，让我们在延长的寿命中活得更健康、发挥更大作用、实现生产力提升"。当然，正如一句老话所言：说起来容易，做起来难。

基于死亡时间，我们可以很好地测量不同年龄段的人的预期寿命，但要测量人的健康预期寿命则难得多，而且在测量标准上存在很多争议和争论。世界卫生组织计算过的"健康预期寿命"，其定义是"在当年的死亡率和发病率条件下，假定的一代人的平均健康寿命，并且日常生活中不存在不可逆的活动限制或丧失能力的情况"。虽然预期寿命有非常明确的界定，但健康预期寿命的概念存在难以克服的方法论上的模糊性。健康和不健康的区分界限在哪里？是否存在一个中间地带？人们落入不健康状态之后，难道就不可能再重新回到健康状态吗？

暂且把这些难题搁置一旁。数据显示，自2000年首次计算该指标以来，得益于良好的生活方式、预防保健、早期疾病检测和新疗法，60岁及以上的人的健康寿命呈现稳步上升趋势。由于进展看起来很缓慢，所以"永生主义者"的观点或许是正确的。平均健康寿命每10年仅增加两三个月——这样的增长速度无疑会让谷歌的研究人员感到恼火，同时也是好莱坞和硅谷所不能接受的。不过，好消息是，2019年60岁的美国男性平均还能健康生活15.6年，女性为17.1年。同期，美国男性和女性60岁时的预期寿命分别为22年和25年，这也就是说，平均而言，美国人在生命的最后8年里，会出现因健康问题而无法充分享受生活的情况。

最重要的一点是，自21世纪初以来，在全球大多数国家，平均健康寿命的增长速度与预期寿命的增长速度大致保持同步状态。在这些国家中，既有富裕国家也有贫穷国家，尤为突出的是安哥拉、孟加拉国、博茨瓦纳、中国、丹麦、厄立特里亚、埃塞俄比亚、芬兰、印度、爱尔兰、约旦、老挝、马拉维、马耳他、蒙古、纳米比亚、波兰、葡萄牙、俄罗斯、新加坡、南非、韩国、泰国和英国。同寿命一样，在健康寿命方面，美国也是一个例外。健康寿命的增长速度只有寿命增长速度的一半，这也就意味着美国老年人的生命质量相对于世界其他国家和地区的老年人有所下降。

这种状况对世代之间有什么影响呢？基本上来讲，在大多数富裕国家，60岁时的平均预期寿命为20~25年，其中有10~15年为健康预期寿命。因此，65岁退休是合理的吗？作为一个社会，我们能够负担得起吗？这对其他世代的人公平吗？鉴于事关重大，这些棘手的问题往往会激起人们的讨论热情。

代际正义

"当我们试图确定如何推进正义时，最基本的需要就是公共推理，这涉及来自不同方面和不同视角的观点。"印度哲学家、经济学家、诺贝尔经济学奖得主阿马蒂亚·森（Amartya Sen）在其2009年出版的开创性著作《正义的理念》（*The Idea of Justice*）中写道，"然而，与相悖的观点交锋，并不意味着我们必须期望在所有情况下都能化解分歧，并在所有问题上都能达成一致立场。'完全解决'既不是一个人自身理性的要求，也不是理性社会选择的条件。"

完全实现代际正义是非常难的，其中最具代表性的例子或许就是气候变化。在这个议题上，当前经济福祉和未来可持续发展之间的权衡尤难裁定。谁来为那些已经进入退休年龄的人支付养老金和医疗保健费用，这是另外一个令人头疼的问题，因为你很难给出公平的理由。毕竟，那些进入退休年龄的人生育和抚养了下一代，并为他们提供了生活机会。但正如阿马蒂亚·森所建议的那样，我们可以比较和对比每一代的论点和视角，并激励人们参与到辩论中来。议题虽然棘手，但这并不表明它就缺乏辩论的必要性。

"老一辈人和年轻一辈人之间依然是相互支持与关爱的关系。然而，历届政府的作为和不作为都有可能破坏这一关系的基础。"英国上议院在2019年的一份报告中警告说，"许多年轻人都在努力寻找有保障的高薪工作，以及有保障的、可负担得起的住房，而在老一辈中，很多人则可能得不到他们所需要的支持，因为一届又一届的政府都没有做出长期的世代发展规划。"起草该报告的委员会列出了一些主要的摩擦领域，包括政府赤字、经济适用房的获取、教育经费不足,以及各种"老龄化"项目的成本支撑。但让我感到困惑的是,气候变化并没有被他们列入其中。

在某种意义上,社会是受社会契约约束的,该契约包含一些基本的参与规则。社会契约固然重要,但在不久的将来,世代契约可能会变得更加重要。我们来看一个具体的版本,即世代福利契约,其规定选民应当兼顾以自我为中心的原则和利他主义,他们所要支持的政策不仅有利于他们自己,而且有利于人生阶段与其不同的人。年轻一代可能需要支持养老金和医疗保健服务,因为几十年后他们自己也需要。如果儿童保育政策和教育能够带来规模更庞大、准备更充分且愿意通过纳税为养老金和医疗保健埋单的劳动人口,那么老一辈人也会从中受益。尽管如此,在大多数富裕国家,养老金现在俨然已经成为最大的福利项目,打破了各种预算类别之间一度存在的平衡。

随着养老金和医疗保健费用的飙升,"在政府为老年人提供合理水平的生活所需方面,大多数欧洲国家依然保持着很高的绝对支持率,但人们对有利于老年人的政策的支持率却呈下降趋势。这种下降,一方面源于人们对该类政策的绝对支持率的下降,另一方面是因为人们加大了对儿童保育政策的支持力度"。芬兰养老金中心研究员阿尔特-扬·里克霍夫(Aart-Jan Riekhoff)写道。换句话说,虽然每代之间仍然非常团结,但在年轻就业人员和选民的心中,预算权衡问题已经变得越来越重要。"这表明,虽然每代的福利情况不会立刻发生变化,但在很多国家,与年龄相关的政策偏好肯定会重新调整",特别是欧洲国家、美国、加拿大和日本。

在代际公平和代际团结的最新演变趋势中,一个关键问题是,福利计划在多大程度上是为特定的年龄群体设计和提供的。公共教育开支和儿童保育服务让年轻人及其父母受益,失业保险会让失业者感到安心,医疗保健服务的最大受益群体是高龄人士,养老金计划是退休人员享有的福利。在债务和预算赤字不断增加的时代，代际团结遭到破坏。正是在这一背景下，公共养老金计划的可行性论证被摆上台面。

养老金体系

"这给我带来了很大压力。"60 岁时退休、现年 77 岁的扬-皮耶特·詹森（Jan-Pieter Jansen）说，"削减养老金意味着我将损失数千欧元，而这些钱原本可以花在家用和我们喜欢的假期上。我对此非常生气。要知道，这些钱我是存了很久的。"他缴纳了 40 年的行业养老金，如今却收到一封通知函，告知他养老金待遇要削减高达 10%。

寿命的延长加上生育率的下降，对养老金体系构成了可怕的双重打击，特别是那些以就业人员及其雇主的当期缴费为资金支撑的养老金体系。再者，许多公共养老金基金把投资回报率假定为 7% 甚至 7% 以上，这在债券收益率接近于零的时期是不现实的。解决方案？几乎所有严肃的研究都认为应多措并举，比如延迟退休、提高就业人员及其雇主的缴费基数和税率、削减福利或加大从国外引入年轻劳工的力度。或许上述所有措施都是必要的，而这又必然会带来破坏性的影响和痛苦的结果。受迫在眉睫的养老金危机的影响，很多国家的总理和总统的支持率都在不断下滑。任何政客都不想失去当前就业人员或已经领取养老金的人的支持。与此同时，种种利益瓜葛根深蒂固，为确保养老金未来可行性而进行必要的改革似乎已无可能。

幸运的是，人们似乎已经看到不祥之兆，进而决定延迟退休。20 世纪 70 年代初，在欧洲和北美洲的发达国家，男性的平均退休年龄为 69 岁，女性为 65 岁。2000 年，男性和女性的平均最低退休年龄分别为 63 岁和 61 岁。在过去 20 年里，平均来看，男性和女性的退休年龄均延迟了 2.5 年。

让我感到困惑的是，现有的关于养老金体系未来可行性的大多数研究都着眼于预期寿命的延长，并未把平均健康寿命考虑在内。寿命和健康寿命这两个概念，对于我们理解后世代社会中的退休议题至关重要，因为在做与退休相关的决定时，人们不仅要考虑他们还能活多少年，而且要考虑自身的健康状况或可能出现的健康问题。

接下来，让我们来分析一下那些过去被大多数专家忽略的数据，这着实让人感到不可思议。在表 2.1 中，前两列是主要国家的对应数据，来源于我们前面提到的两个权威机构——联合国和世界卫生组织。"60 岁时的健康预期寿命"是指我们作为具有充分生产力的社会成员还能有多长时间，即能够不受限制地从事全职工作。"预期寿命减健康预期寿命"是指我们因健康状况不佳而无法从事全职工作，从而需要依赖养老金的最少年数。对美国男性来说，这个数字的平均值是 6.4 年（22.0-15.6），而对美国女性来说，这个数字是 7.9 年（25.0-17.1）。

表 2.1 中的数据实际上是可以让人放宽心的，因为如果我们一直工作到健康寿命终结，也就是工作到我们开始出现严重的健康问题时止，那么社会保障系统完全有可能以目前的形式存在下去。想必很少有人愿意这么做——我肯定不会。从情景 1 来看，这将减轻那些以纳税方式为医疗保健和养老金付款的就业人员的负担。同时，这也意味着美国男性的平均退休年龄为 75.6 岁，美国女性为 77.1 岁，远高于当前的平均退休年龄（65 岁左右）。在这种情况下，人们在退休后将无法享受完全积极的生活方式，因为平均而言，他们已经抵达健康寿命的终点。在日本、韩国、法国和西班牙，这尤成问题，因为这样的话，这些国家的人们就得到 80 岁或接近 80 岁时才能退休。简而言之，虽然情景 1 对年轻一代很有吸引力，但无论是从社会还是政治的角度讲，它都是站不住脚的。我们不能要求人们一直

表 2.1　2019 年 60 岁人口的平均预期寿命、
平均健康预期寿命和退休情景分析

国家	60 岁时的预期寿命（岁）		60 岁时的健康预期寿命（岁）		预期寿命减健康预期寿命（年）		情景 1：退休年龄，假定人们工作到健康寿命终结（岁）		情景 2：退休年龄，假定人们工作到健康寿命终结前 7 年（岁）	
	男性	女性	男性	女性	男性	女性	男性	女性	男性	女性
美国	22.0	25.0	15.6	17.1	6.4	7.9	75.6	77.1	68.6	70.1
中国	18.6	22.0	15.0	16.9	3.6	5.1	75.0	76.9	68.0	69.9
日本	24.0	29.2	18.8	21.8	5.2	7.4	78.8	81.8	71.8	74.8
韩国	22.6	27.3	18.2	21.2	4.4	6.1	78.2	81.2	71.2	74.2
印度	17.4	18.6	13.0	13.5	4.4	5.1	73.0	73.5	66.0	66.5
英国	22.7	25.2	17.6	18.9	5.1	6.3	77.6	78.9	70.6	71.9
德国	22.2	25.6	17.0	19.9	5.2	5.7	77.0	79.9	70.0	72.9
法国	23.3	27.6	18.5	20.8	4.8	6.8	78.5	80.8	71.5	73.8
意大利	23.5	27.0	17.9	19.8	5.6	7.2	77.9	79.8	70.9	72.8
西班牙	23.4	27.7	18.0	20.3	5.4	7.4	78.0	80.3	71.0	73.3
墨西哥	20.0	22.4	15.3	16.8	4.7	5.6	75.3	76.8	68.3	69.8
巴西	20.1	23.9	15.2	17.4	4.9	6.5	75.2	77.4	68.2	70.4
土耳其	19.2	24	15.8	17.3	3.4	6.7	75.8	77.3	68.8	70.3
尼日利亚	13.4	14.3	13.3	13.8	0.1	0.5	73.3	73.8	66.3	66.8
南非	14.4	18.3	12.7	14.8	1.7	3.5	72.7	74.8	65.7	67.8

资料来源：Global Health Observatory of the World Health Organization.

工作到他们因严重的健康问题而不能工作为止。在身体健康的情况下享受几年退休生活，这是劳动者的权利。

为寻求代际平衡，人们可能需要考虑一些中间方案，以避免出现情景 1 中的极端情况和当下平均 65 岁左右就退休的极端情况。比如，我们可以设定一条规则：无论是男性还是女性，在健康寿命终结前 7 年退休，确保他们在退休期间保持一种积极的生活方式。我之所以建议7年，主要还是考虑这一年数的《圣经》寓意。在情景2这种情况下，美国男性的平均退休年龄为68.6岁，美国女性为70.1岁。相比于情景1，情景2似乎更站得住脚，也更容易被接受，但关于7年是否足够或就代际公平问题展开的辩论将是旷日持久的，而且在政治上也是充满火药味的。

就上述任一情景而言，问题的根源都在于工作年龄人口和退休年龄人口的比率，该比率的下降会对我们的社会构成根本性挑战。从图2.1中，我们可以看到情况的糟糕程度。1950年，就全球范围来讲，1名60岁及以上的人对应7.2名年龄在15~59岁的人；2022年，这个数字下降到4.4。中国从7.1降至3.5，美国从5.0降至2.5，韩国和日本的下降速度更为可怕，前者从10.3降至2.5，后者从7.5降至1.5。考虑到生育率的下降和预期寿命的延长，这些比率在接下来的几十年里还将继续下降，进而迫使就业人员缴纳更多的税——他们不仅要为养老金埋单，还要为60岁及以上人口的医疗保健服务埋单。到2040年，在日本和韩国，工作年龄人口和60岁及以上年龄人口的平均比率将会降到略大于1的水平。对一个社会来说，如此低的比率绝对是不可持续的，除非所有的重物搬运工作都由机器人来完成。在美国，该比率将会降到2。这两个比率都将无法兑现国家对医疗保健服务和养老金的承诺，原因很简单，因为履诺的前提条件是一名60岁及以上的老年人必须对应三四位就业人员。这些数字清楚地表明，每代之间的权衡是复杂的、难以驾驭的，尤其是当年轻就业人口要为大部分账单埋单时。

消除问题与解决问题

拉塞尔·阿科夫（Russell Ackoff）是系统思维的先驱，也是我在宾夕法尼亚大学沃顿商学院的同事，现在已经故去。从他身上，我

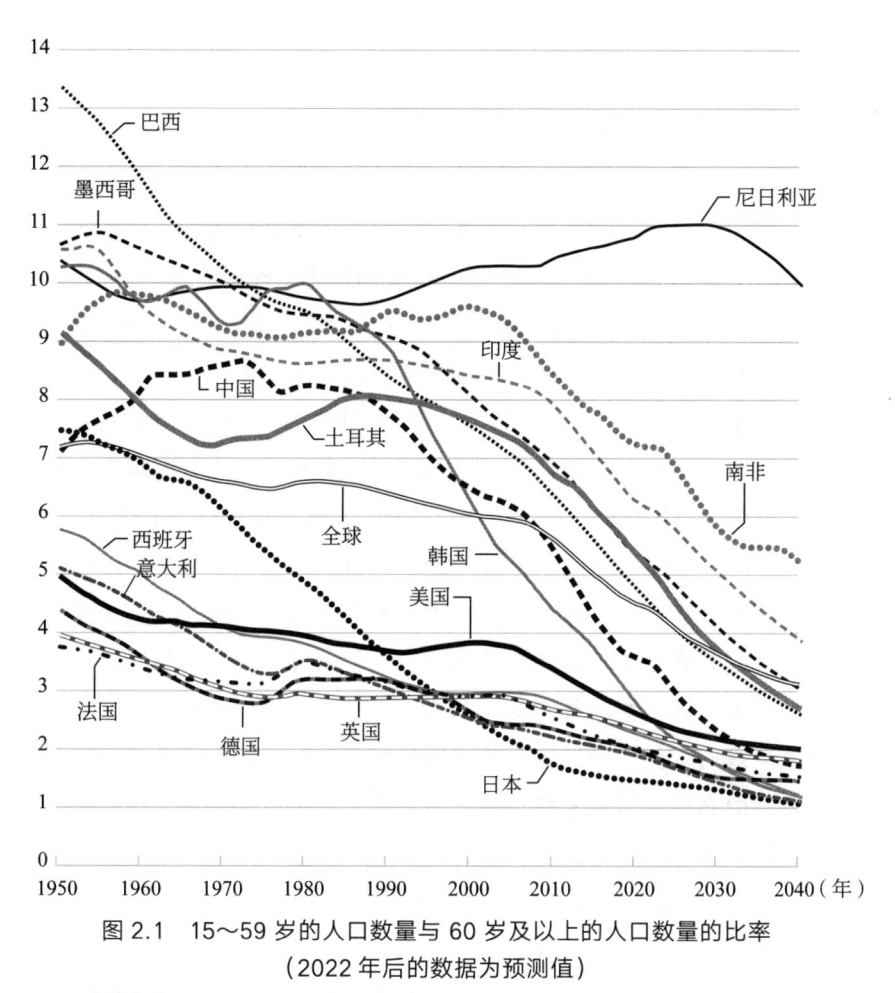

图 2.1　15～59 岁的人口数量与 60 岁及以上的人口数量的比率
（2022 年后的数据为预测值）

资料来源：UN World Population Prospects 2022.

学到了许多有用的东西，其中最重要的一课当数他的一次讲座。在 90 分钟的讲座中，他讲述了 20 世纪 50 年代伦敦那次著名的公共汽车工人罢工事件，内容极具启发性，让人大开眼界。当时，伦敦交通运输当局聘请他担任顾问，帮助解决高峰期公交车运行延误的问题。伦敦以红色涂装的双层公交车而闻名，但在那时候，这种公交车的数量超过了公交车站的数量，因而也就造成了一种困境：公交车无法在预定时间内驶入公交车站。每辆公交车各配备一名司机和一名售票员，司机在前，售票员在后。然而，司机工会和售票员工会之间也存在激烈的斗争：前者的成员以巴基斯坦人为主，后者则多是印度人。（2016年首次当选且目前仍担任伦敦市长的萨迪克·汗的父亲就是一名在巴基斯坦出生的伦敦公交车司机。）对于经常出现的延误和种种瓶颈问题，司机和售票员每天都吵来吵去，指责对方在工作上不够勤快、不够努力。司机会朝售票员怒吼，并将所有问题都归咎于他们；售票员也不甘示弱，反唇相讥。这种言语上的辱骂使得情况更加糟糕。再者，车上的乘客对此也感到非常不舒服。

任何一个给定的问题都有两种处理方式，拉塞尔平静地解释说。其一是解决它，这意味着你要在现有的系统设计参数和约束条件下，找出一种方式来解决迫在眉睫的问题。就大城市出行高峰期的拥堵问题而言，这可能涉及调整时间表、增加公交车专用车道、预测交通信号灯的变化、引导乘客少乘繁忙线路的公交车，以及提高出行高峰期的票价，以此来减少乘客数量。从某种意义上讲，这是把问题推迟到将来再解决。

拉塞尔平静地建议道，另一种行动方案是一举消除问题，或者说根除问题。这涉及情境的重新定义，以此来确保问题的完全消失。他向伦敦交通运输当局提了一个绝妙的建议，即售票员不应当在出行高峰期出现在公交车上，也就是不要在车后面售票，而是应当守在公交车站。就最繁忙的公交车站而言，如果一名售票员忙不过来，那就安排两名售票员。这样一来，不仅消除了司机和售票员之间的潜在冲突，而且大大加快了乘客上车的速度。问题就这么简单地消除了。我清楚地记得，在沃顿商学院参加这次讲座的高管纷纷站起来为年逾80岁的拉塞尔鼓掌。在之后的问答环节，他同样以清晰的思路和解答赢得了喝彩。

众所周知，解决迫在眉睫的养老金问题涉及一系列不受欢迎的改革：提高退休年龄、削减福利、增加税费，以及进一步开放移民政策，引入年轻的劳动人口。彻底消除养老金问题，需要系统层面的变革。简而言之，就是摒弃人生顺序模式，用一种非固定的、可逆的、后世代的生活模式取而代之。如此一来，我们就可以一劳永逸地摆脱这个问题。我们将会在本书后面的部分探讨这种可能性。

03　核心家庭的兴衰
更加多元化的家庭与生活安排

> 从来没有人要求核心家庭要独自生活在一个盒子里，就像现在的我们一样。没有亲戚，也没有任何支持，我们把它置于一个极其艰难的境地。
>
> ———
>
> 玛格丽特·米德〔Margaret Mead，1901—1978〕

"从我们所掌握的知识来看，人类一直都是生活在家庭中的。没有哪个时期不是如此，也没有谁能够长期地消灭或脱离家庭。"人类学家玛格丽特·米德和肯·海曼（Ken Heyman）在1965年出版的《家庭》（*Family*）一书中写道，"尽管人们提出了种种变革主张，也在现实生活中进行了实验，但人类社会一再重申，它们依赖于家庭这个人类生活的基本单位，这里所说的家庭便是由父亲、母亲及其子女组成的家庭。"

家庭是生活中非常重要的方面，但是家庭也有许多不同的形态、形式和规模。一般来说，我们认为核心家庭包括已婚夫妇及其子女，大家庭还包括祖父母、叔伯、姑婶、堂兄弟姐妹及其他亲属。除此之外，单亲家庭和无子女家庭也一直存在。这些家庭结构在不同的时间和空间出现的频率也不尽相同。与传统观念相反的是，由父亲、母亲及一定数量的子女组成的核心家庭，在大多数发达国家已经不再是常态。1970 年，美国 40% 的家庭为核心家庭，即家庭中包括一对已婚夫妇及至少一个 18 岁以下的子女。但到 2021 年，这一比例已经下降到 18%，为 1959 年以来的最低水平。也许这就是这个话题极具政治色彩和极具争议性的原因。

核心家庭：挣扎与绝望

"家是这世上最美好的词。"劳拉·英戈尔斯（Laura Ingalls）在超级受欢迎的电视剧《草原小屋》（Little House on the Prairie）（1974—1983 年）的开场剧集中如是说。这里的"家"是指"英戈尔斯一家"的家。该电视剧集中刻画了"父母加子女"的家庭理想，也展现了家庭中的种种快乐与挣扎，当然还有贯穿于整个生活中的、可以治愈所有挫折的爱。剧本大致改编自劳拉·英戈尔斯·怀尔德（Laura Ingalls Wilder）的系列畅销书，其背景设定在 19 世纪末美国明尼苏达州田园诗般的乡村。在该电视剧播出的年代，几乎所有人都以组建家庭为梦想，他们养育子女并盼望子女成才，因而剧情引发了全球观众的共鸣。正如黛安娜·布鲁克（Diana Bruk）在《乡村生活》（Country Living）杂志的一篇文章中所写的："它描述了一个相对简单的时代，在这个时代，人们的生活是围绕着教堂、学校和家庭转动的。"劳拉的系列图书及据此改编的电视剧并没有回避世俗的问题和悲剧，比如婴儿早夭、失明或药物成瘾。"当然，他们有他们的艰难，但每个人都是快乐、善良的，而且从来没有什么问题是他们齐心协力解决不了的。"在后越战时代和后尼克松时代的美国，也许需要这样一部"教导良好家庭价值观"的电视剧。每个人物角色都惹人喜爱：查尔斯·英戈尔斯的确是"一个完美的人，他可靠、正直、友善、勤奋",他的妻子卡罗琳待人和善、慷慨、温柔、忠贞;丈夫负责养家——打猎、捕鱼、种地,妻子则料理家务;他们的孩子都还小,在一天天长大。

20 世纪 70 年代是核心家庭的全盛时期。

从理论上讲,在政府、媒体、好莱坞及主要宗教宣扬核心家庭理念的同时,人生顺序模式在世界各地被广泛采用,即人们以一种有序的、可预测的方式进入和退出不同的人生阶段。这里所宣扬的核心家庭理念指的是父母养育子女,供他们完成学业,并一直持续到他们组建起自己独立的家庭为止。就处于社会经济最底层的家庭而言,父母双方都会工作,孩子则由邻居帮忙照看或由他们的哥哥姐姐带着玩。在 19 世纪 70 年代德意志统一之后,社会地位较高的女性被告知要待在家中,全身心投入所谓的 "3 k's"(Kinder, Küche, Kirche)中,即围绕着孩子、厨房和教堂转。从日本到美国,大多数国家的公司都不鼓励或直接禁止已婚女性外出工作。到 20 世纪 50 年代,随着中产阶级生活水平的日趋提升,美国的核心家庭(其构成包括父亲、母亲、至少两个孩子、一台电视机、一台洗衣机、一辆汽车和一条狗)已经成为全世界效仿的标准。女性可以参加工作,但仅限于结婚之前。玛格丽特·米德指出,核心家庭的概念对女性在社会中的地位是不利的,因为她们被降格到了家庭中,同时又缺乏大家庭所提供的支持网络。在女性开始大规模外出工作后,很多人会发现自己缺少家人的支持,进而决定少生孩子或不生孩子。

不过,学界并未就这一观点达成共识。历史学家彼得·拉斯利特(Peter Laslett)和艾伦·麦克法兰(Alan Macfarlane)表示,早在 13 世纪,生活在 "简易住宅" 里的核心家庭已经成为英格兰的标准式家庭。事实上,他们认为,正是核心家庭的这种灵活性和地域流动性使得工业革命成为可能,而不是相反。从逻辑上讲,市场需要的是可塑的、可重新部署的个体,因而也就需要他们从亲属关系及社区的链条中解脱出来。布丽吉特·伯杰（Brigitte Berger）及我在宾夕法尼亚大学的同事安妮特·拉鲁（Annette Lareau）等社会学家则进一步表示，由双亲组成的核心家庭是以孩子为中心的，而经过250年的演进，教育在现代经济和社会中所发挥的作用也越来越重要。在认识到核心家庭、教育和社会经济流动性之间的关系之后，我们就不难理解奴隶在养育子女、使之朝着核心家庭方向发展所面临的巨大困难，而在某种意义上，这种困难甚至是无法克服的。时至今日，非洲裔美国人在构建核心家庭方面依然困难重重——黑人男性的失业率和监禁率都很高。核心家庭的理念有时可能会压制女性的发展，但它的缺失也造成了社会失调等多种问题。

　　核心家庭的兴起得益于为其提供支持的法律法规。社会心理学家贝拉·德保罗（Bella DePaulo）认为："有些法律和分区法规使得人们难以和其生命中重要的人生活在一起，比如情景喜剧《黄金女郎》（Golden Girls）中的那种情境。"根本问题在于，"在有些地方，受分区法规的限制，只有一定数量的无亲属关系的人才可以生活在一起，而这个数量通常是两人"。此外，在美国，按照《家庭和医疗休假法案》，人们可以休无薪假来照顾配偶，但照顾未婚伴侣是不会被批准的。

　　核心家庭的美好理念掩盖了一个挣扎与绝望的现实。由于该理念过于强调"成长"，使得孩子不得不承受巨大的压力，竭尽所能地为成人做准备——从稳定的浪漫关系到职业上的成功，不一而足。再者，核心家庭也加剧了社会的不平等，因为可以预见的是，并非社会上的每个群体都能实现理想的目标。"我们让个人生活变得更加自由，却让家庭变得更不稳定；我们让成年人的生活变得更加美好，却让孩子的生活变得愈加糟糕。"《纽约时报》专栏作家戴维·布鲁克斯（David Brooks）最近在《大西洋月刊》上撰文表示，"我们远离了各成员相互联系的大家庭，进而转向规模较小的、彼此分离的核心家庭（由已婚夫妇及其子女构成的家庭）。大家庭可以帮助社会上最弱势的群体免受生活冲击，核心家庭则为社会上最有特权的人提供了最大限度发挥才能、最大限度扩充人生选项的空间。最终结果就是，富人被解放出来，而工薪阶层和穷人被践踏。"他指出了一个令人痛心的事实：在穷人及未被充分代表的种族和少数族裔人群中，核心家庭的理想远未实现。

"非传统"家庭

"我一直在追求一种完美的生活，但生活是不可预测的、非理性的、复杂的。我想要的是一种复杂的生活。"在2014年上映的明星云集的《离别七日情》（*This Is Where I Leave You*）中，贾德·奥尔特曼（杰森·贝特曼饰）大声说，"3个月前，我还有一份很棒的工作和一套不错的公寓，我还深爱着我的妻子。"他的妹妹温迪·奥尔特曼（蒂娜·菲饰）立即反驳说："不，不是的。""不是？"他问道。"她跟另外一个人睡了一年，而你一直没有觉察到……你能爱到什么程度呢？""是的……这很公平。"他后又承认说。由于父亲去世，奥尔特曼一家四兄妹又回到儿时的家。在接下来的一个星期里，他们同简·方达饰演的母亲及一大群配偶（有的忠诚，有的不忠诚）、前任和原本有可能在一起的人分享了彼此伤痕累累的成年生活。

从文化角度讲，我们对亲密关系和婚姻的看法已经发生转变。除此之外，还有一个事实，即我们所处的这个社会已经不再是一个严格遵循人生顺序模式且以传统的核心家庭为主体的社会。无论是富裕国家还是贫穷国家，单亲家庭的数量都呈上升趋势，而这背后的原因也很明显——双方分居、离婚或从未在一起生活过。我们首先来看一下非婚生育比例，如图3.1所示。非婚生子女会造成单亲家庭，但也并非都是如此。在欧盟，2018年非婚生育比例为41.3%，

图 3.1 非婚生育比例

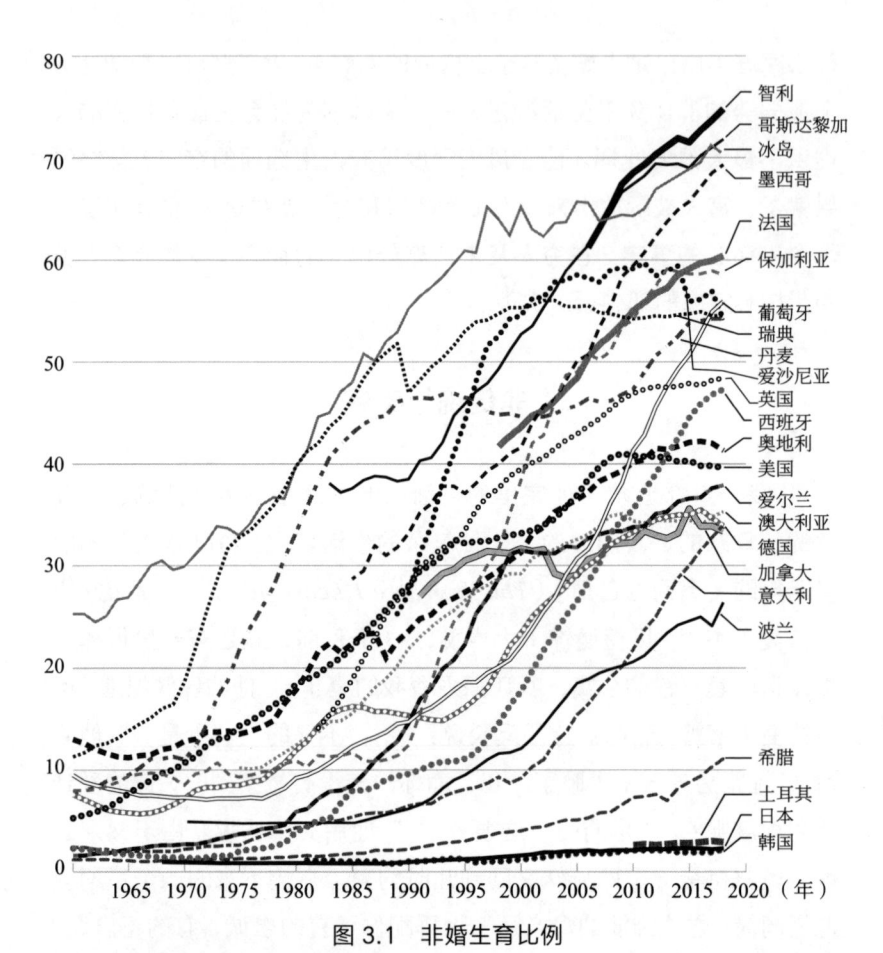

资料来源：OECD Family Database.

高于美国的 39.6%。即便是爱尔兰，也达到了 37.9%，比例接近于美国。该比例特别高的国家包括西班牙（47.3%）、英国（48.2%）、爱沙尼亚（54.1%）、丹麦（54.2%）、瑞典（54.5%）、葡萄牙（55.9%）、保加利亚（58.5%）、法国（60.4%）和冰岛（70.5%）。由此可见，无论宗教背景、地理纬度和发展水平如何，非婚生子女现在更常见于富裕国家。但拉丁美洲属于例外，尽管当地经济发展水平相对较低，但非婚生婴儿的比例非常高：墨西哥为 69.3%，哥斯达黎加为 71.8%，智利更是达到了惊人的 73.7%。需要特别指出的是，1960 年，只有少数西欧国家的非婚生育比例超过 10%（冰岛、奥地利和瑞典），其余大多数国家都低于 5%。当时，美国非婚生育比例为 5.3%，加拿大为 4.3%。

在整体上升趋势中，屈指可数的主要例外国家是韩国（2018 年非婚生育比例仅为 2.2%）、日本（2.3%）和土耳其（2.9%），因为这些国家的文化及政府和企业政策仍鼓励已婚女性在生育子女之后回归家庭。目前，中国还没有关于单身母亲的官方统计数据，但 5%～10% 的非婚生子女占比，可以说是一个合理的推测。过去，中国政府在控制人口增长的总体框架内不鼓励非婚生育，但现在独生子女政策已经成为历史。印度的非婚生育比例跟中国差不多，只不过它的统计数据中并没有区分单身母亲和丧偶母亲。在印度，和大家庭生活在一起的单身母亲的人数是独居的单身母亲的两倍。生育了两个女儿的印度人梅勒妮·安德雷德（化名）说："在我所住的那个楼里，同乘电梯时，那些女人会小心翼翼地把她们的丈夫从我身边挪开，社区里的那些母亲也不允许她们的孩子跟我的女儿一起玩，因为我的女儿来自一个'破碎的家庭'。诸如此类，我见得太多了。"

然而，单身母亲并不是单亲家庭存在的唯一原因，其他原因还包括丧偶、分居和离婚。"从单亲家庭儿童所占比例来看，美国是世界排名第一的国家。"皮尤研究中心在 2019 年发布的一份研究报告中指出，"美国 18 岁以下的未成年人中，有近四分之一（23%）与父母中的一方生活在一起，并且家庭中再无其他成年人，这一比例是世界平均水平（7%）的 3 倍还要多。"美国之所以排名第一，主要还是因为它的高分居率和高离婚率；要知道，美国单身母亲的比例跟世界平均水平是大致相当的。在世界范围内，单亲家庭比例最低的国家是中国（3%）、尼日利亚（4%）和印度（5%），加拿大为

15%，该比例最高的国家是丹麦，为17%。皮尤研究中心的这份报告还指出，美国是儿童与亲戚同住比例最低的国家之一，为8%，而全球平均水平为38%，这主要是由新兴国家和发展中国家的家庭安排所致。

　　核心家庭的一个关键理念是，孩子要成长、工作，并在适当的时候组建他们自己的核心家庭。布鲁克斯援引的1957年的一项调查显示，超过50%的美国人认为不结婚的人"病态"、"伤风败俗"或"神经质"。正如我们在第1章中所看到的，那些没有在合适的年龄完成规定的人生阶段的人，可能会被贴上离经叛道者或社会弃儿的标签。但如今，至少在两个方面，传统的核心家庭已经不再是常态。其一，美国商务部人口普查局的统计数据显示，超过40%的美国已婚女性的收入已经超过她们的丈夫，而到2030年，这一比例可能达到50%以上。其二，半数以上的美国家庭为单亲家庭、无子女家庭或单人家庭，引发这些变化的因素包括全球化、制造业的衰退、女权主义运动、世俗化、高企的离婚率和自我表达文化的兴起。

　　社会学家弗朗西斯卡·坎西安（Francesca Cancian）和史蒂文·戈登（Steven Gordon）对女性杂志长期以来提供的婚姻建议进行研究后总结道："旧的规范包括自我牺牲、规避冲突和僵化的性别角色，但这些都已经被新理念所取代，比如自我发展、公开交流消极和积极的情感、亲密关系及更灵活的角色。"他们还发现，从20世纪60年代开始，呈现出一种"朝着个人主义、情感表达和双性化方向发展的趋势"。正如我在宾夕法尼亚大学的前同事、社会学家凯瑟琳·埃丁（Kathryn Edin）及其共同作者玛丽亚·凯法拉斯（Maria Kefalas）所指出的，对越来越多的夫妇来说，婚姻（或同居）不是为了孩子，而是为了生活中的自我实现。我个人对这一显著变化的看法是，对那些受过教育的、在外工作的女性来说，婚姻的意义已经大不相同，而最终演进的结果就是孩子越来越少，宠物越来越多。

面对这种新情况，男性别无选择，只能去适应。

　　核心家庭的另一个方面是它对社交孤立的影响。在1985年出版的畅销书《心灵的习性》（*Habits of the Heart*）中，罗伯特·贝拉（Robert Bellah）领导的美国顶级社会学家团队写道："美国的文化传统对个性、成就及人类生活目的的定义，使得个人处于光荣却可怕的孤立之中。"生活中的进步包括"找到自我"、"离家独立生活"、通过工作"取得某种成功"、"恋爱和结婚"，以及分别以邻居和公民的身份"融入"社区和国家。但正如政治学家罗伯特·帕特南（Robert Putnam）在其于2000年出版的热门图书《独自打保龄》（*Bowling Alone*）中所讲的，美国的个人主义已经压倒传统的社区意识，尤为明显的是，中产阶级家庭纷纷搬到郊区，进而切断了传统的关系。"在20世纪最后三分之一的时间里，美国的社会纽带和公民参与发生了一些重要变化。"他指出，"我们的公民参与度依然高过其他很多国家，但与我们自己最近的过去相比，还是下降了。"帕特南指出，在众多原因（沉迷工作、城市扩张、代际变迁）中，"公民参与度的下降同传统家庭单位（父亲、母亲和孩子）的解体恰恰是同时发生的"。

　　一些社会科学家对传统家庭安排的衰落持乐观态度。"对我来说，核心家庭的衰落并不只是一个混乱或创伤的故事。"德保罗表示，"对那些从来都没有很好地融入核心家庭结构的人来说，这是一种解放，同时也为他们提供了各种各样的人生选项。我是依据我们生活的主要组成部分来考虑这些选项的——结婚、住在一起、过性生活、生孩子。"她推理的关键点在于"所有这些组成部分原本是打包在一起的，而现在它们全分开了。人们可以挑选他们想要的任何组成部分"。比如，人们可能在没有结婚的情况下住在一起，或者在没有浪漫伴侣的情况下生孩子。然而，现实是核心家庭和嬉皮公社均处于衰退之中，其他形式的社会组织及生活方式却在迅速扩张。

单人家庭

"单人家庭的数量正呈不断增长趋势,而选择独居生活的人,其背后的原因多种多样。"韩国文化广播公司宣称。作为一个电视网络平台,韩国文化广播公司播放的节目中有一档全球闻名的独居生活真人秀——《我独自生活》(*I Live Alone*),嘉宾包括演员、"韩流"明星和著名的职业运动员。在19世纪,韩国因试图将自身同世界隔离开来而被称为"隐士王国",时至今日,它已成为生育率排名全球倒数第二的经济体,平均每名妇女生育0.87个孩子,仅次于中国香港的0.76。韩国总人口约为5 200万,其中超过600万是独自一人生活的。在韩国文化广播公司的这档真人秀节目中,观众可以一窥各领域名人的独居生活。"这档节目捕捉到了独居生活的真实影像、做家务的秘密和诀窍,以及他们独自生活的哲学。"

汇总统计显示,单人家庭的数量实际上在很多国家都呈上升趋势,只不过这些数据有些参差不齐,其中既包括年轻人,也包括离异者或独自一人生活的丧偶者。在过去50年里,巴西的单人家庭所占比例从5%上升到12%,墨西哥从4%上升到10%,智利从6%上升到9%,波兰从17%上升到24%,西班牙从13%上升到23%,爱尔兰从14%上升到24%,法国从20%上升到35%,美国从13%上升到29%,韩国从20%上升到27%。在欧洲的大部分地区,现在有三分之一的家庭为单人家庭。因此,就核心家庭的衰落而言,其背后的原因包括与孩子一起生活的单亲家庭数量的增加(占美国家庭总数的10%)、一起生活的无子女夫妇(占美国家庭总数的25%)及单人家庭数量的增加(占美国家庭总数的25%)。联合国由此预测,在加拿大、日本、韩国、俄罗斯及欧洲的大部分地区,由父亲、母亲及至少一个孩子组成的核心家庭占所有家庭的比例已不足30%。在新兴市场和发展中国家,鉴于多代家庭的历史重要性,这一比例甚至更低。

"在过去的半个世纪里，人类这个物种开启了一项显著的社会实验。"社会学家、《单身社会》（*Going Solo*）的作者埃里克·克里南伯格（Eric Klinenberg）表示，"数量庞大的人口——不分年龄、不分地域、不分政治信仰——开始选择独居生活，而这在人类历史上还是第一次。"从不结婚、从不生育的人越来越多，与此同时，与伴侣或配偶分居或离婚的人也越来越多。在这种情况下，独居生活的人也会不断增加。

正如德保罗在美国杂志《今日心理学》（*Psychology Today*）上所指出的，独自一人生活的成本可能会很高，因而这种情况更常见于富裕国家，以及保障住房制度和政府养老金体系更完善的国家。此外，"互联网和其他通信技术的进步，使得人们可以独自一人生活而不会感到孤独"。2021年6月，在抵达英国后，遵照当地的新冠疫情防控管理措施，我被隔离5天。在这5天里，我感受到了人生中从未有过的紧密联系：同家人和朋友视频聊天，在线办公及收听、收看各种视听娱乐内容，不一而足。虽然独自一人生活是可能的，而且不再像过去那样备受排斥，但这并不意味着这种生活是令人向往的。"独居生活甚至可能会被污名化。"德保罗说。她将单人家庭数量的增多归因于个人主义价值观的兴起，比如个人独立、自立自强、自我表达和个人选择。人生顺序模式和核心家庭的解体也强化了这一趋势。

"独居人口比例的不断增长在现代西方社会的很多方面都具有象征意义，因为它代表了对个人和个人目标的重视，然而基本上，这又是以牺牲家庭为代价的。"艾伯特·埃斯特韦（Albert Esteve）领导的人口学家团队写道。埃斯特韦供职于西班牙巴塞罗那的人口研究中心。基于占世界总人口95%以上的113个国家和地区的人们的生活安排数据，他们发现婚姻状况是预测独居生活的单一最佳指标。因此，从成长到结婚（或建立稳定的亲密关系）的顺序被打乱，是这一日益增长的趋势的核心。

　　一如既往地，**魔鬼藏在细节里**。在欧洲和北美以外的大多数国家和地区，25~29岁的年轻人选择独居生活是一种例外，而不是常规。但在欧洲和北美，在该年龄段的年轻人中，15%~30%的女性和20%~35%的男性是独自一人生活的。这些模式会一直持续下去，贯穿一生。在欧洲和北美，在30多岁、40多岁和50多岁的人中，大约8%的女性和12%的男性是独自一人生活的，而就这几个年龄段而言，他们本应是核心家庭中的父母一方。但在非洲、亚洲和拉丁美洲，在30多岁、40多岁和50多岁的人中，只有不到2%的女性是独自一人生活的，而这一数字是非洲和拉丁美洲男性的4倍。由于结婚率较高，再加上文化上的耻辱感，亚洲男性独自一人生活的比例要低得多。随着时间的推移，在成年后的前几十年里，独自一人生活的女性的数量仅在欧洲和北美有所增长，男性则不同，在亚洲之外的其他地区均呈现普遍增长趋势。总而言之，独自一人生活的情况更常见于男性，也更常见于发达国家；随着时间的推移，无论是男性还是女性，独自一人生活的比例都在不断增加，特别是在20多岁至50多岁的年龄区间，其中发达国家尤为明显。在这些模式的背后，我们可以看到无伴侣的单身人士的数量在不断增加。"相对于女性，男性更早也更决然地打破了传统模式。"埃斯特韦及其同事总结道，"不过，在世界上最发达的国家和地区，女性独自一人生活的比例也很高，这表明女性的变革步伐可能会快于男性。"如此一来，无论是男性还是女性，继续因循人生顺序模式，在成年之后走入紧密关系或婚姻进而生儿育女的人只会越来越少。

"空巢"不再

　　"美国自大萧条以来首次出现大多数年轻的成年人与父母同住的

情况。"皮尤研究中心 2020 年发布的一项令人震惊的研究使用了这样的标题。1900 年，也就是美国总统威廉·麦金利竞选连任获胜的那一年，41% 的 18～29 岁的年轻人同父母生活在一起，而在 20 世纪 30 年代这一艰难时期，该数字攀升到 48%。在战后繁荣与核心家庭兴起的双重作用下，到 1960 年，这一数字降到了 29%。经过 20 年的缓慢增长，它又从 2000 年的 38% 跃升至 2020 年的 52%（见图 3.2）。这次猛增始于 2008 年金融危机，2019 年暴发的新冠肺炎大流行又使得数以百万计的大学生及失去工作或被降薪的在职年轻人回到家中与父母同住。要知道，他们中的很多人都背负着沉重的学生贷款。但对美国年轻人来说，受教育的年限越长，与父母同住的可能性就越小。"现在，没有接受过大学教育的年轻人更有可能与父母住在一起，而不是结婚或与他人合住，那些接受过大学教育的年轻人则更有可能与配偶或伴侣住在一起。"在女性群体、白人群体和亚洲裔美国人群体中，与父母同住的比例增长更快。

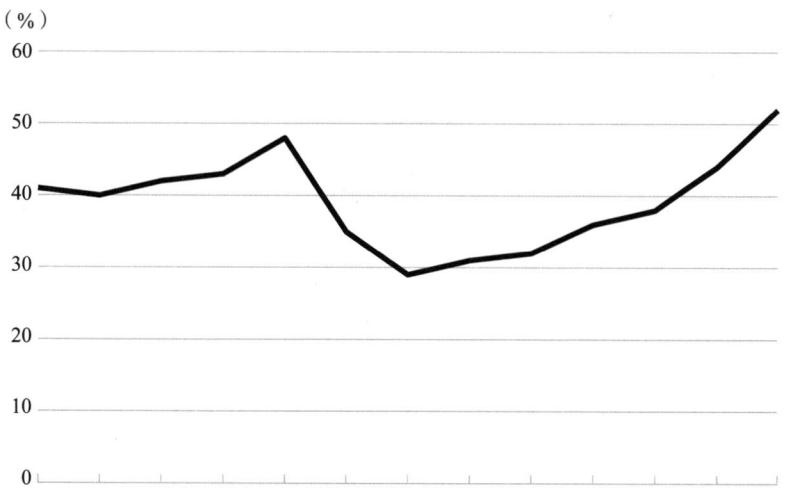

图 3.2　与父母同住的美国年轻人的比例

资料来源：Pew Research Center/U.S. Census Bureau.

在美国，与父母同住的年轻人的比例很高，而且人数还在不断增加，但它并不是唯一存在这种情况的富裕国家。截至 2019 年，在欧盟 25～34 岁的人中，与父母同住的比例略高于 30%。在南欧和东欧的大部分地区，这一比例已经高于 40%，但在德国、法国和英国，该比例低于 20%，斯堪的纳维亚地区更是低于 5%。由此可见，经济状况、失业率和住房负担能力是关键因素。2021 年 3 月，韩国国家统计局在一份令人震惊的报告中称，在该国 30 多岁和 40 多岁的未婚男女中，分别有 62% 和 44% 仍住在父母家。这意味着在 30 多岁的韩国人中，有 26% 是与父母同住的（42% 的未婚者乘以 62% 的与父母同住者），该比例略低于欧盟的平均水平。在韩国，这些与父母同住的成年人被称为"袋鼠族"。

统计数据背后的个人故事屡屡出现在大众文化中。在 2014 年上映的影片《崎岖之路》(*Rocky Road*) 中，哈里森·伯克（马克·萨林饰）是一名成功的华尔街银行家，拥有豪华公寓、宽敞的办公室和费用账户①。在公司破产后，他搬回新英格兰的一座小镇与父母同住，同时帮着父亲在货车上售卖冰激凌。

"大量年轻人搬回家中与父母同住，这在专家学者中已经引起一些争论。"德保罗在其著作《今天的我们如何生活：重新定义 21 世纪的家和家庭》(*How We Live Now: Redefining Home and Family in the 21st Century*) 中指出，"他们被称为'回旋镖一代''无处可去的一代''被困的一代'。"对父母来说，这种回归完全破坏了各代应同步遵循的人生阶段顺序。"收留他们的爸爸妈妈被贬称为'直升机父母'，喻指过度保护孩子。"正如我们在第 1 章中看到的，问题的核心在于一种思维，即把人生划分为不同阶段的思维。"不过，批评

---

① 费用账户是用来核算与监督企业在一定时期（月份、季度或年度）内所发生的应记入当期损益的各项费用、成本和支出的账户。——编者注

家们可能是用 20 世纪的眼光来评论这一新趋势。"

这一主题的一个变体是从未离开父母家的孩子。"我们就是赖家男人。"在 2006 年上映的《赖家王老五》(Failure to Launch)中，特里普（马修·麦康纳饰）说，"不管我们是谁、怎么做，或者和谁生活在一起，我们无须就此感到抱歉。"影片中的特里普 35 岁，仍与父母同住在巴尔的摩的家中。"伙计们，环顾四周，我看到了三个赢家。谁要是敢对我们有什么看法，那尽管放马过来，反正打死我也不会搬出父母家。"当特里普带着临时交往的女朋友回到所谓的"住处"时，总是被后者嫌弃，然后被甩。对于他的这种生活状态，父母也感到绝望。于是，他们聘请亲密关系专家保拉（萨拉·杰茜卡·帕克饰）说服自己的儿子搬出去住。经历一连串的波折后，保拉和特里普最终坠入爱河。

按照人生顺序模式的假定，在某个时间点，也就是在成年子女搬出去住并开始组建他们自己的家庭时，父母会成为空巢老人。专家学者就"回旋镖"和"赖在家里的年轻人"现象撰写了一系列的文章、图书和自助指南，比如克里斯蒂娜·纽伯里（Christina Newberry）的《赖家成年子女生活指南》(The Hands-On Guide to Surviving Adult Children Living at Home)。"如果你的成年子女住在家里，或者他们从来没有搬出去住过，那么你要知道你并不孤单。"她在书中写道，"与成年子女生活在一起是很麻烦的，尤其是在节假日期间。"纽伯里自己也是一个一直跟父母住在一起的年轻人，她在书中不仅给出了 115 页的指南，还提供了一份 8 页的"成年子女在家生活合同"，以及一个"家庭预算计算器"，帮助父母了解棘手的会计规则，这涉及直接和间接的开支和子女在家居住的房租，同时也帮助父母"克服沉重的负债——无须他们自己承担"。

越来越多的年轻人别无选择，只能和父母住在一起。这种现象表明，作为人生顺序模式的基础，代际格局已经出现一连串的裂缝。首先，按照人生顺序模式的假定，父母抚养子女的义务具有一定的期限，而"空巢"的概念正是建立在这一前提之上的。其次，教育费用由谁来承担的问题，没有工作的年轻人根本无力负担如同大山般沉重的学生债务。更糟糕的一点是纽伯里提出的"情绪地雷"：年轻子女有了自己的孩子之后，它会像幽灵一样"破坏他们成为优秀父母的能力"。"当成年子女带着他们自己的家人回到父母家时，基本的规则和预期必须非常明确。"她写道，"跟父母住在一起的成年子女必须明白，无论他们自己的生活是怎样的，抚养孩子都是他们自己的责任，而不是他们父母的责任。"说起来容易，做起来难。但正如所有自助指南所指出的，最根本的问题在于你是否愿意接受挑战。

然而，在有些国家，三四十岁的人跟父母住在一起的动因已经不只是经济上的需求。韩国就是一个典型的例子，在 42% 的案例中，失业是主要原因，但还有很多在经济上有保障的年轻人没有从父母家中搬出去住。"父母很为我担心，在他们看来，一个单身女子住在外面太危险了。"36 岁的宋正贤（Song Jung-hyun）说。她至今未婚，不过有一份令人艳羡的工作——在首尔的一家公立高中当老师。"跟父母住在一起是很幸福的。"她表示。攒足够多的钱，以便以后结婚时用，也是成年子女选择与父母同住的主要原因之一。很多人指出这是一条双向道：一方面，父母可以为成年子女提供建议；另一方面，成年子女可以照顾父母，比如关注他们的健康或一些特定的事务。由此可见，年轻人选择与父母住在一起，其背后的原因是异常复杂的。鉴于此，我们或许应该从一个更有计划的、多代的角度来考虑整个生活安排。

多代家庭回归

"我们认为我们家是多代同堂的典范。"建筑师罗伯特·哈比杰

（Robert Habiger）在一篇博客文章中写道，"我们家一共住着 7 口人，包括我的岳母、我们家的两个孩子及其中一个孩子的男朋友，另外还有一个孙女。我和妻子是我们这个家庭的实际领导者。"在位于美国新墨西哥州阿尔伯克基的家中，罗伯特煞费苦心地建立起了多代家庭成员之间的平衡关系，毕竟在这个家中，最年长的家庭成员和最年幼的家庭成员之间相差了 80 岁。哈比杰一家的尝试可以说是一个日益显著的趋势的一部分，即远离一个世纪前出现的核心家庭概念，按照这一概念，新婚夫妇要从各自父母的家中搬出来住，然后组建一个属于他们自己的新家庭。"我们在这个多代家庭中划分出 4 个独立但相互连通的生活区，每个生活区归属不同的家庭成员，人数从 1 人到 3 人不等。这种家庭结构为每个人都提供了独处与陪伴、多元化与统一性及独立与相互支持的体验。"哈比杰表示这样的安排有很多好处，他说："这种既对立又统一的模式是我们多代同堂的一个关键方面。比如，彼此之间亲密有加但又保持着距离，有共同参与的活动但又有各自独立的领地，诸如此类，都是至关重要的生活体验。"这是一个引人入胜的故事。

多代同堂的家庭生活有着数百年乃至数千年的历史。进入 20 世纪后，核心家庭的概念扎根发芽，进而开创了人类生活安排的一个新时代。如今，这种模式可能已经走向终结，至少是部分终结。当下，与哈比杰家类似的多代家庭已经不再罕见，相反，它还发展成为一种日益明显的趋势，当然，从经济条件来讲，他们家比这个群体中的大多数家庭要好得多。依照皮尤研究中心编纂的数据，2021 年，有 5 970 万美国人（约占美国总人口的 18%）生活在多代家庭中，即家庭中包括三代或三代以上的成员，而 1971 年，这一比例仅为 7%。这跟我们之前看到的核心家庭的比例是一样的。依据市场研究及咨询公司哈里斯民意调查的数据，美国非营利组织世代联盟估算，2021 年，约有 26% 的美国人生活在多代家庭中，高于 2011 年的 7%。

虽然两家机构的估算数据有所不同，但总体趋势是很明显的。在核心家庭数量大幅增长前，多代家庭所占的比例甚至比现在还高（在大萧条时期约为 30%，1950 年为 21%）。不过，在 20 世纪 80 年代前，这一比例一直处于下降状态，80 年代后才有所反弹。近年来，整个欧洲也出现了类似的增长。少数族裔更有可能生活在多代家庭中，比如非洲裔和拉丁裔美国人生活在多代家庭的比例约为 26%，亚裔美国人为 24%，相比之下，非西班牙裔美国白人的比例为 13%。此外，在国外出生、后移居美国的人也更有可能生活在多代家庭中，其中男性尤为普遍。虽然经济必要性和文化规范在多代家庭的增长中发挥了一定作用，但从整体上看，非西班牙裔美国白人生活在多代家庭的比例增长速度更快一些。

多代家庭形成的动因是复杂的。皮尤研究中心的调查显示，在 40% 的案例中，财务问题是主要原因，其次是那些一直以这种方式生活的人（占比 28%），再就是照顾高龄家庭成员的需要（占比 25%）。美国非营利组织世代同堂调查发现，多代家庭形成的原因非常多：照顾老人（34%）、照顾子女或子女教育需要（34%）、失业或赋闲（30%）、高企的医疗保健费用（25%）、文化和家人期望（23%）、高企的教育或再培训费用（23%）、离异或分居（15%），以及丧失住房抵押赎回权或其他住房损失问题（14%）。组建多代家庭似乎会给家庭成员带来很多好处。在这一点上，至少有 70% 的受访者表示赞同：便于照顾家庭成员，有助于改善财务状况，有助于提升身心健康水平，以及使得参加继续教育或在职培训成为可能。需要特别指出的是，在受访者中，有近一半人的家庭总收入在 10 万美元以上，而这也表明财务因素未必是主要动因。此外，71% 的受访者拥有自己的住房。如此一来，这种生活安排也就会稳定地持续下去。大约 72% 的受访者表示他们会继续生活在多代家庭中。显而易见的是，多代家庭不太可能生活在贫困中，究其原因，主要在于这种家庭可以汇聚财务资源，能够分担成本，也便于更好地照顾家庭中的残疾人或老人。在皮尤研究中心的调查中，超过一半的人表示，他们觉得住在多代同堂的房子里既方便又有益，只有四分之一的人表示有压力。由此，我们可以得出这样一个结论：也许多达三分之一的多代家庭是家庭成员自愿组建的，而不是出于某种不得已的原因。

美国退休人员协会创造了"grandfamily"（祖孙家庭）一词，用来指那些祖父母与孙辈子女生活在一起的家庭。2016年，美国有720万个"祖孙家庭"，较4年前翻了一番还多。阿片类药物成瘾危机是这类家庭数量快速增长的原因之一。2016年开展的一项调查显示，在超过23 000名购房者中，44%表示他们购房是想为父母安排住所，42%是想为子女安排住所。引人注目的是，65%的购买者希望住宅底层能有一间带卫浴设施的卧室，24%的购房者希望住宅中除了生活区和睡眠区，还要一个带小厨房的套间。时下，附属住宅单元（也被称为"姻亲套房"或"祖母房"）越来越受欢迎。美国退休人员协会2018年开展的一项关于住房及住房偏好的调查显示，三分之一的成年人表示在分区法规和其他规定允许的情况下，他们会考虑在自己的房产上增建附属住宅单元。目前，美国只有8个州和华盛顿哥伦比亚特区引入了州一级的指引。"取消相关限制，同时放宽对多代共居住宅开发的管控，可以为美国家庭提供更多选择，以适应不断变化的家庭格局。"

有人可能会想，这种多代同堂的生活方式会吸引房地产开发商的目光。但遗憾的是，专注于开发多代同堂式住宅的房地产项目屈指可数。建于2012年的"祖孙之家"项目位于美国亚利桑那州菲尼克斯，共有56个单元，专为抚养、照看孙辈的祖父母设计。这是一个公私合营项目，租金相对低廉，针对的是收入水平为当地中位数的40%～60%的居民。据美国商务部人口普查局的研究人员达芙妮·洛夫奎斯特（Daphne Lofquist）表示，大多数多代家庭并不是居住在这类房屋中，而且目前的这种情况仍将作为一种常态持续下去。她说，在很大程度上，疾病、离异、丧偶、失业、贫困、丧失住房抵押赎回权，以及近年来不断增加的移民，仍是多代人选择一起生活的主要原因。

因此，多代家庭的回归是一系列要素的直接结果，包括寿命的延长、出生率的下降、代际边界的模糊、未接受过良好教育的年轻人所面临的种种困境，以及人们对归属感的渴望。此外，年轻人更难找到稳定的工作，许多家庭深陷经济泥潭，也加剧了这一趋势。且不论是出于现实需要还是有意为之，多代同堂的生活方式都在强势回归。

更重要的是，在美国国立卫生研究院发表的一篇文章中，哥伦比亚大学的研究人员写道："多代同堂的生活安排可以……提升心理资本、社交资本和财务资本，而这些因素都有助于改善人的健康状况，延长人的寿命。"无论是个人自愿选择还是迫于某种必要性不得已而为之，多代家庭都为彼此间的协作和相互理解开辟了新的天地，这将有助于克服人口快速老龄化带来的挑战。如果说多代同堂的生活可以延长人的寿命，那么它是否也可以帮助青少年和20多岁的人更好地应对与人生决定相关的压力？它是否可以改善为人父母的体验？

一个人不需要接受19世纪和20世纪美国的乌托邦和公社或以色列的基布兹模式——它们都是建立在宗教、伦理和社会主义等思想之上的——就能获得多代家庭带来的好处。在某种意义上，多代同堂的生活方式同那些历史运动一样，都是反对个人主义的。社会学家、商业顾问罗莎贝斯·莫斯·坎特（Rosabeth Moss Kanter）在20世纪60年代末和70年代初研究该主题时指出："公社化运动是乌托邦信念再度觉醒的一部分，这种信念曾在 19 世纪存在过，如今再次出现，其认为通过建立合适的社会制度，便可实现人类的满足与发展。"正如《纽约时报》专栏作家布鲁克斯所指出的，在缺乏有力的社会支持网的情况下，一个人从一个生活阶段过渡到下一个生活阶段时，会因种种压力而产生情感碎片，多代同堂的生活安排乃至公社化的生活安排或许可以应对这种情感碎片。

性别及无性别认同

影响核心家庭传统观念的另一个变化层面涉及性别及无性别认同问题。当代辩论经常围绕术语问题展开。"语言是我们无法挣脱的牢笼。"红迪网（Reddit）的一名用户写道，"它是我们思想的监狱，它禁锢了自由的思想。"更糟糕的是，语言不仅塑造我们的认知，还塑造我们的行动。事实证明，性别化语言为工作场所、学校及其他生活领域的歧视提供了肥沃的土壤。"从历史上看，世界一直将男性作为默认性别，而这种观念也通过语言得到了强化。"纳扬塔拉·杜塔（Nayantara Dutta）在英国广播公司网站发帖表示，"作为人类，我们的集体身份被视为男性：我们用'man'（男人，男子，亦泛指人）来描述我们这个物种，并用'mankind'（男人，男子，人类）作为我们的统称。"在广泛使用的语言中，性别化属性最明显的包括西班牙语、法语、德语、阿拉伯语和印地语。其他语言虽然也有性别化的代词，但大多数名词都不具有性别化属性。利用 111 个国家和地区的样本数据，詹妮弗·普鲁伊特–弗赖利诺（Jennifer Prewitt-Freilino）、安德鲁·卡斯韦尔（Andrew Caswel）和埃米·拉克索（EmmiLaakso）发现："与使用其他语法性别系统的国家相比，使用性别化语言的国家在两性平等方面表现较差。"此外，"使用自然性别语言的国家，在两性平等方面表现更佳，这或许是因为对性别歧视语言相关实例进行性别对称修订比较容易"。鉴于这些证据,也难怪妇女倡导团体和反歧视专家数十年来一直推广更具包容性的他/她语言。在学术界,"seminar"(研讨会)一词已经且也应当被避开,从词源上看,其与女性对应的词是"ovular"(卵子的);研究结果也不再使用"penetrating"(有穿透性力量的)这样的词,取而代之的是开创性的、开拓性的或深刻敏锐的。在商业用语中,要避免使用"market penetration"(市场渗透)这种带有性别色彩的、丑陋不堪的词。

但事实证明,所有这些改变都不足以适应人们想要追求的多元化生活方式。进入 21 世纪以来,千禧一代及其他代的成员对"男性"和"女性"的分类提出挑战,支持用非二元性别或非常规性别术语来适应各种各样的生活方式。在保护性取向权利方面,国际女同性恋者、男同性恋者、双性恋者、跨性别者和间性者协会(ILGA World),以及美国、澳大利亚和新西兰,当属全球行动力度最大的机构或国家。ILGA 发布了一份描绘世界各国性取向法律的地图,在涉及性少数群体的性取向和生活方式取向方面,按照从"死刑"(10 余个国家)到"宪法保护"(只有 6 个国家)的 9 级评分标准为每个国家打分。不出所料,西欧、北美及大部分拉丁美洲国家和加勒比国家是性取向权利最坚定的捍卫者,例如安哥拉、博茨瓦纳、莫桑比克、南非、尼泊尔、蒙古、韩国和泰国。许多政府、航空公司和大学已经不再要求人们自报性别,或为他们提供非二元性别类别。

性少数群体革命已经掀起一股电影制作浪潮,这表明它已经成为我们的集体意识和集体文化的一部分。"我叫丽莎。我住在这里。"影片《假小子》(*Tomboy*)中的主人公的新朋友说。2011 年上映的这部法国剧情片讲述了主人公在成长过程中遵循性别刻板成见的种种痛苦。"你很害羞。"丽莎停顿了一下说。"不,我没有。"劳拉回答说。影片中的劳拉是一个 10 岁的非常规性别儿童。"能告诉我你叫什么吗？"丽莎说。劳拉犹豫了一下，然后说："米克尔，我叫米克尔。"这是她临时编的一个名字。类似的内心挣扎也是2015年上映的浪漫剧情片《卡罗尔》(Carol)的核心，该影片是根据帕特里夏·海史密斯（Patricia Highsmith）1952年出版的小说《盐的代价》(The Price of Salt)改编的，小说讲述了20岁的、满怀抱负的女摄影师特芮丝（鲁尼·玛拉饰）与充满魅力的、正在办理离婚手续的中年妇女卡罗尔（凯特·布兰切特饰）之间的禁忌之恋。"你在颤抖。"卡罗尔俯下身亲吻特芮丝时说。"不，不要。我就是想见你。"2016年上映的剧情片《月光男孩》可以说是这类题材影片的巅峰之作：它讲述了主人公在童年、青春期和成年早期所面临的种族与性取向认同的问题。"什么是基佬？"影片中，童年时期的主人公利特尔（亚历克斯·希伯特饰）问道，他成年后的名字叫奇伦。"基佬是……是同性恋者非常厌恶的一个词。"胡安（马赫沙拉·阿里饰）回答说。影片中的胡安是一名毒贩，对奇伦而言则是一个父亲般的人物。"我是基佬吗？"利特尔问道。"不是，你不是基佬。你可以是同性恋者，但你不能让别人叫你'基佬'。"胡安说。影片《假小子》《卡罗尔》和《月光男孩》的现实意义在于，如果没有按性别进行的互斥且周延的二元分类，也没有关于性取向和生活角色的所有常规假定，那么传统的核心家庭模式就会让位于一套更加包容、更加多元化的家庭与生活安排。

  进入21世纪之初，情景喜剧《脱线家族》(The Brady Bunch)就像是来自遥远过去的星系光芒，让人一目了然地看到，人生顺序模式及其严格的排序和时间节点已经走到尽头。随着时代的发展，女性承担起了新的经济和社会角色，再加上技术变革、文化全球化、个人主义浪潮的涌动、经济不平等的加剧、非常规的生活安排和非性别认同革命，使得严格按部就班的生活方式成为过去。核心家庭在发达国家已经不再是常态，在新兴国家和发展中国家可能永远都不会成为常态。我们是否需要恢复家庭生活中的一些秩序？但是，我们应该使用什么样的家庭定义呢？只调整人生顺序模式就足够了吗？我们能否彻底解决这方面的问题，而不是采取修修补补的方法？再或者，人生顺序模式中的裂缝会让整座大厦不堪重负而倒塌？在接下来的章节中，我们将探讨这种种可能性。

04 无因的反叛
不再做重大决定的青少年

> 生存还是毁灭,
> 这是一个值得考虑的问题。
>
> ——莎士比亚（1564—1616），《哈姆雷特》

"16岁的奥利维娅坐在我的治疗室里，充满焦虑，因为她不知道自己在今后的日子里想做什么。"心理学家兼作家珍妮特·萨松·埃杰特（Janet Sasson Edgette）写道，"奥利维娅解释说，现在迫在眉睫的问题是，因为不知道以后自己想做什么，所以无法选择大学专业。"珍妮特立刻回应说："但你现在只是一个高二的学生啊。"按照其治疗师的说法，奥利维娅的本能反应是"进入了一个自我设定的场景，在这个场景中，对大学专业的任何犹豫不决都等同于失业甚或无家可归"。虽然三分之一的美国大学生在毕业前会换专业，但父母、老师乃至升学顾问都坚持认为，他们应该"抓紧时间想清楚自己的未来"。

我们的主导文化是要尽早做出决定，即所谓的正确选择；即便我们还只是青少年，即便我们处于情绪悬崖的边缘，亦不例外。"有三件事，我是绝对可以确定的。"在《暮光之城》（*Twilight Saga*）系列影片第一部中，贝拉·斯旺（克里斯汀·斯图尔特饰）说，"第一，爱德华是吸血鬼；第二，他体内有一部分——我不知道这部分有多强烈——渴求我的鲜血；第三，我无可救药地爱上了他。"贝拉是优柔寡断的青少年的典型代表，她做出了一个又一个糟糕的选择。"我从没有想过自己会怎么死。但替我爱的人去死似乎是一个不错的选择。对于那些让我直面死亡的决定，我不会后悔，因为它们也会把我带到爱德华身边。"贝拉说。

在做决定方面，主导文化会对青少年产生不良影响。"人的认知能力（工作记忆、数字广度和语言流畅性）要到十六七岁时才能充分展现出来。"生物化学家埃琳娜·布兰科-苏亚雷斯（Elena Blanco-Suarez）在《今日心理学》上发文表示，"情感和社交技能需要培养和提升，唯有如此才能达到亲社会的成年期水平。然而，每个人都知道青少年（年龄介于13~17岁）是非理性的，他们会做出糟糕的决定，会冒不必要的风险。但事实果真如此吗？"与刻板成见相反，研究表明，青少年和成年人一样善于依据具体情况做出决定。当需要实时决策或在面临同龄人压力时，青少年的表现要比成年人差得多——他们会以冒险的方式做选择。

在我看来，运用神经科学和心理学来了解青少年如何做出改变人生的决定，比如接受什么教育或选择什么专业，就像拉塞尔·阿科夫在第2章中所讲的那样，这么做只是解决问题，而不是消除问题。彻底消除这一问题的一个好方法就是挑战人生顺序模式，让青少年和年轻的成年人能够重新审视自己的选择，修正方向，并通过试错法来实时适应新的情况。相比于让他们做出可能会影响一生的重大决定，这么做是不是更好？如今，"孩子已经不再是孩子"的理念要求我们重新考虑父母乃至社会是如何定义成功的，而这里的成功不仅包括学术上的成功，也包括人际关系和其他生活层面上的成功。

在年轻时就做出事关一生的决定,这从来都不是一件容易的事,在经济和社会变化如此之快的当下,更是如此。我们终其一生要做什么,这个决定再也不能一下子做出。至于为什么不能在非常年轻时就做出事关一生的决定,以及做出这种决定的不利之处,我们来看下面两种情况:第一,假设在 60 英尺①外的墙上有一个靶子,你朝靶子投掷一枚飞镖,如果命中靶心,你可以赢得 300 美元;第二,假设有三个靶子,呈直线依次排开,靶子与靶子之间相距 20 英尺。在第二种情况下,(1)在 20 英尺外朝第一个靶子投掷飞镖,命中赢得 100 美元;(2)然后走到第一个靶子的位置,朝 20 英尺外的第二个靶子投掷飞镖,命中可再赢 100 美元;(3)走到第二个靶子的位置,朝 20 英尺外的第三个靶子投掷飞镖,命中还可赢 100 美元。对此,你会怎么选择——在 60 英尺外投掷一次还是在 20 英尺外投掷三次?毋庸置疑,在 60 英尺外命中靶心的可能性要远低于 20 英尺外。再假设,这两种情况的命中概率分别为 1% 和 5%,那么在 20 英尺外投掷三次的预期收益($100 \times 5\% + 100 \times 5\% + 100 \times 5\% = 15$ 美元)将是在 60 英尺外投掷一次($300 \times 1\% = 3$ 美元)的 5 倍。

举这个例子旨在表明每 20 年接受一次学校教育并决定从事何种工作,远比在 60 年的时间里只做一次与工作相关的决定要好得多,因为在此期间,你所掌握的知识和技能有可能会过时。再者,随着经验的积累,你命中靶心的概率可能也会有所提高。在学什么及以后做什么的问题上,每 20 年做一次决定,而不是做一次决定就管 60 年,同样会有类似的收益。

一味地让年轻人"下定决心",这会使他们承受巨大的压力,会让他们错失机会,同时也会让他们对生活产生不满。与该主题相关

---

① 1 英尺 =0.304 8 米。——编者注

的大多数研究都指出，向青少年或20多岁的年轻人施加过多的压力，往往会产生事与愿违的效果。实际上，这对经济也是非常不利的，因为它会导致劳动力市场在人力资源配置方面很难正常发挥作用。一个更好的替代方案就是，允许年轻人把人生使命看作一个尝试不同工作和职业的过程，允许他们在课堂和工作场所之间来回穿梭。此外，娱乐也不必局限于婴幼儿时期，以及晚上、周末和假期。减少人生各阶段的条块分割，有助于人们更灵活地安排一生中的学习、工作和玩乐时间，也便于人们在工作之余更自由地追求个人兴趣。最后，这些新的生活安排可能会推动越来越多的人去尝试不同的工作或不同的职业。

父母压力和终身收入悖论

"亲子关系中最难的一部分就是懂进退。"克里斯汀·范·奥格特罗普（Kristin van Ogtrop）在其发表在《时代》杂志的一封致儿子的道歉信中写道，"所以，我为此道歉，也为我以前把我自己的问题推到你身上而道歉……作为母亲，我最大的错误之一就是把你的成功和我的成功混淆在了一起。你所取得的每一份成就都会减少我作为职场妈妈的负罪感；如果你在考试中得了A，那么我也会给我自己打一个A；如果你入选了校队，那么相当于我也入选了校队。"她在最后建议说，当孩子做了某件事或取得了某项成绩时，你最好不要说"我真为你感到骄傲"，而是说"你应该为自己感到骄傲"。这一措辞的微妙变化传递了一个充满力量的信息。

皮尤研究中心2013年发布的一项研究表明："美国人表示需要给学校的孩子施加更多压力，中国人则认为要减轻孩子在学校里的压力。"事实上，在21个国家和地区中，美国受访者选择"压力不够"这一选项的比例最高，为64%；反观中国，该比例仅为11%，

68%的受访者表示孩子在学校里承受的压力已经足够大。该研究指出，中国学生的标准化考试平均成绩高于美国，而这种差异通常归因于父母施加的更多压力。不过，在线心理健康平台Verywell Mind的总编辑埃米·莫林（Amy Morin）表示，一味要求孩子取得更多成就，可能会产生适得其反的效果，而且往往会导致更高的精神疾病发病率、更高的受伤风险、更大的作弊可能性，以及自尊和失眠等问题。

从各国和各地区在校学生的实际表现情况来看，平均分最高的学生存在于两种类型的国家和地区：一是父母施加压力较大的国家和地区，二是父母施加压力较小的国家和地区。经济合作与发展组织的数据显示，2018年，在阅读、数学和科学素养方面，中国、新加坡、中国澳门、中国香港和韩国的学生的平均得分最高，而所有这些国家和地区都以父母对孩子施加过多的压力而闻名。但在学生平均得分最高的前10个国家和地区中，也包括爱沙尼亚、加拿大、芬兰、爱尔兰和波兰这些父母施加压力较小的国家。美国排在第13位，居瑞典和新西兰之后。在包括美国在内的大多数国家，男孩的数学和科学成绩普遍高于女孩，家庭的社会经济地位也与孩子的学习表现高度相关。该研究没有提及种族背景，但美国国家教育统计中心的数据包含了种族维度。同样在2018年，16~24岁人口的辍学率与种族和民族有着令人压抑的关联关系：亚洲裔美国人为1.9%，白人为4.2%，多种族人口（两个或更多种族）为5.2%，黑人为6.4%，拉丁裔美国人为8.0%，太平洋岛民为8.1%，美国印第安人和阿拉斯加原住民为9.5%。在上述任一类别群体中，男性的辍学率均高于女性；除最后两个类别，最弱势群体的性别差异更大。有意思的是，移民家庭的孩子与主流家庭的孩子有着相似的辍学率。

在研究父母施加的压力对这些统计数据有何影响时，我们必须区分纯粹压力所产生的效果和榜样所起的示范作用。一般来说，如果父母都接受过良好的教育，那么孩子更有可能上更好的学校，包括高中和大学，也更有可能取得更好的成绩。此外，瑞典的研究人员发现了"性别非典型"选择，比如主修数学专业的女大学生会受母亲是不是理科生的影响。教育研究人员格蕾丝·陈（Grace Chen）表示，父母参与孩子的教育会提升他们的学业成绩和课堂表现，也有助于提高教师士气，但给孩子施加过大的压力可能会产生适得其反的效果。

在选择就读大学时，父母施加的压力所产生的负面影响会更广泛、更深远，这一点在美国等国家尤为明显，因为各选项异常复杂且极难评估。"家庭在选择大学方面是不合格的。"约翰·卡茨曼（John Katzman）和史蒂夫·科恩（Steve Cohen）表示，卡茨曼是致力于提供考试与大学升学服务的普林斯顿评论公司的联合创始人，科恩是律师兼作家。他们指出，在转校大学生中，五分之三是因为入学前做了错误的选择。一般来说，这个问题跟金钱和压力有关：在求学的同时还得靠打工来偿付账单。

此外，在孩子应该选择什么样的职业路径问题上，父母通常也会施加压力。在英国的一项研究中，69% 的大学生表示父母试图影响他们所做的大学选择，54% 表示父母试图影响他们所做的专业选择和职业路径选择。"很多有着不同背景的学生都表示他们感受到了来自父母的压力，因为父母会要求他们选择特定的专业或路径，以便谋得稳定的工作。"安娜·拉斯金德（Anna Raskind）2016 年在校报《哥伦比亚每日观察家》（*Columbia Daily Spectator*）上撰文道，当时她还是哥伦比亚大学大四的学生。在美国的大学里，少数族裔学生或来自国外的学生更有可能感受到这些压力，这在很大程度上是因为父母更有可能自一开始就干预孩子的选择。对许多父母来说，在就业方面，攻读人文学科的专业不如攻读商科、工程或理科专业，也赶不上继续进入法学院或医学院深造。"如果父母能给孩子机会，让他们大胆尝试，让他们自己选择，同时给予他们一定的空间，那么他们一定会找到属于他们自己的路。"职业顾问安德烈亚·圣詹姆斯（Andrea St. James）说，"如此一来，在未来的职业生涯中，他们会过得更快乐，而不是被迫从事一份自己根本不喜欢的工作。"事实上，也有研究表明，父母强加职业选择会导致孩子成绩下降、收入下降、自尊心受损，也会使孩子感受到更大的压力，让他们产生挫败感甚至陷入抑郁状态。

美国《纪事报》（*Ledger*）编辑部撰文表示，在挑选学习课程和职业时，很多父母都会跟他们的孩子讲："你在今后的人生中想做什么？这是你真正想要追求的吗？你要知道有超过 100 万人在追求同样的职业，但成功的概率只有 1%。"然而，很少有父母意识到这样一个事实：在美国，从整个职业生涯来看，拥有教育、社会工作或其他人文学科背景的人与拥有工程、经济学、计算机科学、商科或会计等专业背景的人相比，前者收入中最靠前的 25% 与后者收入中最靠后的 50% 赚得一样多。"学生及其父母都很清楚哪些专业收入最高，但他们对专业之间的差异程度知之甚少。"美国联邦储备委员会经济学家、提供上述收入数据的道格拉斯·A. 韦伯（Douglas A. Webber）写道。没错，就工程师或计算机科学家的收入而言，最靠前的 25% 的从业人员的平均收入是人文学科专业背景人员收入中位数的两倍，但最靠后的 25% 的量化分析师的收入跟诗人的中位数收入大致相当，甚至更少。因此，在选择专业时，且不论是迫于来自父母的压力还是个人主动选择，若只考虑它的终身收入前景，那么这个逻辑是站不住脚的，而且只会产生适得其反的效果。

除了终身收入的巨大差异（要知道，毕竟不是所有的量化分析师都是高收入的），从就业市场的角度来看，也不宜过早做出职业选择。让我们回到高中生奥利维娅和治疗师珍妮特的案例，看看最大的问题出在哪里。珍妮特最担心的是青少年过于追逐所谓的"实用"

课程，而不是追随他们的内心。她非常清楚人生顺序模式的解体所产生的影响。"此外，一个专业和一种职业的思想已经过时，现在的职位描述更加灵活，对适应能力的要求甚至超过了对专业知识的要求。"

青春完美主义和自由冒险主义

父母施加压力的另一种方式是经常扭曲谁对谁施压的现实。"我只希望她能快乐。"家长们总是这样对雷切尔·西蒙斯（Rachel Simmons）说，"但她给自己的压力太大了。"西蒙斯是一位作家，也是非营利组织女孩领导力（Girls Leadership）的联合创始人。就这类陈述而言，其症结在于混淆了指责对象，即我们应该指责的是盛行的完美主义文化和绩效文化，而不是青少年。最近，心理学家托马斯·柯伦（Thomas Curran）和安德鲁·希尔（Andrew Hill）开展了一项研究，研究对象是过去30年里的大约42 000名美国、英国和加拿大的大学生。两位研究人员发现，越来越多的青少年认为"我必须把每件事都做到最好"和"如果没有达到预期目标，我就是一个彻底的失败者"。他们指出："在这30年间，美国、加拿大和英国的文化呈现出越来越明显的个人主义倾向、物质主义倾向和社会对立性，而与先前的世代相比，现在的年轻人面临更激烈的竞争环境、更不切实际的预期，以及更焦虑、控制欲更强的父母。"完美主义文化源于青少年在个人主义和物质主义抬头的背景下所感受到的来自父母和同龄人的压力，并会导致抑郁症和焦虑症高发且自杀意念更强。数字社交媒体的兴起进一步加剧了这一趋势。

在大众文化中，极端完美主义对应的是极端自由冒险主义。早在1890年，爱尔兰风趣博学的作家奥斯卡·王尔德（Oscar Wilde）就在《道林·格雷的画像》（*The Picture of Dorian Gray*）中为他笔下的年轻主人公倡导了一个更加自由的世界。"啊！趁着青春还在，好好珍惜吧。不要虚度你的黄金时代，不要去听那些冗长乏味的说教，不要试图弥补无望的失败，不要把你的生命献给无知、平庸和低俗。"王尔德以一种近乎享乐主义的笔调抨击道，"这些都是我们这个时代病态的目标、虚假的理想。活着！把你美好的内在生命活出来！什么都不要错过。要始终寻找新的感受，要无所畏惧。"

在俾斯麦提出意义重大的养老金议案9年后，奥斯卡·王尔德写下了这部他一生中唯一的长篇小说，对青少年必须在20岁左右（可能早几年，也可能晚几年）过渡到成年期的理念进行了正面抨击。《道林·格雷的画像》在刚出版时被打上了不道德的标签。今天，我们知道，年轻的成年人的叛逆、冒险、享乐及对新体验的不断追求，在一定程度上可以说是生物学的结果：青少年的大脑还处于发育之中，因而他们缺乏全面评估危险的能力，并且往往会被高风险行为带来的快感所吸引。然而，直到现在，父母仍对家中的青少年子女施以巨大的压力，让他们下决心，让他们做出那些可定义整个人生的重大选择，让他们成为"成年人"。

叛逆青年这一主题自此一直在我们的文化中回荡——从1955年的《无因的反叛》到2018年的《波西米亚狂想曲》（*Bohemian Rhapsody*），不一而足。《波西米亚狂想曲》讲述了摇滚乐队皇后乐队的故事。在该影片的片头，严厉的父亲对主人公弗雷迪·默丘里（Freddie Mercury）自由散漫的生活方式大加斥责。"你脑子里有没有考虑过自己的未来？"他训斥道，"你应该立志提升一下你的思想境界和谈吐举止。"这名23岁的机场行李搬运工、充满抱负的摇滚明星用他标志性的四个八度音域的嗓音直接回击道："可看看你现在过成什么样子了？"在默丘里出生的那个世界，年轻的成年人必须为接下来的事情制订计划：职业培训项目，大学里要修的专业，将来从事的工作、职业和所追求的事业，以及组建家庭。在20世纪的大多数时间里，这些计划和决定是有意义的，因为一个普通人活到了 20 岁，就相当于他的预期寿命已经过去三分之一。但今天，当我们的预期寿命还有六七十年时，我们又何必忙着为余生做决定呢？这对年轻人有好处吗？这对经济有好处吗？在就业形势变化如此之快的情况下，为什么父母还坚持这么早就做出事关一生的决定呢？

附带伤害和机会不平等

叛逆也好，顺从也罢，在严苛的人生顺序模式下，受波及的不仅是不满的青少年和失望的父母。目前，在发达国家，有相当一部分人（占比为 15%～30%）并没有充分享受到这种模式带来的好处，而这主要是因为他们在某种程度上偏离了该模式既定的线性路径。这个庞大的人口群体包括高中辍学生、少女妈妈、被寄养的儿童和青少年、药物滥用者，以及其他在生活中遭受意外波折的人。

"我的童年生活，大多是在痛苦和混乱中度过的。"亚历山德拉·"莱克茜"·摩根·格鲁伯 2015 年在美国参议院财政委员会的一次听证会上讲道，"因此，我患有严重的焦虑症和抑郁症。由于失去了仅有的家人和家，我成了一个被寄养的儿童，心灵受到创伤。"莱克茜不愿解释为什么她没了父母。在之后的日子里，她被安置到不同的寄养家庭和寄养机构，但都不稳定。再后来，她被转入家乡康涅狄格州的一家治疗性"集体之家"，至此情况才终于有所好转。面对种种困难，她不屈不挠，完成了高中学业，又以优异的成绩按时从昆尼皮亚克大学毕业，当时她刚刚 22 岁。毕业后，她在华盛顿哥伦比亚特区的一家非营利组织找到一份工作。

不幸的是，在被寄养的儿童群体中，莱克茜的成长路径只是一个例外，而非常态。安妮·E. 凯西基金会的数据显示，在被寄养的青少年中，上大学的比例仅为美国年轻人平均水平的一半，而在成功进入大学的被寄养的青少年中，只有18%最终能够拿到大学学位，平均时长超过6年。截至2021年，美国只有35个州为接受高等教育的被寄养的青少年提供某种形式的助学金，其中24个州提供州一级的学费减免、7个州提供奖学金、4个州提供基金资助项目。在真正意义上的后世代社会，更多资源应被用于打造公平的竞争环境，让那些无法获得核心家庭所能提供的情感和经济支持的孩子也能同台竞技。最重要的是，如果我们想要实现机会均等，那么这些福利应当提供给所有年龄段，而不是局限于高中毕业后的被寄养的青少年。

摆脱了毒瘾或酒瘾的人是另外一个被"附带"伤害的群体。考虑到美国四分之三的吸毒者或酗酒者最终都能康复，因而也就有必要在不同的时间节点为他们提供不同的路径选择，让他们作为有生产力的公民重新进入社会和经济。2021年，美国约有2 230万人从药物滥用中康复——这是一个非常惊人的数字，因为它相当于美国成年人总人口的十分之一。而康复率之所以能够达到75%，得益于美国数量众多的治疗项目和支持团体，以及各种保险计划。然而，摆脱毒瘾或酒瘾并不代表在健康或就业方面就能获得理想的结果。相比于普通美国人，这些人更有可能失业，也更有可能罹患残疾。

就戒除毒瘾或酒瘾后的生活质量而言，拉丁美洲裔和非洲裔美国人远比不上美国白人。这一点其实并不奇怪，他们中的很多人都无法克服公司乃至整个社会强加在他们身上的污名和种种障碍。

总体来看，被寄养的儿童、少女妈妈及康复后的"瘾君子"在美国人口中所占的比例并不低。据我的粗略计算，有近5 000万美国人在其人生中的某个阶段属于这三个类别中的一类或多类：1 500万有过寄养经历的人（每年进入寄养体系的人数约为20万，乘以18岁以后的平均预期寿命）、1 500万在青少年时期生育过的女性（按类似方法推算），以及3 000万有药物滥用史的人（其中2 230万人已经康复）。也就是说，单单是受这三个问题困扰的人就占到了美国总人口的 15% 左右。人生顺序模式使得他们在遭遇重大挫折后很难再迎头赶上。现实就是这么残酷：如果你落在了后面，如果你在人生的某个十字路口拐错了弯，如果有什么东西阻碍了你在人生不同阶段及时取得稳定的进步，那么你将注定没有机会或无法充分享受这个世界上最富裕、最发达的社会和经济体所提供的一切，包括工作及一定程度上的经济保障。新冠肺炎大流行明确提醒我们，全球和地方危机可能会使年轻人（尤其是那些出自弱势家庭的年轻人）难以跟上人生顺序模式的各个里程碑。

未来的工作

"认真的吗？你们是问未来的劳动力？说得好像真的会有一样。"一位不愿具名的科学编辑直白地回应皮尤研究中心专家团队所提的问题，"'雇主'要么在国外经营'血汗工厂'，要么雇用'第一世界'的人从事他们厌恶的工作，而越来越多的非熟练工人和熟练工人最终将永久依靠福利或零工时合同生活。那些从事相对'稳定的工作'的专业领域人士在工作岗位上更是战战兢兢，如履薄冰。"这种说法肯定有些夸张，但同时也非常明确地提醒我们：对于未来会出现什么样的工作，以及需要什么样的技能，我们思考得还不够。

在教育和终身学习方面，各个年龄段的人都需要更强的灵活性，以应对劳动力市场的巨大变化。美国圣路易斯联邦储备银行的数据显示，与 1987 年相比，2020 年美国制造业就业人数减少了 26%，产出却大幅增加了 63%。几十年来，在多次叠加的技术变革浪潮的推动下，经济一直在不断变化，服务业部门呈大幅扩张趋势。目前，大多数美国人都从事白领工作，即便是那些名义上受雇于制造业的人。美国劳工统计局的数据显示，大多数白领都属于专业技术劳动人口，占美国劳动人口总数的41%，这一比例与欧洲、加拿大、澳大利亚、日本、韩国、新加坡及其他发达经济体大致相当。这是一个异质性群体，成员拥有良好的教育背景，薪资也相对较高，包括经理人、计算机程序员、工程师、建筑师、内科医生、实验室技术员、律师、教授和教师、设计师和艺术家等。有趣的是，在这一群体中，有略多于一半为女性。该群体的职业成功取决于他们全面掌握的支撑其工作所需的最新知识。他们从事的多是非常规的认知任务，而从目前的情况来看，这些任务是很难通过自动化处理的，不过未来人工智能可能会构成一些威胁。

市场对分析技能的需求不断增加，推动了专业技术劳动人口的增长。但是，正如劳动经济学家详尽记录的，市场对社交技能的需求也很大，其增速甚至更快。这些技能包括沟通能力、团队协作能力、在不确定的环境中决策的能力，以及高效的谈判能力。此外，市场对情感智力的需求也呈飙升趋势。所谓情感智力，是指"对情感进行准确推理的能力，以及利用情感和情感知识提升思维的能力"。一如社交营销初创公司小鸟（Little Bird）的联合创始人、科技类博客ReadWriteWeb和TechCrunch的撰稿人马歇尔·柯克帕特里克（Marshall Kirkpatrick）所说："未来将需要更多的软技能、自我意识、同理心、网络化思维和终身学习。"

电影制片人、韦比奖创始人蒂法尼·什莱恩（Tiffany Shlain）中肯地指出："在当今世界以及未来，成功所需的技能包括好奇心、创造性、主动性、跨学科思维和同理心。有趣的是，这些技能都是人类特有的，是机器和机器人无法胜任的。"艺术家这么想可能并不奇怪。我们不妨再听听马里兰大学计算机科学家本·施奈德曼（Ben Shneiderman）的观点，他在这个问题上走得更远，他认为："通过训练，学生可以成为更具创新精神和创造力的人，也会成为更积极的新理念的倡导者。写作、演讲和制作视频的技能很重要，但批判性思维、社区建设、团队协作、思考/对话及冲突解决等基本技能将更具效力。"毋庸讳言,这些社交技能既不是初等和中等教育课程的核心部分,也不是高等教育课程的核心部分。

我们也可以看看哪些技能不会是未来所需要的,然后以此来定义未来技能。麻省理工学院教学系统实验室执行主任贾斯廷·赖克（Justin Reich）认为："如何处理计算机处理不了的工作,将会成为未来最重要的技能。就这类工作而言,人力资源是优于计算机的。"他还给出了一些例子,比如"解决架构不良的问题和进行复杂的、说服性的沟通"。正如毕加索曾经说："计算机毫无用处——它们只会给你答案。"要想得到正确的答案,提正确的问题是前提条件。如果手头的问题或挑战没有被以正确的方式提出,那么就不会有正确的答案。

专家达成的初步共识是,未来的工作将需要跨学科的训练,而不是专门化的训练。印第安纳大学布卢明顿分校雅各布斯学院职业专家梅丽尔·克里格（Meryl Krieger）认为："就未来的劳动人口而言,最重要的技能是可转移技能,以及如何依据实际情况实现这些技能转移的培训。"国际隐私专业人员协会首席执行官 J. 特雷弗·休斯（J. Trevor Hughes）表示："未来的很多技能都是复合型技能,需要具备跨传统领域的专业知识及相应的熟练程度。"他以自己所在领域的隐私权保护为例说："每个数字经济专业人士都需要了解隐私权,以及隐私权对组织构成的风险,但这意味着你要精通法律及政策、企业管理和技术。现代专业人士需要在这些领域做到融会贯通。"新奥尔良洛约拉大学教育质量与公平研究所所长、杰出教授路易斯·迈伦（Luis Miron）认为："最重要的技能是先进的批判性思维,以及可以从文化、宗教和政治上影响不同社会的全球化知识。"这正是我与人类学家布莱恩·斯普纳（Brian Spooner）合作的、20多年来在宾夕法尼亚大学广受欢迎的本科课程（"全球化"）中所讲授的内容。

俄罗斯高等经济大学的研究人员波利娜·科洛扎里迪（Polina Kolozaridi）对跨学科教育的重要性做了极佳的诠释，她说："要想在未来的劳动力大军中脱颖而出，最重要的技能是以过程和以系统为导向的思维及编码等技能。"她特别强调了技术技能的重要性，比如人工智能通信、3D建模和物理学。同时，她认为批判性思维、信息管理以及文献证据收集和整理的技能也非常重要，尤其是那些在历史和新闻学习中培养起来的技能。

另外还有专家强调了学习、忘却学习和再学习的重要性。"就技能和未来而言，我们要认识到没有哪一组技能可被确定为核心技能或重要技能。这一点至关重要。"位于芬兰图尔库市的埃博学术大学管理与组织学讲席教授阿尔夫·雷恩（Alf Rehn）表示，"从未来所需的技能来看，其必然是不断变化和更新的。我们现在所能确定的特殊技能，在不久的将来肯定都会过时。无论是现在还是未来，创造性和批判性思维都很重要。除此之外，我们应该保持谨慎，而不是过于傲慢地假设太多。"正如马克·吐温说过的一句话："给你带来麻烦的不是你不知道的东西，而是你自以为很了解的东西。"

对大多数人来说，分析技能和社交技能是在当今劳动力市场取得成功的两项关键技能。但我们是否为此做了最好的准备？什么样的教育项目是最好的？终身学习应该扮演什么样的角色？

重新构思中小学教育

困扰教育部门的一个根本问题在于，它需要让学生为尚不存在的工作做好准备。世界经济论坛的数据显示，目前在小学就读的孩子中，三分之二将从事只有未来才能知道的工作。"新的工作种类将会出现，并会部分或全部取代其他工作种类。在大多数行业，新旧职业所需的技能组合都将发生变化,并将改变人们的工作方式和工作地点。"美国国家科学、工程和医学研究院在一份长达184页的报告中总结说,考虑到劳动力市场的发展趋势,教育将需要进行重大变革,而"近来的信息技术进步为人们接受教育提供了更广泛的新途径"。

美国佐治亚理工学院教授卡尔顿·蒲(Calton Pu)表示,专家们日趋一致地认为:"最重要的技能是元技能,即适应变化的能力。"但这似乎与学校课程的组织方式不一致。"随着技术创新速度的加快,未来的劳动人口将需要适应新技术和新市场。"技术变革及人口和经济的变化要求我们开展更灵活的跨学科教育。"适应能力最强(以及最快)的人将赢得胜利。"不过,皮尤研究中心对1 408名专家进行的一项调查显示,技术、教育和商业领域的领导者认为教育体系还没有做好应对挑战的准备。那么,什么样的学校教育可以让孩子为未来的变化做好准备?

面向未来的咨询机构确定性研究与流融合公司(Sertain Research and StreamFuzion)的创始人兼负责人巴里·楚达科夫(Barry Chudakov)认为:"在未来的劳动力市场,成功所需的第一项技能是理解、管理和操作数据的能力。"在他看来,未来每个从事技术工作的人"都需要成为量化分析师或跟上量化分析师的步伐"。我也认为,无论是在什么工作岗位上,也无论是在经济的哪一个领域,我们每个人都需要理解、管理和操作数据。学校当然也已经在努力将这一洞见纳入课程。

楚达科夫表示,未来成功所需的第二项技能也是更重要的一项技能是"结合数据所描述的问题、条件或机会,找到数据中的意义和价值的能力"。现在,我们已经开始朝着社交和情境技能的方向转变,而不再是过于强调技术技能本身。"简单来说,最重要的技能将是对产品和服务所需的事实、数据、体验和战略方向进行全面思考的能力。要管理一个数据驱动的世界，设计思维或视觉思维必定至关重要。"在该语境中，设计意味着以一种有意义的方式构建问题、议题或挑战。这涉及区分树木和森林，不仅要识别模式——人工智能就可以承担这类任务，而且要找出模式的意义。

正如我们在第 1 章中所讨论的，基础教育改革的主要难题之一是：作为一种制度，19 世纪兴起的现代学校教育的目的是培养顺从的产业工人大军，而不是培养批判性思维者。美国纽约市立大学克雷格·纽马克新闻学研究生学院教授杰夫·贾维斯（Jeff Jarvis）认为，学校是"建立在单一正确答案之上的，而不是创造性解决方案之上的"。这与历史学家 E.P. 汤普森在《时间、工作纪律和工业资本主义》（Time, Work-Discipline, and Industrial Capitalism）一文中所做的分析遥相呼应，贾维斯写道："它们是建立在过时的注意力经济之上的：向我们支付 45 个小时的注意力，我们将认证你的知识。"在他看来，要想解决这一问题，就需要转向以能力为基础的教育，而在这种教育中，结果必须是明确的，同时要为学生提供多条可实现这些结果的路径。因此，他更喜欢学生通过作品集而不是考试或测验来展现自身的进步。

从抽象的最高层面来看，现代学校教育的核心问题在于，它试图把孩子变成与新的经济和技术现实格格不入的人。正如美国独立研究机构媒体心理学研究中心主任帕梅拉·拉特利奇（Pamela Rutledge）所说："传统模式训练人们把所学的东西同以后所从事的工作结合起来（比如你长大后想做什么），而不是致力于培养人们的批判性思维、柔性技能和灵活心态，以让他们适应快速变化的世界。"在她看来，义务教育是"从供给侧而不是需求侧投资学习的，从需求侧投资学习则可以培养积极主动的自主学习者"。在过去的几十年里，大多数国家的基础教育都是义务教育，但考虑到其中存在的惰性、官僚主义和既得利益集团，我们很难想象如何重塑这一在

19世纪末出现的被我们称之为学校的发明，进而使其在21世纪发挥有益的作用。美国亚利桑那州立大学教授伊丽莎白·吉（Elisabeth Gee）认为："我们没有必要像第二次工业革命时期那样进行大规模的工人培训。我们需要真正的教育（不是以工作为导向的），需要为人们提供机会，以让他们通过不同路径追求职业发展和终身学习。"这样一来，我们就可以摆脱人生顺序模式的束缚。

功能性文盲

我对基础教育有一个小小的建议，那就是着重培养学生的适应能力，以及学习、忘却学习和再学习的能力，确保他们在开始上高中时或辍学后能够进行创意写作，能够高效阅读，能够理解复杂的文本，并且能够轻松地进行数字运算和抽象推理。未来属于批判性思维者，属于那些有能力处理新信息并能够将新信息整合到自己的现实模型中的人。不幸的是，我们距离这些目标还很遥远。在美国和英国，七分之一的成年人在语言和数学方面缺乏基本的读写和计算能力，他们被称作"功能性文盲"。当然，有些人是由于学习障碍，但存在缺陷的学校教育也负有责任。

"沃尔特·朗今年59岁，住在匹兹堡郊外的一个小镇上，那里也是他长大的地方。"美国哥伦比亚广播公司新闻网在一篇关于功能性文盲的报道的开篇写道，"他有一份不错的工作，在县水务局上班，有一栋漂亮的大房子，和妻子相亲相爱，一起抚育四个孩子。"他的一大秘密就是他不具备阅读能力。"他伪装得很好。直到有一天晚上，在假装给4岁的女儿乔安娜读故事时，他的这个秘密才被揭穿。"那个年龄段的孩子天真无邪，但内心深处有一种超乎寻常的本能，可以察觉到不对劲儿的东西。"女儿抬头看着我说：'妈妈不是这么读给我听的。'"沃尔特回忆道，"跟一个4岁的孩子说你读不了，是一件挺难的事。"

美国国家教育统计中心2013年的一项调查显示,像沃尔特这样不具备阅读能力的美国人口达3 200万之多。最近的调查(即2012—2014年和2017年的调查)则显示,美国人读写和计算能力的平均得分呈下降趋势。在计算方面,女性平均得分低于男性,但在读写方面,女性略高于男性。非洲裔美国人的平均得分低于白人和西班牙裔美国人。西班牙裔美国人在读写和计算能力方面有了显著的提高,其他族裔群体则呈下降趋势。由此可见,这是一个非常普遍的问题,而受此困扰的不仅是社会边缘群体成员,一些拥有良好工作的人也不例外。为此,福特和摩托罗拉推出了相应的辅导计划,助力员工提升自身的阅读能力。

作为国际成人能力评估项目的一部分,经济合作与发展组织编纂了其他国家的可比数据。毫不意外的是,富裕国家的文盲率低于贫穷国家。就读写能力而言,大多数欧洲国家及日本和韩国都高于美国,在计算能力方面,美国更是处于落后位置——总体不及经济合作与发展组织国家的平均水平。获得高质量教育的机会不平等是造成美国这一全球技术最先进的国家在国际评比中得分如此糟糕的主要原因。

语言教育很重要

对那些母语不是英语的学生来说,基础教育应该使他们能够熟练掌握商业、科学和技术领域的全球通用语言。从世界范围看,仅有七分之一的人能够将英语作为第二语言熟练使用。在北欧地区,这一比例高达70%;在南欧、拉丁美洲、中东、亚洲和非洲,这一比例却很低,只有5%或10%。有些人确实能看懂英语,但说得不流利。如此一来,也就意味着全球有超过一半的人无法阅读英文网站的内容，而从网站内容来看，英文网站同样占了超过一半的比例。

　　学习第二语言不仅可以让人们获得信息，促进彼此的互动与交流，而且能丰富人们的思想。美国已故政治学家、社会学家西摩·马丁·李普塞特（Seymour Martin Lipset）说过："那些只了解一个国家的人，实则对国家一无所知。"如果你不了解另一种文化，又怎么能确定了解自己的文化呢？多年前，我在《高等教育纪事报》（*The Chronicle of Higher Education*）上发表了一篇评论文章，讲了人们（即便英语是他们的母语）应该学习其他语言的真正原因。我认为，人们对语言学习在教育中应扮演的角色存在根本性误解。语言远不止是达成某种目的的有用工具，比如在某一特定国家生活、工作或学习。语言是了解另一种文化的窗口，也是观察世界的另一种方式。对学生来说，掌握另外一种语言有助于他们更好地解决问题，因为这可以提升他们识别问题的能力，可以让他们以更多的方式检索和处理信息，也能让他们意识到可能忽视的问题和视角。我个人常观察到的一个现象是，接触过两种或两种以上语言和文化的学生在思维上更具创造力，尤其是在处理没有明确解决方案的复杂问题时。

　　通过语言学习，人们可以把自己置身于其他的文化和制度安排之中。因此，在遇到问题时，他们便可以把自身的价值观和规范同其他的价值观和规范结合起来，从而更有可能看到意见的分歧、洞察冲突的本质。了解其他语言还可以提升人们的包容意识，促进相互理解。从操作层面来看，语言学习是不分环境的，它是欣赏和尊重世界多元化的一种强有力的方式。

　　关于语言学习的另一个常见误解是：全球化降低了大多数语言的市场价值，却提升了英语的市场价值，因为英语是商业、科学和技术领域的通用语言。

　　按照这一逻辑，在熟练掌握了英语口语和书面语之后，学生就应该明智地转向其他学科。的确，大型跨国公司在最重要的会议上都使用英语，但诸多基于案例的证据表明，如果你是为德国、日本、中国、瑞典或巴西的公司工作，那么你最好会讲母国的语言，否则在理解公司决策的微妙之处方面，你会处于不利地位，而且不利于个人职业生涯的发展。就大多数跨国组织而言，英语能力可能已经成为入职的必备条件，但在国际大环境中，要想追求成功的职业生涯，仅此一项显然是不够的。有观点认为，相比于其他语言，英语的市场价值在不断提升，但如果把这一逻辑推至极端，可能会让那些以英语为母语的人在分配精力用以学习外语和专攻学术科目之间做出错误的选择。

许多大学已经与国际商业界不断演进的现实脱节。目前，部分针对本科和研究生开设的商业课程项目声称提供国际教育，其中还有一些提供短期游学实践，但很少有高校会把严格的语言课程与标准的商业科目结合起来。在研究生阶段，我们自认为，去一个国家与当地的商业领导者面对面交流一两周，可以替代对至少一种语言和文化的深入学习。如果我们认为全球管理教育中的短期游学可以代替严肃的语言教学，那我们就是自己糊弄自己。

如果学生能够全身心地投入要求极高的活动，比如学习语言或乐器，那么在其他科目上，他们也会表现出更强的学习积极性。学习语言的人是不畏艰难的，同时他们也渴望从语言科目中获益。在出任剑桥大学贾奇商学院院长之前的30年里，我一直给本科生和研究生上社会学和管理学的课程。那些除了英语还掌握其他语言的学生往往表现得更好。

由于削弱了学习其他语言的重要性，我们正失去将学生培养成为更好的世界公民的机会，也无法为他们提供用以理解和解决复杂问题的思维方式和工具。语言学习可以锻炼心智，同时丰富精神世界。学习语言的过程是一个从根本上让学生保持谦逊的过程，因为在这个过程中，他们会发现他们的文化及文化的表达方式是相对的，而不是绝对的。如此一来，他们就会对不同的观点持更开放的态度，而在面对世界的问题时，也更容易避免一刀切的解决方案。

高中和大学到底怎么了

"假设你的储蓄账户中有 100 美元，年利率为 2%。如果你不动这笔存款，那么 5 年后账户里有多少钱？"这是一个关于复利的标准问题，通常用来评估一个人的财务知识素养。答案选项包括：（A）多于 102 美元；（B）102 美元；（C）少于 102 美元。正确答案为（A），即如果你不动这笔存款，5 年后账户总额多于 102 美元。

现在我们来看另外一个问题。"假设储蓄账户的年利率为 1%，而每年的通货膨胀率为 2%。一年后，你能用这个账户里的钱买多少东西？"这个问题的答案选择包括"买得比今天多""买得和今天一样多""买得比今天少"，正确答案是"买得比今天少"。最后，再让我们做一道判断正误的题："与股票型共同基金相比，购买单一公司股票的回报通常更稳定。"问题的答案是"错"。

结果显示，仅有 43% 的美国大学毕业生能够全部答对这三个问题，而在拥有硕士或博士学位的人中，该比例为 64%。受教育程度在高中以下的人中，比例为 13%；受教育程度为高中的人中，比例为 19%。由此可见，接受过高等教育的人的财务知识素养远高于未接受过高等教育的人，但也谈不上有多好。在接受了 17 年的学校教育之后，如果大多数美国大学毕业生仍无法理解复利、实际利率和投资组合多元化的概念，那么教育体系肯定存在根本性的缺陷。如果只有五分之一的高中毕业生知道正确答案，那么这无疑是一个国家悲剧。在这种情况下，我们又怎么能指望人们做出良好的财务决策？又怎么能指望人们做好退休储蓄计划？又怎么能指望人们避开个人债务泥潭？在德国、荷兰和瑞士，答对这三个问题的人的比例接近美国的两倍，但仍有三分之一的大学毕业生和近一半的高中毕业生无法答对所有问题。从性别来看，差距更大：在上述四国中，女性水平全面超越男性，领先8～23个百分点不等。我的同事、沃顿商学院的奥利维娅·米切尔（Olivia Mitchell）发现，依据上述测量标准，有基本财务知识素养的人更善于管理个人财务，包括制订退休储蓄计划。

这种令人震惊的结果在很大程度上与潜在的经济不平等模式有关。由于受教育机会不平等，美国具备财务知识素养的人的比例低于欧洲国家。在欧洲，各国一般都建有全国性（个别情况下为区域性）的中小学教育体系，采用统一的国家标准，并由国家统一拨发经费。相比之下，美国的中小学教育体系则是由地方政府管理，经费来源主要是不动产税。贫穷的自治市无法像富裕的自治市那样提供高质量的教育。私立学校进一步放大了这种先天存在的不平等。在高等教育层面，平均来看，欧洲的大学要好于美国的大学，当然它们跟哈佛大学或耶鲁大学还是没法比的。

美国伦斯勒理工学院计算机科学教授吉姆·亨德尔（Jim Hendler）认为，大学需要加倍努力，帮助完成基础教育和高中教育未完成的目标。大学"应当更专注于把学生培养成终身学习者，同时提供更多的在线内容，加强实地培训，提升学生在瞬息万变的信息世界中的技能"。尽管在线学习兴起，但在大多数专家看来，"大学经历"仍是有益且必要的。美国政策研究公司艾克明（Acumen）的数据分析师弗兰克·埃拉夫斯基（Frank Elavsky）表示，"人际经验和通识教育"其实是更重要的技能。"人与人的近距离接触可以激发真正的同情心和同理心，可以感受到彼此的脆弱性，也有助于提升社交性情感智力。"奥地利维也纳应用科学大学市场营销学教授乌塔·鲁斯曼（Uta Russmann）认为，大规模的在线课程无法培养学生娴熟的社交技能，而就目前来看，大学在这一方面是很欠缺的。她还认为，越来越多的技能将会在工作中习得。

数字革命将会给高等教育世界带来一场大洗牌。"无论我们的在线教学系统变得多么好，当前四年制的大学模式仍将在相当长的时间里占主导地位。"麻省理工学院计算机科学教授戴维·卡尔戈（David Karger）说。他认为，在线教育会让那些知名大学受益，因为它们是新知识的主要来源地。相比之下，那些不太出名的大学就需要改变它们的价值主张。在他的设想中，大学将减少教职人员，同时增加教学助理或辅导员，以帮助学生开展在线学习。

让人生顺序模式变得更具延展性，或有助于提升基础教育、高中教育和大学教育的质量与影响力。如果学生和学校都有两次或三次的调整及校正机会，那么结果可能会有所改善。这是下一章要讲的内容。

05 职业转换和终身学习
一生中更换多个职业赛道

> 人生的目的不在于找到自己，
> 而在于创造自己。
>
> ———
>
> 萧伯纳（1856—1950）

安妮塔·威廉姆斯大学毕业后从事了 15 年的软件开发工作。公司提拔她为团队负责人，但她敏锐地意识到，很多以前的客户现在都在使用他们自己的人工智能工具开展工作，而这原本是她曾为他们提供的服务。在一番自我反思之后，她发现这可能是一个不祥之兆。在过去 20 年里，世界各地的教育机构培养了无数软件工程师，单是印度一个国家就有近 1 000 万人，而且每年还有多达 30 万的新毕业生。安妮塔决定报几个室内设计的在线课程班。作为非学位课程的一部分，她可以据此在市政部门注册为认证设计师。她的想法是，人工智能目前还不能模仿人的创造力和审美观。然而，再过大约 20 年，机器学习、模式识别和虚拟现实将会取得长足进展，到时很多人都能轻松在线设计自己的厨房。有些人工智能工具甚至可以自动提交所有必要的施工许可，并自动下达所有所需材料和专业劳动力的订单。年近六旬的安妮塔决定充分开发自己的创造力天赋，成为一名艺术家。攻读一个美术学位一直以来都是她的梦想。现在她的孩子已经上大学，而且银行里也有一大笔存款，因而也就可以更自由地追求自己的爱好。她在家里搭建了一间工作室，在线销售自己创作的艺术品。

　　关于安妮塔的这个虚构故事并非牵强附会、无中生有。在现实生活中，人们正在做这样的职业生涯改变。在帮助前夫经营餐馆多年后，艾莉莎成为一名计算机程序员。"一位朋友让我去了解一下（德国IT行业巨头）思爱普……那是2003年，当时我已经45岁。"艾莉莎学过编程，但在这样一个飞速发展的领域，她所受的训练早已过时，因而不得不重新报班学习。"是的，有可能……我甚至想在退休后的几年里换一个职业——正在想，或许你也可以问问你的读者：从实际工作岗位上退下来之后，你想做什么？"在成为内科医生之前，伯纳德·雷马库斯（Bernard Remakus）做过几十年的教师和高中体育教练。"因为年纪大了，我的动机很明显……我觉得我作为一个高龄学生就读医学院是有很多优势的。"

　　除了2008年金融危机后金融岗位短期内出现短缺，上述每一次转型都发生在职业转变相对罕见的时期。"单一工作路径或终身制职业当然没有消亡。"英国职业转换者公司（Careershifters）的职业转换教练娜塔莎·斯坦利（Natasha Stanley）说，"但越来越多的人在他们的一生中会至少更换一次职业赛道。"按照技术颠覆整个职业和行业的速度来看，我们可能每隔20年左右就需要转行一次。随着这些变化的出现，代际学习的可能性将成倍增加，同时也需要考虑如何管理多代劳动力，因为他们不仅有不同的技能和长处，而且有不同的价值观和态度。一个20多岁的团队负责人如何管理婴儿潮一代的人？对阿尔法一代来说，如果身边的同事都是微型一代和婴儿荒一代的人，那么他在工作中会觉得舒服吗？

寿命 × 健康寿命 × 技术 = 多种职业生涯

我们需要把这些点连起来才能看到未来。从根本上看，作为一种新趋势，一生中从事多种职业是三种独特趋向共同作用的结果。第一，我们的寿命越来越长。在美国，每天都有 1.2 万人庆祝自己的 60 岁生日，平均来看，他们还可以再活 23 年。在部分国家和地区，这个数字甚至更高：日本和中国香港为 27 年，澳大利亚、法国、西班牙和瑞士为 26 年，新加坡、韩国、加拿大、以色列、希腊、冰岛、瑞典、爱尔兰、葡萄牙、马耳他、挪威、芬兰和巴拿马为 25 年。预期寿命增长这一趋势带来的直接后果就是，很少有人能够为退休后的生活备好足够的钱。第二，我们的健康寿命比以往任何时期都长。关于这一点，我们在第 2 章中已经讲过。这意味着在 60 岁之后的很多年里，我们还可以继续工作，继续保持积极的生活方式，也就是所谓的"健康寿命"。第三，正如我们在第 4 章中看到的，技术变革使得我们在学校学到的知识比以往任何时候都更快过时。

在这些趋向的共同作用下，越来越多的 40 岁出头的人很快就将发现他们的知识库在劳动力市场上已经不再具有竞争力，进而决定重返学校。但不要误会，我并不是说他们要住进学生宿舍或者加入校园里的兄弟会或姐妹会。更有可能的是，他们将利用某种数字平台来学习新生事物，然后重返职场。但到 60 岁，当人们意识到平均预期寿命还有 25 年但又缺乏足够的退休储蓄时，他们就会重新进入学习模式，然后再去从事一些全职或兼职工作。

对很多人来说，他们不仅会换工作，而且会换职业、换专业、换行业，每一次重返学校都是对自己的一种重塑。"就当前进入劳动力市场的人来说，他们一生中预计会转换四五次职业（不只是换工作那么简单）。这些职业转换需要再学习，需要培训和教育。"美国伊利诺伊大学斯普林菲尔德分校负责在线教育的副校长雷·施罗德

（Ray Schroeder）说。

如今，技术变革已经使得很多人难以跟上时代的步伐，这一点是显而易见的。在学习和掌握所在专业或行业领域内的最新知识方面，大多数人都表现得很吃力。受机器人技术、人工智能和区块链等颠覆性技术的影响，各类工种呈现不断萎缩的趋势。自动化已经导致一些不需要太多技能的工种消失，而这对我们来说也早已习以为常。未来，白领工作者和管理者也可能会被大规模解雇，因为区块链可以实现合约的数字化。中层管理人员的职责包括监控供应商和员工的绩效，确保合同条款得到执行，同时验证任务的完成。"智能合约的效率远不是人力所能比拟的，尤其是在质量验证方面。"科技创业者安德鲁·J. 蔡平（Andrew J. Chapin）说。

我在沃顿商学院的同事琳恩·吴（Lynn Wu）表示："与机器人将取代人力的流行观点相反，我们发现，随着时间的推移，采用机器人技术的公司雇用了更多的员工。"相对来说，她在一项长达20年的研究中发现，自动化导致的大多数工作岗位流失都发生在经理和主管身上。"经理原本肩负着很多管理责任，比如确保工人按时上班、检查工人的工作等，但现在这些都不需要他们再做了。"吴指出，"机器人可以准确记录工人的工作量，因而不存在代理成本，也不存在编造数字的问题。"

当前，只有少数人会因追求不同职业路径而重返校园深造，不过这一趋势正在加速，也日渐明显。《福布斯》杂志2018年刊发了一篇标题为"50岁后重返大学：新常态？"（Going Back to College After 50: The New Normal?）的报道。据调查，在23～55岁未接受过高等教育的美国成年人中，有60%考虑过要上大学。美国教育部发布的令人震惊的数据显示，在寻求攻读大学学位的美国人中，有超过一半是早年未能接受高等教育的成年人。在生命中较晚的阶段上大学或重返大学校园，首要考虑的因素是担心被"外包或新技术取代"、紧跟年轻劳动人口的步伐,以及追求新的挑战。就中国而言,在2.3亿60岁及以上的人口中,有25%正在攻读政府资助的老年大学项目。① 据新华社的报道,"刘文芝(音)早早起床,做早餐,送孙子女去上学",忙完这些之后,她便去德州老年大学,这是位于山东省德州市的一所老年学校,而类似的机构在中国有6万所之多,她选修的课程包括"声乐、电子琴、京剧和剪纸";63岁的杨瑞君(音)曾经是农民,她是村里第一个上德州老年大学的人,也就是刘文芝上的那所大学,现在她已经成为一名声乐教师。

《金融时报》2017年刊发了一篇引人注目的文章,标题是"为一生规划5种职业生涯:工作是无常的,重塑是合理的"(Plan for Five Careers in a Lifetime: Work Is Impermanent—Reinvention Is Rational)。该文章的作者、时任《金融时报》"工作与职业"版主编的海伦·巴雷特(Helen Barrett)回顾了自己的经历,她断言道:"职业生涯的转变是艰难、孤独和令人畏惧的,同时也是代价高昂的。我记得:在广告行业从业10年后,我转行到了新闻业,那时我35岁左右,这意味着我不仅要从底层做起(一位主编颇为好心地指出,我是'有史以来年龄最大的实习生'),而且薪资也要减半。我花了4年时间才迎头赶上。"然后,她又讲述了一位50多岁的女性的故事:这位女性正准备考取律师资格证,这也是继她作为教授、博物馆馆长和创业讲师之后的第四份职业。出于什么原因呢?"她在考虑下一个挑战,她是一个永恒的自我提升者。"

在一个20多岁的人就能成功创建独角兽公司(市值在10亿美元及以上的公司)的时代,反思一下我们人类的智慧和创造力在40岁时还能取得什么成就,也是一件让人耳目一新的事情。著名时装

---

① 此处数据存疑。截至2016年年底,中国60岁及以上人口有23 086万人,有老年学校5.4万所、在校学习人员710.2万人,约3%的60岁及以上人口在校学习,参见https://www.mca.gov.cn/n156/n189/c93379/content.html。——编者注

设计师王薇薇先是尝试做一名花样滑冰运动员，19岁时参加美国锦标赛，并成功登上《体育画报》。但在花样滑冰这样一个竞争异常激烈的领域，她并没有成为顶尖的运动员，于是决定专注于学业。大学毕业后，她成为 Vogue 杂志最年轻的主编，后又在拉夫劳伦短暂任职。40岁时，她决心做一位独立的婚纱设计师。接下来的故事就众所周知了。

在线教育应运而生

然而，终身学习和职业转换说起来容易，做起来难，两者都涉及一个至关重要的世代因素。要想让它们变为现实，从小学到大学在内的教育机构必须做出巨大的改变，与此同时，企业界和政府也需要做出巨大的改变。当前，教育部门是严格按照年龄分层的。以我自己的教学经验来看，包括沃顿商学院的高管教育及宾夕法尼亚大学为"非常规学生"（一种委婉说法，指高中毕业后未能及时上大学的人）开设的学士学位课程，邀请人们在人生的任何时刻来上学或重返校园，都是非常有意义的。同样地，美国有数十家高中已经开始提供成人教育和继续教育。这里蕴含着一个重大的机会：多代教育体系中的代际学习。在宾夕法尼亚大学，终身学习者和年轻的大学生是被安排分开上课的，因而也就错失了代际学习的巨大机遇。与之相对，哥伦比亚大学则深谙此道，多年来一直允许其职业研究学院三四十岁的学生与本校年轻的本科生混合上课。我们经常宣扬学校或大学校园多元化的好处，因为这可以促进学生之间相互学习，进而达到丰富思想的目的。对教育工作者来说，现在是时候将代际多元化引入校园课堂和各类教育项目了。如此一来，不同代的学生就可以学习和分享彼此独有的经验与技能。

数字化学习为职业转换者提供了越来越大的便利。举例来说，汉娜·克罗斯本科就读于伦敦大学学院，专业是艺术史，毕业后就职于伦敦的泰特美术馆和当代艺术学院等知名机构。再后来，她决定改行做一名程序员，经过3个月的沉浸式课程学习，她成功加入了一家初创公司。万事开头难，她看到同事都能非常快地解决编码问题，而她却苦而不得头绪。好在她坚持不懈，最终在这个新的工作岗位上取得了成功。玛莎·钱伯斯原本是一名人文学科教师，后通过相应的课程培训，转行成为英国电视台ITV的初级JavaScript软件工程师。"这门课程的伟大之处就在于，即便你不是那种会花好几个小时在卧室里玩电子设备的人，你也可以沉浸其中。"她目前的上司也是一名职业转换者，早前曾受雇于社会工作机构。

技术会让我们的知识变得过时，进而引发相关问题，但同时它也会提供解决方案，为终身学习和职业转换赋能。通过创新的在线课程项目，职场上的学习者可以更容易地"刷新"自己的知识，而且不耽搁照顾家人。比如，低修业学位课程项目适合不同年龄段的人，有助于他们不断适应持续变化的就业市场。"我们肯定会看到教育和培训类项目的大幅增加。"罗斯-霍曼理工学院计算机科学副教授迈克尔·沃洛斯基（Michael Wollowski）说，"与此同时，我们还会看到所谓的按需培训项目或在职培训项目的涌现。"麻省理工学院计算机科学教授戴维·卡尔戈指出，很多在线项目"只不过是被美化的教科书"，不过他对在线教育的前景充满信心。确定性研究与流融合公司创始人兼负责人巴里·楚达科夫认为，我们将不再把学校教育和工作分开。"它们会被编织成一条密实的穗带，将学习、感悟、接触、亲身体验和融入合为一体，使之贯穿学生自己的生活。"同我一样，他也坚定地认为，"打破这些壁垒的方法之一……是创造数字学习空间，使之与教室这种'学习场所'竞争。通过模拟、游戏和数字演示等技术，再结合实实在在的实践经验，学习和再教育就会走出书本，进入现实世界。"未来研究所研究员理查德·阿德勒

（Richard Adler）设想，这些技术将会在"非常宽泛的领域"创造独特的学习体验。雷·施罗德更进一步，他表示："我期待全息传送技术的进一步发展与推广，比如微软利用全息透镜（HoloLens）开发的实时的、三维的增强现实技术。"这些工具有望帮助我们实现非常现实的互动和参与。英特尔研究主管、非营利组织俄勒冈故事板总裁塔乌妮·谢利斯基（Tawny Schlieski）表示，增强现实和虚拟现实等新技术有可能让学习者真正沉浸在学习内容中，使得学习过程更具体验性和互动性。

教育领域的技术革命不仅是教学方式上的革命，它还有可能推动人们成为自主学习者。"通过组织良好的、管理良好的在线课程项目，任何一个工作领域的知识都是可以学到的——完全学到或者大部分学到。至于这些在线课程项目的学习方式，既可以是传统的'课程'方式，也可以是自主的、独立的学习方式。当然，必要时也要辅之以面对面的、涉及实际操作的实践教学。"巴西圣保罗大学传播学教授弗雷德里克·利托（Fredric Litto）说。美国查尔斯顿学院素养教育学助理教授伊恩·奥伯恩（Ian O'Byrne）认为，技术将会为定制化的数字化学习赋能。"我们将见证卓越内容或付费内容的兴起，而这些内容的提供会创造一对一的学习和互动空间：导师不仅指导学习者，而且为学习者提供批判性反馈。我们将寻求机会，建立过去那种学徒制学习模式的数字化版本。"在他看来，将在线教学与区块链结合起来是最具诱人前景的，因为这有助于创建一个去中心化的数字注册系统。在这样一个系统中，一方面个人可以上传他们的技能、学历和经验，另一方面公司和其他组织可以寻找各自需要的人才。"替代证书和数字徽章将可以更准确地记录和归档源于传统和非传统学习资源的学习成果。"他预计，区块链技术将有利于学习者准确选择他们想要访问的课程部分或课程模块，进而开启他们自己的个性化学习之旅。

自主学习的局限性是显而易见的，而技术能在多大程度上帮助人们克服这些局限性还有待观察。"自主学习是一个可以改变教学炼金术的变量。"美国穆伦堡学院教授贝丝·科尔佐-杜哈特（Beth Corzo-Duchardt）说。研究显示，如果拥有良好的教育基础和支持性的家庭环境，那么自主学习的学生就会有很好的学习体验。他们通常都是非常优秀的学生，并且已经具备自主学习和批判性思考的必要技能。

利用在线教育减少而非加剧不平等的方式之一是，以较低的成本提供高质量的价值。麻省理工学院媒体实验室主任研究员巴拉通德·瑟斯顿（Baratunde Thurston）坚持认为："如果你可以选择一个更有针对性的课程，而且该课程最终可以让你获得更有保障的创收潜力，那么为什么还要为一个四年制的大学教育背上10万美元的债务呢？"美国纽约市立大学克雷格·纽马克新闻学研究生学院教授杰夫·贾维斯指出："要是能把多教一个学生的边际成本降到零，那才是真正意义上的教育创新……我认为我们永远都无法达到零这个目标；慕课并不是解决方案。"他预测，在提供学习体验及对学习成果进行认证方面，技术的使用将会带来"彻底的经济颠覆"。在线教育领域专家马塞尔·布林加（Marcel Bullinga）认为："未来是廉价的，教育的未来也是廉价的。"在他看来，在技术的助力下，教育将会以低成本的方式得到普及。"我看到过一则标价为1 000美元的学士学位培训广告——当然是通过一个应用平台。跟过去10年里的商店一样，学校和大学也会从模拟/人力优先转向数字/移动/人工智能优先。"据他预测，未来在线教育将会比传统体系下的教育更受欢迎。

然而，在线教育所能达成的效果是有限的。"编码、大数据分析能力、有效的资源管理、抽象和逻辑思维、快速反应及跨信息系统的思考能力等，将会成为在线教育这一新工作场所的必备技能之一。

在另外一个领域，必备技能包括服从，快速反应，有效的客户管理、基本服务管理和机器管理，以及维持秩序、安全和应对突发情况的能力等。"美国内华达大学拉斯维加斯分校社会学家西蒙·戈特沙尔克（Simon Gottschalk）说。他认为社交技能更容易通过面对面学习获得。在线的点对点学习或许有助于克服一些限制，但不可能是全部。澳大利亚昆士兰科技大学交互和视觉设计教授马库斯·福思（Marcus Foth）指出："我觉得慕课这种大规模的开放在线教育与更先进的点对点学习是相辅相成的，后者更是涵盖了线上和线下两个领域。""最难扩展的是那些需要人际互动才能习得的技能，比如涉及患者的医疗技能。"加州大学洛杉矶分校计算机科学家迈克尔·戴尔（Michael Dyer）说。在他看来，虚拟现实和人工智能等新技术将大大提升在线学习的效率、可扩展性和乐趣。

即便是人文学科的教职人员，也开始认识到在线教育的潜力，当然他们也给出了一些说明。美利坚大学语言学教授内奥米·巴伦（Naomi Baron）表示，在"高等教育的高成本、让大众普遍接受教育的期望，以及日趋先进的在线课程开发"三大因素的推动下，在线教育越来越具有吸引力。在她看来，主要挑战在于决定哪部分学习内容需要在线上开展，以及哪部分学习内容需要面对面讲授。

总而言之，在线学习在工作和职业转换中将扮演至关重要的角色，原因在于它的可用性、新颖性、即时性和可负担性。美国慈善机构商业促进局市场信任研究所临时总裁兼首席执行官贾尼斯·R. 拉钱斯（Janice R. Lachance）认为，在线教育对很多有学习需求的人来说是非常棒的选择，它"对于及时掌握技能或持续专业发展至关重要"。她认为，无论年龄大小，停止学习都不再成为可能。在她看来，在线教育这个选项将为人们提供无限的职业发展机会或"简单跟上时代步伐"的机会。

随着需求的增长、内容提供的差异化及新技术的引入，在线学习将会迅速发展起来。2022年5月，我在元宇宙进行了人生中的第一次在线课堂教学。我起初以为这只不过是另外一种花哨的数字互动方式，或者说昙花一现的时尚，除了我们通过现有平台已经实现的功能，没有什么能为我们增加真正的价值。我认为元宇宙会给游戏、购物和医疗保健带来革命性的改变，但不包括教育。事实是我错了，一旦我们学会如何有效利用元宇宙，那么它将开启一系列新的可能性，让学生沉浸在前所未有的学习体验中。现在，我已经是元宇宙的超级粉丝。

与其接连不断地聆听专家或企业家的观点，不如看看卡车司机兼作家詹姆斯·辛顿（James Hinton）是怎么说的："就像在爱达荷州萨蒙这样的偏远地区，药剂师无须辞职和搬家，同样可以获得药剂学博士学位。"在线教育有望为偏远地区的人们开启一片新天地。辛顿认为，从在线教育中受益最多的将是乡村地区的居民，而且在线教育有可能劝服年轻人不再搬往主要的都市区居住。"这是非常令人兴奋的发展。"他说。

确实如此。

企业和政府都需要改变

美国劳工统计局的数据显示，美国人在18~50岁平均从事12份工作，也就是每隔2.7年换一份新工作，而在欧洲和日本，则是每隔10年。未来，由于我们会从事两种乃至三种不同领域内的职业，所以衡量标准很有可能从工作转变为职业。这不仅会改变我们对职业的看法，也会改变企业的招聘方式。20多岁的年轻人将规划多次职业转型，而不再像以前一样，一辈子只从事一项职业。企业将需要适应这一新形势。从招聘的角度看，管理者和人力资源部门不能再假定入门级员工将是20多岁的人，因为40多岁、50多岁或60

多岁的人也可能会决定从事一项新的职业，如果他们掌握了必要的技能，那么从资质上讲，他们跟新毕业的高中生或大学生是一样的。

在多代并存的大环境中，要想充分发挥终身学习的潜力，企业、政府和教育机构必须做出改变。就雇主而言，他们需要看到让人们在职业生涯的若干阶段重返全日制学习的好处，因为这样一来，他们便有机会向更年轻的一代学习，比如看待事物的方式和解决问题的技能。此外，必要的资金支持也需要跟上，对那些因重返校园而失去收入的人来说，这一点尤为重要。我们来看迈克的例子，迈克在一家电信公司工作了30年，后在60岁出头时拿到了学士学位。他们公司与位于佛蒙特州伯灵顿的香普兰学院就在线教育达成了一项合作协议，鼓励员工学习网络安全等领域的新技能。

巴西圣保罗大学的利托指出："我们现在正处于一个过渡阶段，雇主在人力招聘方面逐渐减少了对远程学习者的偏见，并开始青睐这样的'毕业生'。因为他们接受的是在线教育，所以在工作场所会表现出更强的积极性、主动性、纪律性和协作性。"美国非营利组织阿斯彭研究所副总裁、传播和社会项目执行主任查理·费尔斯通（Charlie Firestone）对在线学习的前景持非常乐观的态度，他说："技能和能力的认证将会朝更精准、更完善的方向发展，比如徽章及其他类似的资格认证方式。"数字媒体公司桌岩传媒（TableRock Media）研究主管萨姆·庞尼特（Sam Punnett）对此表示赞同，并称："我认为雇主可能会认可新的资格认证体系……传统的资格证书仍具有保值性，但我觉得在对求职者进行考察时，他们'学习如何学习'的能力将会被纳入考量。"内华达大学社会学家戈特沙尔克也持同样的观点，在他看来，虽然雇主仍倾向于招聘四年制的大学毕业生，而不是接受在线教育的学生，但未来越来越多的工种可能会更适合在线学习者。"总之，雇主对四年制毕业生的偏爱可能会随着时间的推移而褪色。"戈特沙尔克说。

美国罗格斯大学通信和信息学教授玛丽·蔡科（Mary Chayko）提出了一个令人信服的论断，即企业将乐于接受在线教育资格证书。她说："雇主将看重那些接受过多元化训练（比如传统和非传统方式的训练，面对面和数字化方式的训练）的求职者，因为在不断变化的环境中，他们更能做出敏捷的反应。"换句话说，在线课程及与之相关的资格证书的激增，并不意味着传统教育的终结。传统教育和在线教育都有各自发展的空间，而且雇主希望求职者两者兼具。关键一点在于教育体系和劳动力市场一直处于变动之中。"雇主并不总是知道如何招聘符合当今职场要求的人才，而某一特定学科的资格证书可能就是获得工作机会与陪跑之间的差别。"拉钱斯说。她相信，如果雇主接受在线资格证书，那么选择在线教育的人的数量就会激增，而在线教育的质量和差异化也将得到提升。我们现在还只是处在一个漫长的转型和发展过程的起始点上。

对致力于寻求多种职业生涯的人来说，未来最大的障碍可能在于政府。按照劳动法规的规定，某些特定行业岗位的资格证书并不容易取得，因而对那些想要转行的人来说，也就很难充分利用经济变化带来的机遇。此外，劳工组织和政府对零工工作带有一种天然的敌意。政府系统内的官僚职级制度及其详细的等级和层级，与不断变化的技术驱动型经济似乎完全相悖。

在世界上任何一个国家，政府基本上都是最大的雇主。德国 IT 巨头思爱普和英国独立智库政府研究所在 2020 年的一份报告中表示，政府工作已经被技术彻底改变——无论是后台层面还是面向公民的运作层面。在过去 100 年里，世界上很多国家的公务员制度都经历了诸多变革，但至今仍因循旧式的线性晋升原则和工龄工资原则，这两项原则都与 21 世纪新的人口现实、经济现实和技术现实严重脱节。跨国咨询机构德勤认为："彻底的技术变革和新世代对公共服务工作的期望，连同整个政府部门的使命转换，可能会对传统的

'公共服务'理念构成挑战，原本的终身就业模式将转向更灵活的联邦职业模式。"站在人生顺序模式趋于终结的角度看，未来公务员体系的一大特征就是在用人方面会更加开放、灵活和宽松，也就是说人们可以更轻松地进出这一体系。僵化的国家官僚制度意味着政府部门及机构将很难适应新趋势，特别是在吸引和留住高技能人才方面，比如那些可以在未来新环境中高效开展工作的人才。

多代工作场所

鉴于人们的寿命和健康寿命的延长，以及到退休年龄后继续工作的愿望，政府、企业和其他类型的组织已经慢慢意识到数字教育和职业转换的好处，以及多代共享同一工作舞台的潜在好处。在技术的助力下，这一趋势更加明显。对更年长的人来说，技术使得居家办公成为可能。再者，技术便于人们更新自己的知识库，进而延长他们积极的工作生命周期。"当今劳动力大军对世代多元化的需求不断增加。"美国北卡罗来纳大学凯南-弗拉格勒商学院的基普·凯利（Kip Kelly）写道，他曾就该主题做过全面的文献综述。让更多不同年龄段的人共享同一工作场所，会引发明显的人力资源和人才管理问题，原因在于多代工作场所提供了一个利用不同代的人才的机会。当然，机会与挑战是并存的。

正如凯利在关于该主题的诸多研究中所看到的，不同代的人的世界观是不同的。最伟大的一代、沉默的一代及那些在二战期间度过童年的人是"在稳固的核心家庭中长大的，在这种家庭中，子女的养育与纪律和严格要求关联在一起"。此外，他们也都受到了大萧条的影响。婴儿潮一代"拥有良好的职业道德，但这并不是因为他们像沉默的一代那样将工作视为一种特权，而是源于他们内心深处的一种驱动力，即对地位、财富和声望的追求。他们对雇主非常忠诚，在工作中以服务和目标为导向，有着很强的竞争力。此外，他们也拥有良好的团队协作精神"。因而研究表明，他们"更喜欢致力于寻求共识且平等待人的领导"。X 一代在青少年时期和成年早期经历过民权运动、水门事件、能源危机、艾滋病流行和柏林墙的倒塌，并深受影响。在这代人的母亲中，外出工作的人数远远超过先前的世代。"因此，他们中的很多人从小就学会了独立，并在不断变化的时代茁壮成长。独立、有复原力、灵活和适应性强是他们这代人的标签。"他们更喜欢雇用"坦率、真诚且在管理风格上愿意放权的人"。

有趣的是，跨国咨询公司安永 2013 年发布的一项研究显示，婴儿潮一代和千禧一代都喜欢跟 X 一代共事，因为 X 一代既有追求成功的动力，又有协同工作的意愿。千禧一代在孩提时期就经历了"9·11"事件、美国国内恐怖主义的抬头，以及气候变化危机产生的第一波糟糕影响。他们这代人的一个主要特点是精通技术，并渴望通过社交媒体保持联系和交流信息。因此，与先前的世代相比，他们期待能有更多的横向关系，并能获得更多的信息流。他们"不想与等级制度扯上任何关系，亦拒绝传统的自上而下的沟通方式"。从种族、民族、国籍和性取向等维度看，他们是多元化程度最高的一代。此外，他们也是有史以来受教育程度最高的一代，至少从资格证书上看是如此。安永的这项研究还表明，千禧一代更喜欢横向风格的管理者，因为这类管理者愿意提供培训和指导，他们以目标为导向，又善于合作。对于 Z 一代在职场上的表现，目前我们还只能进行猜测。相比于千禧一代，他们这代人将更精通技术、更多元化，而且受教育程度将更高。

研究还发现，每代之间确实存在很多差异，但在工作场所，这些代际差异未必就会导致不同的价值观、态度和行为。有些差异属于刻板成见，掩盖了每代内部的巨大异质性；有些差异实际上是年龄差异的结果，与社会大环境并无太大关系。关于这一点，我们在第 9 章中将进一步讨论。至于多代工作场所的好处，则可能包括：有助于留住富有经验的员工，避免人才外流；有助于扩大人才招聘库，吸引不同年龄段的人才；基于世代的多元化，创建更具创造力的人才队伍。

但是，正如我们在第 1 章中看到的，即便是那些最坚定的支持者也认为，多代人共享同一工作场所可能会引发冲突。在一项研究中，代际误解和冲突占据了一周工作时间的 12%。在有关这方面的研究中，一个最有趣的发现或许就是，不同代的人往往会相互指责对方犯下的同样的错误。由此可见，核心问题可能与刻板成见及沟通不畅造成的误解有关。"理解和沟通有助于最大限度地消除感知代沟，并使员工专注于共同的价值观和预期。"凯利颇为乐观地总结说。

好消息是，雇主对员工社交技能的要求越来越高，而这将有助于消除代际冲突。"在社交和情感智力的加持下，管理者可以将代际差异带来的挑战转化为积极因素。"马来西亚林国荣创意科技大学教授卡罗琳·恩戈约·恩乔罗格（Caroline Ngonyo Njoroge）和拉沙德·亚兹丹尼法德（Rashad Yazdanifard）表示。他们的主要观点是，传统智慧是错误的，因为代际差异未必会导致动机和行为上的差异。此外，不同代的员工也会有共同的价值观和关切。每代人都渴望获得某种程度的工作保障和成就感。对管理者来说，关键的一点是要充分利用社交和情感智力，"以一种积极的方式去影响员工的行为，比如提升工作满意度、保持积极的工作态度、强化自我效能，以及开展领导力潜能和变革管理"。

美国巴克内尔大学的埃迪·吴（Eddy Ng）和英国克兰菲尔德大学的埃玛·帕里（Emma Parry）在文献综述中指出，现行的人力资源政策和做法是婴儿潮一代为婴儿潮一代制定的，而那时，"组织正着力吸引和留住千禧一代，同时致力于延长婴儿潮一代的职业生涯"。

在分析了 100 多项研究后，他们注意到大多数研究人员都未能把年龄、时期和世代的影响区分开，这实际上是一种淡化的表述。更准确的表述应该是，大多数研究都未能证明世代差异是超越年龄差异和历史时期差异的。关于这一点，在第 9 章讨论"后世代营销"时，我们再深入展开。

更复杂的是，各代的发展在世界各国并不是同步的。比如，美国的婴儿潮一代出生于 20 世纪 50 年代，但在南欧和印度，生育高峰出现在 20 世纪 60 年代初，中国的生育高峰出现在 20 世纪 60 年代末，而撒哈拉以南非洲地区的生育高峰出现在 20 世纪 70 年代末。令人沮丧的是，现有的大部分研究都是关于北美和西欧的。吴和帕里总结说，我们需要对多代工作场所进行更好的研究，而不是依赖于"大众传媒记述的奇闻轶事和刻板成见"。

工作场所正变得与以往截然不同。我们先前从未见过如此多的不同代的人在一起工作；如此多的妇女外出工作，不再囿于家庭；如此多的员工到了三四十岁还不要孩子；如此多的 60 岁以上的员工。从传统的价值观到世俗的价值观和自我表达的价值观，其转变之大是前所未有的。在技术变革方面，我们同样见证了前所未有的发展速度和规模。我们需要连点成线，把所有这些趋势串联起来。简而言之，从事多代工作场所研究的人必须考虑当前人口转变、文化转变和技术转变的影响。平心而论，他们的确考虑到了后者，但也不过是泛泛地讲 Z 一代比千禧一代更精通技术，千禧一代比 X 一代更精通技术，等等。这只是触及了问题的表面现象。我们需要深挖，去了解人生顺序模式的式微是如何颠覆组织和劳动力市场的，以及人生顺序模式的解体对多代工作场所来说意味着什么，而不是因循旧有的路径，利用社会心理学调查问卷、量表、实验和其他研究工具，去试图理解一种用传统方法和标准无法理解的现象。在这里，我们再一次看到，研究人员及听取研究人员建议和意见的管理人员总是试图解决问题，而不是致力于消除问题。

思考常青一代

正如我们在本书开篇看到的，宝马等有远见的公司正在采取积极措施，通过自我改组等方式使不同年龄段的人在一起工作，进而消除与代际差别、代际误解和代际冲突相关的问题。2013年，全球金融服务业巨头哈特福德发起了一项逆向导师计划，由千禧一代员工为其他世代的员工（特别是高管人员）提供数字技术辅导。结对的导师和学员经常会面，探讨相互学习的机会。一方提供技术方面的建议，另一方则回馈以商业和职业发展建议。全球货运及电子商务公司必能宝负责人力资源和全球人才管理的副总裁布丽吉特·范登豪特（Brigitte Van Den Houte）成立了一个由不同年龄段的人组成的跨职能部门团队，该团队有大约15名成员，无论年龄或年资如何，他们都拥有相同的决策权。范登豪特说："旧的工作方式已经不再有效。"世楷是总部设在美国密歇根州的办公家具制造商。在该公司，新老员工组成团队，形成一种互利互惠的关系。事实上，从皮尤研究中心的资料数据来看，世代标签的认同度已经呈现下降趋势，这一点在千禧一代身上尤为明显——仅有40%的人认为自己属于这一代。相比之下，在婴儿潮一代中，有高达79%认同自己的世代身份。

德勤等咨询公司已经开始推广"多代劳动力"的概念，大多数组织都依据年龄和世代来组建他们的员工队伍。"有远见的组织正改变方法，试图更好地了解员工的态度和价值观，同时利用技术来分析员工的需求和预期，并据此形成新的、更具相关性的洞见。"咨询师埃丽卡·沃利尼（Erica Volini）、杰夫·施瓦茨（Jeff Schwartz）和戴维·马伦（David Mallon）在一份客户简报中写道，"就组织而言，它们可以设计和实施更契合员工个人特质的人力资源策略和计划。"

组织应当帮助员工找到工作的意义，让他们感觉到他们的贡献超越了工作本身，以此达到提升工作满意度的目的。

换言之，就企业来说，与其无休止地就工作场所中的世代差异和刻板成见展开辩论，倒不如积极接纳连续创业家吉娜·佩尔于2016年率先提出的"常青一代"的概念。常青一代是"一个由各行各业的、不同年龄的人组成的永远蓬勃的群体，他们超越了刻板成见，彼此之间建立联系，同时也与自己周围的世界建立联系……他们不被出生的时代定义"。基于这一概念，德勤的咨询师表示，"快速的技术变革和组织变革意味着现在的员工在整个职业生涯中必须多次重塑自我"，关于谁应该是主管或经理的文化预期已经发生变化，以及由年轻人创建和经营的公司如今占了经济的很大一部分。他们称，在组织内部，这些趋势已经转化为一种新的现实，即60多岁的实习生可以和20多岁的经理一起工作。

这种按年龄划分的传统组织层级的倒置，意味着与人力资源、人才和职业生涯管理相关的大多数假定都已过时。在人生顺序模式下，职业生涯是一个从低到高的线性发展过程，包括个人的地位、声望、责任和薪资等。德勤的《全球人力资本趋势》显示，员工已经不再像过去那样把年龄或世代同晋升期望联系在一起。"这对雇主来说是一个巨大的变化，导致了权力的逆转。"我在沃顿商学院的同事彼得·卡佩利（Peter Cappelli）说，"突然间，二三十岁的员工开始同那些年龄跟他们的父辈或祖父辈相仿的人一起工作，而且后者是他们的下属或与他们平级，而不再像过去那样是他们的上司。"

毫不意外，科技公司似乎走在了这一发展趋势的前沿。"我们的员工团队由20多岁到50多岁不等的人员组成。我们共同打造了这样一个流程。"提供认证服务、致力于促进在线交易的美国平台公司诺塔利泽（Notarize）的高级人力资源经理黛安娜·普雷齐奥西（Diana Preziosi）说，"它的价值在于将不同的观点结合在一起，使我们能够统筹考虑整个团队的利益，而不是从某个狭隘的视角来决定怎么做才对团队最有利。"美国增强现实公司射手项目（Project Archer）首席执行官乔丹·韦斯曼（Jordan Weisman）指出："在设计'未来'时，我们发现我们常从过去的经验中汲取灵感。"在他们公司，"年长的团队成员可能会引述动画情景喜剧《杰森一家》中的内容，年轻的团队成员则可能会分享 TikTok（抖音海外版）上韩流乐队的精彩表演。团队中的学习是超越了年龄界限的，文化与跨时空经验的结合往往也会产生令人惊叹的效果"。位于美国洛杉矶的数字影响机构 GR0 的人才招聘专家乔丹·范伯格（Jordan Feinberg）说："我们发现，在我们组织结构乃至部门内部设立'迷你小组'，可以营造一个更加开放和协作的环境，让不同代的人建立起信任关系。"比如，该公司的搜索引擎优化部门就被分割成更小的业务单元，每个单元都由不同代的人组成。

不再将年龄和世代作为有意义的分类标准，在这一点上，大公司未必处于劣势，比如我们前面看到的宝马、哈特福德和必能宝等公司。在 2019 年出版的《混搭：如何带领多代员工团队走向成功》（*The Remix: How to Lead and Succeed in the Multigenerational Workplace*）中，作者林德赛·波拉克（Lindsey Pollak）就广泛借鉴了大型老牌公司的经验，比如美国电话电报公司、通用电气、纽约梅隆银行和雅诗兰黛。在这本应对新的人口现实的分步指南中，波拉克敦促经理人和员工"主动接纳一个基本现实，即如果我们仍不采取行动，仍保持僵化的思维，那么任何一代都无法生存下去"。适应性、灵活性、开放性及拒绝接受旧的假定，对于建立卓有成效的组织和实现有意义的职业生涯至关重要。"我们非常幸运地生活在一个比以往任何时候都拥有更多机会、更多选择和更加多元化的时代。这样的时代往往让人感到恐惧和困惑，但与此同时，它难道就不令人兴奋吗？"波拉克说。

从人生顺序模式解体的角度看，未来是充满希望的。多代工作场所只是这一重大转变产生的潜在的积极结果之一。其他积极结果还包括逐步淘汰我们熟知的退休体系，为不同年龄段的人提供更广泛的选项；打破传统的继承惯例，随之而来的是经济不平等的减少；女权运动的复兴，这将会让世界变得更加美好；后世代消费市场的确立，其中任何基于年龄定义的细分市场都不会被忽视；更广泛意义上的后世代社会的确立。在接下来的章节中，我们将详细叙述。

06 畅想退休生活
退休后再就业

> 在辞去工作之前,
> 我一直想做一件事……退休!
>
> ———
>
> 格劳乔·马克思(Groucho Marx, 1890—1977)

"我和你们中的很多人都聊过,在停了全职工作之后,你们有什么打算。所以,我请你们中的一些人加入我,跟大家讲一讲你们曾经对我说过的计划。"作家、博主、养老金基金高管唐·埃兹拉(Don Ezra)说。他决定做一些分组采访,了解一下人们的退休计划,以及他们对退休的感想,进而为自己的退休做好准备。一名受访者兴致勃勃地解释说:"我现在还不到40岁,未来于我而言还有很长的路要走,但我承认我已经开始担心退休生活。我想早一点儿退休。这是一种自由,你可以去健身房,可以外出旅行,而不必每天都到同一个地方,你甚至不必对任何人负责。工作会带来快乐,但对我来说,工作只是达成目的的一种手段。我不确定我是否愿意为了工作而工作。"将工作视为一种工具或达成目的的手段,这种观念非常普遍,因为我们并没有认真思考如何为每一份工作注入意义。由此产生的副作用就是，我们开始将退休具象化为一种愿望、一种解放。

"嗯，我和我丈夫现在都40岁出头！我们希望在不久的将来能够退休。"第二位受访者表示，"尽管我们彼此相爱，但我们也需要社交互动。然而，在退休后，我们就只能彼此相伴。"在考虑退休利弊时，人们普遍感到困扰的另一个问题是担心与社会脱节，即便身边有一个相爱的伴侣。"我们希望与我们的孩子及他们选择的伴侣保持良好的关系，但这并不是我们所能控制的。"该受访者说。父母退休确实会给年轻夫妇带来压力，因为他们寻求独立，希望过他们自己的生活。"我们到底要做什么呢？我们想避开寒冷的冬天——也许是和另一家人一起度假，比如我弟弟家。从事志愿服务：我丈夫教体育，我去教堂做义工，还有救济所，我现在看到有朋友在寻找这方面的人，或者为慈善事业筹款。"退休人员通常会强调代际关系的重要性，以及他们对代际关系的渴望。"要当爷爷奶奶！拜托了！一定宠坏孙子女！说真的，如果子女需要我们帮忙照顾孙子女，我们会帮忙的。"看来，孙子女的出生还是不要太晚才好。

制订太多与子女和孙子女一起生活的计划可能会很难。"我们住哪里？我们的房子太大了。和孙子女住得近一点？然而，我们又不能保证儿子不搬家。"另一位受访者表示，"所以，我们暂时打算搬回原来的小镇，也就是我们的故乡，但到时我们还得与那里的人重新建立亲密关系。"

"我叫托妮，我们已经退休好几年了。或者说，托比已经退休好几年了。我是一名老师，比他退休早。退休后，我们就搬到了一个叫M的地方（位于一座小镇和一个农场社区之间）。情况大概就是这样。"托妮对生活持一种自嘲的态度，是一个喜欢随遇而安的人。"我姐夫开玩笑说，我们醒来无所事事，而到一天结束时，计划的事情连一半也没做完。"为了消磨时间，也是为了不让自己颓废下去，他们参加各种志愿活动。"我们开车拉着老人兜风，给他们读书，帮助组织活动。如果你真的想做点儿什么，那么这个清单是永无止境的。"托比说。"当然还有我们的孙子女！我们总喜欢去看他们，在托比退休后，我们住得更近了。"托妮说，"小孩的父母也很喜欢我们去他们那儿，一是因为我们彼此相处融洽，二是我们的到来可以让他们安心外出工作。所以，在照顾孩子及接送孩子上下学期间，我们真的是非常忙！"

唐问："还有其他的吗？"托妮兴奋地回答说："当然，还有很多！我们的社交生活延伸到了教堂、读书俱乐部，以及其他一些社交团体。我们读了很多书，也喜欢怀旧的音乐。我们甚至去舞会！总之，我们感到非常忙碌。但正如我所说的，生活就是这样，我们不想成为任何人的榜样，自己觉得快乐就好。"在被问及退休后是否立即就过上了这种新生活，他们坚定地回应说不是："其实，我们还是花了一些时间的。这个社区比较封闭，最开始的时候，我们觉得自己有点儿像局外人，但教堂和读书俱乐部帮了大忙。当然，还有我们的孙子女及他们学校举办的活动。通过这些孩子，我们跟其他父母及祖父母建立起了联系。"

大多数人都难以做出明智的退休决定，他们脱离全职工作后的经历也表明退休是现代生活中与现实极其脱节的方面之一。"我认为人们应该尽可能地避免退休。"退休理财规划师埃里克·布罗特曼（Eric Brotman）说，"它所造成的损失通常是难以挽回的……它会危及你的健康……危及你的财富。"虽然退休是可逆的，至少在某些方面是可逆的，而且也没有证据表明退休会危及人们的健康或财富，但布罗特曼所持的观点是：我们把退休抬升到了一个非常高的位置，而且在很多国家，这是宪法赋予的权利。让我们来看一下退休的好处、代价及与之相关的证据。

在退休的各种影响中，它对健康的影响是研究人员一直争论的热点问题之一。生活中的任何转变都会产生压力，而我们的身体和大脑需要时间来调整。退休可能会导致社交孤立和社交活动的停滞，两者都会对人的身心健康造成严重损害。缺钱则可能会增加焦虑感。大多数研究结果支持两种观点，一是认为退休不会对健康状况产生影响，二是认为退休对健康状况会产生一定程度的积极影响。蓝领工作者和白领工作者之间的差异微乎其微；相对而言，受益更多的是那些社会经济地位较低的退休人员。对现有研究的最新综述显示："与继续参加工作相比，提前退休和死亡率之间不存在关联。"另外，"与退休后继续参加工作相比，按时退休和较高的死亡风险之间存在关联"。但不出所料，在将人们退休前的健康状态纳入考量之后，这种关联关系就消失了。总而言之，退休的事实和时间似乎对健康和最终死亡率没有系统性的影响。

在退休对个人金融财富的影响方面，也呈现出类似的图景。退休会延缓甚至有可能逆转财富积累的过程，这一点显而易见。因为在退休后，人们是用自己的积蓄和领取的养老金来支付日常生活开支。危险就在于，人们对退休后的支出水平和投资回报容易做出过于乐观的假定。除此之外，各种不幸也会发生，比如意料之外的医疗保健开支或家庭紧急情况。我的观点是，人生顺序模式给劳动人口施加了太大的压力，迫使他们为退休而储蓄，同时也给政府施加了太大的压力，迫使它们兑现之前做出的承诺。但问题在于，政府在做这些承诺时，从财务角度讲，人口年龄结构是可以支撑传统的养老金体系的。

《2021年度泛美退休调查》的数据显示，无论是哪代美国人，他们最担心的都是退休后储蓄不够用，有42%的受访者都有这种担心；紧随其后的是担心健康状况不佳，进而需要长期护理；再就是担心未来的社会保障会减少或被取消。在调查中，真正具有启示意义的部分是，不仅婴儿潮一代和X一代担心退休后储蓄不够用（第一担心事项），就连千禧一代也担心储蓄不够用（与健康状况不佳并列第一），要知道千禧一代距离退休还有几十年的时间。即便是更年轻的 Z 一代，退休后储蓄不够用也是排名第二的担心事项，仅次于满足家庭的基本需求。由此可见，与退休相关的财务压力似乎也在折磨最年轻一代的劳动人口。这种担心并不是由退休引发的，它只是在成年早期变得越发明显起来。令人吃惊的是，担心退休后储蓄不够用竟然超过了其他诸多选项，比如认知能力下降、失去独立能力、感到孤独、居无定所及失业。在年轻的劳动人口中，只有很少比例的人表示对退休毫不担心：Z 一代为 6%，千禧一代为 8%。

退休与享受更多的美好时光之间并不总是画等号。美国劳工统计局的数据显示，年龄在 65 岁及以上的美国退休人员拥有更多的闲暇时间。但问题是他们并没有把更多的时间花在阅读或社交上，而是普遍增加了看电视的时间：退休后还工作的人平均每天看电视 2.9 个小时，而不工作的人平均每天看电视 4.6 个小时。也就是说，退休后，人们并没有把生活重心转向旅游或健身，而由此产生的后果可能会非常可怕。

通过英国老龄化纵向研究项目的数据库，伦敦大学学院的研究人员对 3 662 名年龄在 50 岁及以上的成年人的数据进行了分析。"分析结果显示，在跨度为 6 年的研究时间里，那些每天看电视达 3.5 个小时或以上的人，词汇和语言相关的记忆力平均下降 8%~10%。"相比之下，看电视时间较少的人，相关记忆力的下降幅度只有前者的一半。"看电视被认为是一种独特的文化活动，因为它把强烈的、快速变化的、碎片化的、密集的感官刺激同观众的被动性结合在了一起。"鉴于一个人的活动时间是有限的，所以记忆损失不仅源于看电视的副作用（要警惕这种被动性互动），也是因为没有参与那些有益于提升认知能力的活动，比如阅读、参加体育活动、参观博物馆、与朋友和家人交谈或外出旅行。

除了电视，老年人在其他屏幕前花费的时间也越来越多，包括智能手机、平板电脑和计算机。皮尤研究中心 2019 年发布报告称，在过去10年里,年龄在60岁及以上的美国人花在屏幕前的时间越来越长,花在社交和阅读上的时间则越来越短。传统观点认为,千禧一代和Z一代把大量的时间花在了电子设备上,但全球数据测量和分析机构尼尔森的一份调查显示,美国老年人现在每天花在屏幕前的时间接近10个小时,较35~49岁年龄组多出12%,较18~34岁年龄组更是多出33%。

"重要的是,要把良好的屏幕时间同糟糕的屏幕时间区分开。"美国专注于50岁及以上人群的细分需求的运营商消费者蜂窝(Consumer Cellular)的首席执行官约翰·马里克(John Marick)表示,"如果你只是把科技当作心理抚慰剂,或者只是用它来分散注意力或打发无聊的时间,那么它就会把你带入糟糕的境地。"美国退休人员协会也认识到了这一问题,但同时指出老年人可以利用好屏幕时间,比如观看TED演讲、浏览和阅读新闻、观看自然类纪录片、为孙子女录制故事视频,以及在线游览景点。通过赋能灵活的工作方式,数字设备或有助于打破与退休相关的整个概念。

退休的具象化、对退休的担忧及与退休相关的不太好的方面,充分说明了我们这个社会有必要改弦更张,有必要对人生顺序模式发起挑战,因为自我们参加工作时起,这种顺序就给我们带来了极大的痛苦。我们还有其他选择吗?政府和企业会给予我们帮助吗?科技会拯救我们吗?

推迟退休年龄

"今天我在网上工作和玩游戏,还刷卡购物。"新一代典型的美国祖父母报告说。在21世纪20年代结束之前,就零工工作者和在线购物者群体的数量而言,年龄在60岁及以上的人将会超过年龄在30岁以下的人。因为在后世代社会,年龄在60岁及以上的人口的总量远超过年龄在 30 岁以下的人口的总量；科技将会改变每一个人的生活方式，而这种改变是不分年龄的。剧作家萧伯纳说："我们不是因为年老而停止玩乐，我们是因为停止玩乐才变老了。"即便是在新冠肺炎大流行之前，在 60 岁及以上年龄的人群中，就有相当一部分已经将新科技用于玩乐、学习、工作和购物，因为这会让人感到更惬意，效率也更高。虽然在互联网接入方面仍存在诸多不平等现象，但居家隔离和社交距离迫使最顽固的一批人首次使用数字平台——他们中的许多人发现这类平台既有用又有趣。我们现在正处于一个历史节点，即在接受新的做事方式和拥抱新的生活方式方面，年龄作为一个指标的重要性已经远不如前。

随着人类的积极寿命的延长，越来越多的人将会重新思考退休。2015 年上映的影片《实习生》（*The Intern*）以一种诙谐风趣的方式呈现了这一场景。在该影片中，70 岁的鳏夫本·惠特克（罗伯特·德尼罗饰）对退休后难以忍受的乏味生活抱怨连连。"我该如何度过余生？你看，打高尔夫球、看书、看电影、玩扑克牌，或者尝试练瑜伽、学习烹饪、照顾绿植、上中文普通话课。说实话，我什么都试过了。"惠特克说。最终，他加入了布鲁克林的一家线上时装初创公司，因为该公司发起了一个旨在吸引老年人才的新项目。公司创始人、首席执行官是朱尔斯·奥斯汀（安妮·海瑟薇饰），惠特克后来成为她最亲密的顾问和知己，同时也成了一个更快乐的人。

就很多需要手工和体力的工作而言，一个人的确不可能无限期地干下去。比如在美国，航空公司飞行员的法定退休年龄为 65 岁，而早在国会于 2009 年延长年龄限制之前，飞行员的法定退休年龄为 60 岁。涉及重体力的工作及一些危险的体力工作，比如农业、矿业、建筑业和制造业等领域的工作，再比如治安巡逻和消防，一个人若是超过了一定的年龄，再干下去可能就不那么安全了。但这并不意味着这类从业者就必须退休：一方面，雇主可以给他们转岗，把他们安排到一些需要较少体力的岗位上；另一方面，他们可以选择重返校园，学习新知识和新技能。与之相对，从事其他职业的人，比如教师和知识工作者，则不会受到严格的年龄限制。"年龄对待自由撰稿人是相当温柔的。"约翰·厄普代克（John Updike）说。对我们这样的教授而言，要想一直做下去，显然会更容易一些。

在欧洲大部分地区，法定退休年龄在 60~67 岁，但这个年龄段的大多数人仍完全有能力作为劳动人口为经济作贡献。尽管人们经常称这种做法为年龄歧视，但法院并不这么认为，而且大多数政府也担心如果取消年龄限制，可能会导致失业率增加。更糟糕的是，在奥地利、保加利亚、克罗地亚、捷克、意大利、立陶宛、波兰、罗马尼亚和斯洛文尼亚，女性的法定退休年龄比男性早 5 年，而欧洲女性的平均寿命比男性长近 7 年！

中国在这方面也存在问题：男性的法定退休年龄为 60 岁，女性的法定退休年龄分两种——女干部为 55 岁、女职工为 50 岁，因此中国的平均退休年龄为 54 岁，与世界上最富裕的国家相比，早了大约 10 年。很明显，在人均预期寿命延长和生育率下降（即便独生子女政策终止后亦是如此）的情况下，提高退休年龄势在必行。但中国政府发现它陷入了一个无法摆脱的困境：提高退休年龄可能会产生适得其反的效果，因为中国的很多年轻夫妇都依赖退休的父母帮忙照看孩子。事实上，有一项研究发现，在父母一方退休后，年轻夫妇生育子女的概率提高了 60% 以上。中国的政策制定者也因此陷入两难境地。

虽然各国政府不会轻易改变法定退休年龄，但人们就退休年龄做出的实际决定变化很快。在欧洲和美国，男性的平均实际退休年龄直到 20 世纪 90 年代末都呈现下降趋势，究其原因，一是慷慨的养老金制度，二是衰退行业出台的旨在鼓励提前退休的措施。进入 21 世纪后，情况发生了显著的变化。日益加剧的不平等、个人储蓄的减少及 2008 年全球金融危机的影响，迫使人们不断延长工作年限。2018 年，美国男性和女性的平均实际退休年龄较 2000 年分别延迟了 3.1 岁和 2.8 岁（见表 6.1）。在欧盟，整体上看，东欧和南欧成员国（包括法国）的实际退休年龄并未见明显增长，但中欧和北欧成员国呈现出与美国相似的趋势。从发展趋势看，英国的情况更接近于法国，而不是德国。此外，加拿大女性推迟退休年龄的速度快于男性。但就全球范围看，退休年龄增长最多的当数澳大利亚、新西兰、富裕的东亚国家（比如韩国），以及中东地区的部分国家（比如土耳其）。与此同时，很多新兴市场国家则呈现出相反的趋势：墨西哥和印度的平均实际退休年龄持续下降，巴西和智利则处于停滞状态。

由此可见，整个世界呈现出错综复杂的趋势。虽然每个国家的人的寿命和健康寿命都在持续增长，但随着时间的推移，在发达国家和地区，人们不断推迟退休年龄，而在很多新兴市场国家，人们却是早早退休。其中的原因与各国的经济表现并无太大关系，相反，进入 21 世纪后出现的这些截然不同的趋势，就驱动因素而言，实际上可以追溯到 20 世纪七八十年代。早前，欧洲、美国、加拿大、澳大利亚和新西兰的平均实际退休年龄下降过快，如今正朝着与新兴市场国家趋同的方向上升。与此同时，若干新兴市场国家正朝着与发达国家趋同的方向下降。脱离这一普遍模式的两个国家是日本和韩国，其实际退休年龄从未出现过下降，而且现在还在不断增长。

从人们不断推迟退休的情况来看，我们似乎可以这么讲，只要政府抓住机遇，出台新措施，推迟退休人员可以按照他们自己的意愿或需求一直工作下去。正如我们在第 2 章特别是表 2.1 中看到的，人们有足够的推迟退休的空间，而这完全不会损害他们剩余的健康寿命：从 65 岁左右算起，男性的健康寿命约为 10 年，女性的健康寿命约为 12 年。因此，人们在到了通常的退休年龄后还可以继续工作，而且不影响之后若干年健康的退休生活。推迟退休不仅有益于

表 6.1　平均实际退休年龄

	男性				女性				2000—2018 年的变化情况	
	1970	1980	2000	2018	1970	1980	2000	2018	男性	女性
美国	68.4	66.4	64.8	67.9	67.9	66.3	63.7	66.5	3.1	2.8
欧盟 27 国	68.4	65.1	61.5	64.0	65.8	62.9	59.7	62.4	2.5	2.7
法国	67.9	63.6	59.0	60.8	68.8	63.9	58.6	60.8	1.8	2.2
德国	66.5	63.1	61.0	64.0	64.2	60.9	60.3	63.6	3.0	3.3
意大利	64.9	61.9	60.4	63.3	61.8	61.9	58.4	61.5	2.9	3.1
波兰	73.6	68.0	61.6	62.8	72.2	65.1	59.2	60.6	1.2	1.4
西班牙	69.4	64.8	61.6	62.1	69.0	66.6	61.8	61.3	0.5	-0.5
瑞典	67.9	65.3	63.7	66.4	66.6	64.0	62.4	65.4	2.7	3.0
英国	67.7	66.0	62.5	64.7	65.7	62.6	60.9	63.6	2.2	2.7
加拿大	66.0	65.1	62.7	65.5	66.3	63.9	60.8	64.0	2.8	3.2
澳大利亚	67.4	64.1	62.0	65.3	65.2	60.0	59.6	64.3	3.3	4.7
新西兰	69.6	66.3	64.3	69.8	69.0	63.8	59.9	66.4	5.5	6.5
巴西	72.1	69.7	66.7	66.6	73.6	73.3	62.8	63.3	-0.1	0.5
墨西哥	—	78.6	74.5	71.3	—	78.7	69.6	66.5	-3.2	-3.1
智利	70.8	69.2	69.9	70.0	65.9	67.0	67.4	66.7	0.1	-0.7
以色列	—	—	66.3	69.4	—	—	64.1	66.0	3.1	1.9
土耳其	68.6	68.3	61.6	66.3	57.4	64.8	57.0	64.9	4.7	7.9
日本	72.8	71.0	70.1	70.8	68.4	66.6	66.2	69.1	0.7	2.9
韩国	65.7	68.4	67.0	72.3	63.1	64.4	65.8	72.3	5.3	6.5
中国	—	—	66.5	—	—	—	59.0	—	—	—
印度	—	—	72.0	69.8	—	—	70.6	62.3	-2.2	-8.3

资料来源：OECD.

社会，也有益于经济。毕竟，在由谁来支付养老金和医疗保健成本的问题上，推迟退休可以减少潜在的世代冲突。此外，我们也可以通过提高实际退休年龄来解决老年人的孤独问题，重建劳动力市场，增加经济活力，同时为代际协作创造更多机会。

60 岁及以上的就业人数增多

"截至 2020 年 12 月的 20 年里，美国总就业人口增加了 11 767 000 人，增幅为 8.5%。"美国圣路易斯联邦储备银行在 2021 年发布的一份报告中指出，"所有增长（11 879 000 人）都是由年龄在 60 岁及以上的人贡献的。与此同时，在过去 20 年里，16～59 岁年龄组的净就业人数减少了 112 000 人。"在美国，虽然 16～59 岁的人口数量是 60 岁及以上的人口数量的 2.4 倍，但后者的增长速度是前者的 8 倍。此外，年轻就业人口越来越少，而在 60 岁及以上的人口中，选择继续工作或退休后重新就业的人越来越多。"在人口老龄化和各年龄组就业率差异的共同作用下，过去 20 年里，美国的就业增长呈现向老年群体急剧倾斜的趋势。"圣路易斯联邦储备银行在报告中称，有两种趋势肯定会继续发展下去：60 岁及以上人口的数量会越来越多，他们中选择继续工作的人也会越来越多。

就这种就业增长来看，其根源在于人们形成的一种关于生活、工作和年龄的新观念。第一步是围绕老龄化建立新的思维方式。"传统的人生观认为，我们会在中年达到顶峰，然后逐渐走向退休，人生也由此开始一步步衰落。"美国最大的退休人员倡导组织——美国退休人员协会的首席执行官乔·安·詹金斯（Jo Ann Jenkins）说，"如今，人们把年龄看作一个持续成长的时期。"问题是，在美国现有的退休体系中，人们依赖的是一套组合保障，即社会保障金、雇主养老金和个人储蓄或资产，而不是政府的赋能，因此也就无法掌控自己人生中最后的 20 年。詹金斯说:"我们看到的不再是依赖供养体系的退休人员,而是一支富有经验的、卓有成就的新型劳动力大军;我们看到的不再是高昂的成本,而是一个助推经济发展的爆炸性消费市场;我们看到的不再是受供养人口的不断增加,而是具有新的、不同优势的多代社区的持续发展。"正是基于此,詹金斯建议不再明确区分教育、工作和退休的界限。她说:"在大多数人的概念中,退休的一个关键组成部分就是免于工作的自由。时至今日,'延长的中年'的一个关键组成部分就是工作的自由。"

然而,对很多 60 岁及以上的人来说,就业之路依然充满挑战。"在导致老年人难以就业的诸多因素中,雇主歧视无疑是包括在内的。"美国马里兰大学的凯瑟琳·亚伯拉罕(Katharine Abraham)和美国独立研究组织 W. E. 厄普约翰就业研究所的苏珊·豪斯曼(Susan Houseman)说,"美国退休人员协会 2017 年开展的一项调查显示,在 45 岁及以上的人员中,有 61% 表示他们在工作场所遭受过或见证过年龄歧视。"研究人员开展的实验研究也揭示了这种歧视的存在,比如向匹配岗位发送除申请人年龄外完全相同的简历。在一项研究中,35~45 岁年龄组的面试率比 50~62 岁年龄组的面试率高出 40% 以上。这种模式存在于不同的工作岗位和职业,与所需的技能水平或教育背景无关。

那么,就过去那种退休生活而言,到底有哪些新机遇可以帮助我们克服人生顺序模式的局限性呢?

退休后再就业

在正式退休的美国人中,有近三分之一仍在从事有薪工作。这一比例与欧洲之外的许多国家颇为相似。在一份关于退休后工作人员的研究综述中,雪莉·沙利文(Sherry Sullivan)和阿克拉姆·阿尔·阿里斯(Akram Al Ariss)发现,财务需求是人们在退休后选择重新就业的主要动机，但受教育水平与退休后的再就业率之间存在相关关系。

某些行业专业人士的短缺，使得拥有相关知识和技能的退休人员更容易找到兼职或全职工作。"与受教育水平较低的退休人员相比，受教育水平较高的退休人员在再就业时更有机会选择有薪工作，也更容易找到有薪工作与无薪志愿工作相结合的岗位。"

心理学也起到了一定的作用。"那些认为工作能够满足社会需求和个人需求的人，更有可能在退休后重新从事有薪工作。"此外，做慈善或创业的背后也有心理上的考虑。"那些认为工作能够满足生成性需求（比如工作提供了向他人传授知识和为社会做贡献的机会）的人，更有可能在退休后参与无薪的爱心活动或志愿活动。"另有研究人员发现，注重独立和个人成就感的退休人员通常更倾向于自我雇用，而那些想要为社会做贡献或希望在体力或脑力劳动上有所作为的人更倾向于再就业。

这些心理学证据有力地表明，退休后再就业不仅是因为个人财务误算或规划不当，即退休后意识到养老金和储蓄可能不够用，更是诸多复杂因素综合作用的结果，比如缺失工作甚或缺乏人生规划。美国健康与退休研究项目的数据显示，超过 80% 的退休再就业人员表示再就业完全出于他们本人的意愿。"综合来看，退休前的已知信息完全可以预测人们退休后重返职场的情况。"哈佛医学院经济学家尼科尔·梅斯塔斯（Nicole Maestas）说，"对少数偏离退休前的预期、在退休后又选择重新就业的人来说，几乎没有证据表明财务冲击在该过程中发挥了重要作用。"她表示，恰恰相反，人们是在离开劳动力市场后才做出退休后再就业的决定。"数据反倒是指向了偏好冲击——一些人显然发现退休生活不如预期般令人满意。"归根结底，退休后再就业的决定主要是受"未实现的工作预期"驱动的，而不是受"未实现的悠闲预期"驱动的。换句话说，对那些追求再就业的退休人员来说，他们不满意的并不是退休后的悠闲生活，而是不工作带来的种种不愉快。

总而言之，按照梅斯塔斯的估算，在所有退休人员中，有近40%最终选择了再就业，而在提前退休的人员中，这一比例更是达到了53%。与退休前的工作相比，退休后的工作确实有明显不同之处。退休再就业人员不仅薪资待遇低，而且雇主很少为他们提供医疗保健方面的福利。他们会避开对体力要求较高的工作。一般来说，他们不会在制造业领域寻求机会，服务业相关领域是他们关注的重点。

在退休再就业人员经历的各种不同转变中，最有意思的或许是直接从全职工作状态转入从事兼职工作的半退休状态，再就是从全职工作状态转入完全退休状态，然后再回到某种程度的工作状态。在第二种情况下，人生顺序模式被完全打乱了，因为人们在不同的阶段来回变换身份。梅斯塔斯通过研究发现，那些退休后比较容易找到工作的人通常更愿意选择转入半退休状态。相比之下，那些退休后不太容易找到工作的人或者需要学习新技能才能找到工作的人一般都是先选择退休，再开始新的就业历程。未来，在个人时间允许的情况下，退休人员有可能重拾全日制脱产学习方式，并在此基础上探索新的职业，进而追求与个人需求和偏好相符的工作。其实，梅斯塔斯还发现："相比于那些直接转入半退休状态的人，那些退休后又重返职场的人更有可能转换职业。"这意味着，在年龄最大的群体中，人生顺序模式可能会让位于一种更复杂的模式：从工作到退休，然后从退休到学习，最后再从学习回到工作中。

科技与老年人工作

想想科技是如何改变我们人类的工作任务的。英国南安普敦大学老年病学家简·弗金汉姆（Jane Falkingham）认为，高强度的体力劳动将越来越多地由机器或机器人来完成。"科技正在改变工作的性质，它也有助于延长人们的工作寿命。"她说。

倡导在工作场所实现年龄多元和包容文化的人认为，科技消除了老龄化带来的不利因素，同时释放了多代工作场所的潜力。"团队中年长的员工会给你带来很多价值。他们会从有别于年轻员工的视角看待工作任务。对新一代员工而言，他们也是良师益友。"自由撰稿人、编辑兼市场营销咨询师丽莎·迈克尔斯（Lisa Michaels）说。在她看来，基于人工智能的简单、易用的软件解决方案可以帮助60岁及以上的人适应不断变化的工作场所技术，也可以减少重复性工作中的错误，便于他们更专注于自己擅长的事情。她说："让智能机器帮助老年员工完成重复性工作，也就意味着可以把他们解放出来，进而把更多的时间投到有创意、有意义的工作任务上。"她强烈建议使用物联网，即将各种互联设备和传感器集合在一起的网络，因为这样可以让"年轻的员工直接从富有经验的年长的员工那里获取信息。在'传帮带'的场景下，即便年长的导师不在现场，物联网也可以提供帮助，确保他们对年轻员工的培训顺利展开"。她设想的场景是："如果被培训者遇上了麻烦，年长的员工能够介入并控制局面。"她还提出，数据分析或有助于追踪多代工作场所中不同工作风格和思维方式所产生的影响。

最诱人的机会在于那些与远程办公和远程学习相关的新技术。在某种意义上，退休意味着不再有固定的时间安排，包括工作上的通勤。因此，对60岁及以上的人来说，远程办公可能是他们灵活且愉悦工作的最佳方式，而对公司和经济来说，这也是从他们的经验中获益的最佳机会。同样，远程学习会助力人们实现退休后再就业，以及工作和职业的转换。

美国退休人员协会认为，远程办公将为老年工作者带来若干重大机遇。公司正考虑如何在远程办公和办公室办公之间达成一种平衡，而这种混合编排的工作模式"无疑会让数以百万计的年长的员工在未来的日子里获益匪浅"。每周 5 天、每天 8 个小时的统一工作安排，以及与通勤相关的压力和疲倦，是人们渴望提前退休的一个重要原因。

表面上看，远程办公似乎存在劣势，即消除了办公室里的社交互动，但它也解决了工作场所一个主要的不满意点。甚至在新冠肺炎大流行之前，灵活的工作方式就已经很受欢迎。2019 年，美国招聘网站 FlexJobs 发布报告称，75% 的职场人士希望能有更灵活的工作安排，这背后的主要考量因素包括工作和生活的平衡（75%）、陪伴和照顾家人（45%）、节省时间（42%）及通勤压力（41%）。"远程办公激增带来的各方面的潜在好处是非常惊人的。"泛美退休研究中心首席执行官兼总裁凯瑟琳·柯林森（Catherine Collinson）说，"最让我感到兴奋的是，我们可以把节省出来的通勤时间花在健康、就业能力的提升和退休规划上。"美国明尼苏达大学社会学教授菲莉丝·莫恩（Phyllis Moen）发现，当有灵活的工作方式可供员工选择时，他们会感到"压力减少了，精力更旺盛了，工作满意度也更高了"。她还发现，灵活的工作方式对公司也是有益的，因为员工的倦怠感少了，选择辞职或退休的可能性也就减少了。

事实证明，老年人可能是最适合远程办公的群体。《人生的意义与工资支票》（*Purpose and a Paycheck: Finding Meaning, Money, and Happiness in the Second Half of Life*）一书的作者克里斯·法雷尔（Chris Farrell）表示，在工作了几十年后，老年人早已将职业道德内化于心，而且他们越来越适应数字技术，特别是在新冠肺炎大流行之后。"我们的企业客户告诉我们，他们更愿意给年长的员工以灵活的工作安排，让他们远程办公，原因就是他们既有职业道德又有工作经验。"美国创新工作解决方案提供商居家办公老专家（WAHVE）

的创始人莎伦·埃梅克（Sharon Emek）说。

英国国家统计局2021年在一份报告中指出，远程工作者通常会推迟退休时间。"多元化的居家办公选择有助于提升老年工作者个人偏好与就业机会之间的匹配度。"英国特许人事和发展协会劳动经济学家乔纳森·博伊斯（Jonathan Boys）说，"它可以延长人们的工作寿命，这是大型居家办公实验的一个积极结果。"甚至在新冠肺炎大流行之前，50岁以上的员工就已经在要求雇主提供更灵活的工作安排，其中也包括远程居家办公。

虽然远程办公已经成为传统办公模式的一个主要替代方案，但由技术驱动的自由职业形式——零工工作的发展也非常迅猛。特别是共享类应用和数字任务平台的兴起，已经模糊了经济活动人口和非经济活动人口之间的传统界限，带来了一系列新的兼职和自由职业的混合类别。美国盖洛普和德国斯塔蒂斯塔等机构的预测显示，三分之一的美国劳动人口将零工经济作为他们的第一或第二职业，零工工作的增长速度是美国劳动力增长速度的3倍。在英国，七分之一的成年人从事某种程度的零工工作，不过他们中有超过一半的人同时拥有一份传统的工作。还有一些研究预计，十分之一的英国劳动人口每周至少完成一项平台介导型任务。

零工经济有可能彻底改变老年人的生活，因为这种经济不仅不会牺牲他们的闲暇时间，而且有助于他们开展社交，还可以让他们获得一部分收入。"根据自由支付平台超级钱包（Hyperwallet）最新开展的一项研究，在总计2 000名受访的女性零工工作者中，年龄在51～70岁的占比达12%。"伊莱恩·波费尔特（Elaine Pofeldt）在《福布斯》杂志最近刊发的一篇报道中写道。超级钱包金融网络部门负责人迈克尔·廷（Michael Ting）表示，公司之所以不太愿意雇用老年人，是因为他们拥有丰富的从业经验，而这就意味着高薪资和高待遇，出于同样的原因考虑，如果他们作为自由职业者的话，公司会果断留用。

重要的一点是,老年人很可能会成为最勤勉的零工工作者。致力于为企业提供短期人力资源服务的美国平台公司沃诺洛(Wonolo)在报告中称,在从事零工工作的人中,婴儿潮一代的人数最多,他们赚得也最多,得到的评价也最高。"从传统意义上讲,人们可能会认为从事零工工作的多是千禧一代。"沃诺洛负责公司策略和财务的副总裁比阿特丽丝·庞(Beatrice Pang)说,"实际上,从事零工工作的人群的涵盖范围远比这宽泛。我们会员的年龄从18岁到80多岁不等。"在沃诺洛平台,旧金山湾区的婴儿潮一代每月平均能赚1 003美元,相比之下,X一代为949美元,千禧一代为777美元,Z一代为616美元。

"婴儿潮一代的人也从事一些重体力的零工工作。"比阿特丽丝指出,"你可能以为他们会挑选行政或客户服务等不需要体力劳动的工作,实际上,他们也干很多体力活,比如货物的存储和配送,以及一般的体力工作。"有一种观点认为只有接受过良好教育的、收入水平相对较高的知识工作者才能从零工经济中获益,这其实是错误的。但是,在退休之后,人们面临的是一个公平竞争的环境吗?抑或,在退休后的经历和结果方面,人与人之间存在巨大的差距?

退休不平等

富人和穷人的故事已经成为21世纪的标准叙事。不幸的是,不平等已经渗透到整个年龄结构中,并且在退休后年龄段达到了令人担忧的警戒水平。按照人生顺序模式,最终可能会产生三种类型的人:可以过上舒适的退休生活的人、能够勉强维持退休生活的人,以及无力负担退休生活的人。收入不平等往往会导致更大的财富差距,因而在退休问题上出现各种截然不同的可能性。要知道,在美国，大约 80% 的净财富的拥有者是 60 岁及以上的人。在大多数国家，该比例为 50%～60% 不等。这一惊人的财富集中并不是均匀分布的——20%～30% 的老年人拥有这些累积财富的 90% 以上。

收入较低、受教育程度较低且没有稳定工作的人通常无力缴纳足够的社会保障税，因而也就没有资格领取可以确保他们过上良好退休生活的养老金。再者，他们中的大多数人都没有加入雇主提供的企业养老金计划，而且难以存足够的钱。单身女性（尤其是单身母亲）和经济条件有限的少数族裔的处境更糟糕，因为他们不太可能拥有自己的住房，也就失去了建立公平的机会。平均来看，非洲裔美国人和拉丁裔美国人的退休财富略低于美国主流白人群体的一半。根据马萨诸塞大学波士顿分校发布的"老年人指数"（Elder Index），在退休之后，这两个群体因缺乏足够收入而难以获得基本生活保障的可能性接近其他群体的两倍。

新冠肺炎大流行进一步加剧了这些不平等。"那些拥有良好工作、高端住宅和大量储蓄的人会过上更富足的生活。他们不用担心失业，不再需要通勤；他们的房屋净值直线上升，抵押贷款成本大幅下降；他们的 401（k）账户内的金额一直在增加。"布雷特·阿伦兹（Brett Arends）2021 年年末在财经网站市场观察（MarketWatch）上写道。自 2022 年开始的物价上涨和利率上调，最终也有可能让房主受益更多——相对于租房者。因为实物资产至少可以部分对冲通货膨胀，而租房者可能负担不起抵押贷款，因此不得不承受不断上涨的租金。在人们通往退休之路的过程中，以及在退休之后，财富呈现严重的两极分化趋势，以至于你根本不敢贸然同人谈论有关退休前景或退休体验的话题；在发起这类话题前，你首先要搞清楚对方是富人还是穷人。人生顺序模式的前提条件是，每个人最终都能依靠养老金过上体面的退休生活。然而，从现实来看，它已经无法兑现这样一个普遍性的承诺。那么，对多代社会来说，它该如何消除这一问题呢?

后世代社会中的退休

在将退休作为人生的一个阶段引入人们的生活以来,如今已经过去一个多世纪,这一制度中的各种紧张关系、摩擦和裂缝也变得日趋明显。预期寿命的延长正在不断将国家层面的社会保障计划推向破产的边缘,相关研究也非常清楚地表明,退休人员饱受孤独、无聊甚至健康风险之苦。此外,在获得良好的退休生活保障方面,各种不平等也越来越明显和普遍,并且已经到了不容忽视的地步。退休制度需要重新构想,而不只是局限于修修补补。

长期策略必须包括整个生命周期的重组,而不仅是人生最后二三十年的重组。这就是很多国家和政客在试图解决根本问题时会陷入困境的原因——他们通常只关注问题的"末端"。要想实现整个生命周期的重组,我们需要积极接受这样一种理念:我们可以且应该在一个更灵活的框架下进行终身学习和工作,并充分享受闲暇生活。

如果我们不再按年龄把人生划分为学习阶段、工作阶段和休闲阶段,而是让人们按照自己的意愿在人生的每个阶段选择其想要的活动组合,那么我们作为一个社会就有可能帮助人们实现财务安全、成就感和公平。对于各个年龄段想要学习新本领或新技能的人,为什么不为他们提供奖学金或财务支持呢?为什么不允许人们在不同的人生节点进入和退出劳动力市场,以便他们养家、更新知识或抽出时间享受生活?公司需要可预测性,需要员工的承诺,但同时公司也可以更有效地利用零工经济,在工作方面灵活安排,以满足员工的需求。

在劳动和员工管理方面,公司人力资源部门普遍采取的且得到工会和其他特殊利益集团支持的传统策略仍可以沿用，但要把它们同新的工作组织形式结合起来，确保人们能够在学校和职场之间来回转换身份，同时又有时间享受闲暇生活。这里的重点并不是要强加一种新的生活模式，也就是一部分人所认为的存在不可预测性和不确定性的模式，而是给予人们自由选择的权利：其一是雇佣关系的典型组织方式，其二是新型的、创新的、灵活的且建立在技术基础上的方式。在第二种方式中，到了所谓退休年龄的人仍可以按照自己的意愿成为全面参与者。

时下，越来越多的老年人会在退休后选择重新就业，他们渴望机会奉献社会，渴望保持积极的工作和生活方式，对他们来说，退休未必就是人生的最后阶段。这一观念引发的怀疑、反对乃至敌意仍广泛存在。一个真正意义上的后世代社会不可能在每代人身上都圈定一个按照人生阶段划分的功能角色：游乐场到学校，再到工作场所，直至电视对面的沙发。这些镣铐该解开了。

在诸多方面，影响代际和谐的摩擦都与退休、国家养老金和医疗保健基金有关，因为这方面的开支源于年轻劳动人口的税收收入。此外，人去世后的代际财富转移也是引发不满的根源之一。随着人类寿命和工作寿命的双双延长，在遗产继承方面会发生什么变化呢？我们是否正在进入一个由年轻退休人员继承年老退休人员遗产的世界？这对财富不平等的总体情况会产生什么样的影响？这些变化是会促进还是会阻碍后世代社会的发展？我们将在下一章进一步讨论这些问题。

07　百岁继承
长寿颠覆遗产规划

> 波茨纳普先生是一个特别把自己当回事儿的有钱人。
> 他先是继承了一大笔遗产，
> 后又通过婚姻获得了一大笔遗产，
> 同时在航运保险业大发其财。
> 总之，他是一个相当满足的人。
>
> ——查尔斯·狄更斯（1812—1870），《我们共同的朋友》（*Our Mutual Friend*）

传奇慈善家、社会名流布鲁克·阿斯特（Brooke Astor）活到了105岁。在她于2007年去世后，一场涉及1亿美元财产的激烈争夺战也由此拉开了序幕。托尼·马歇尔（Tony Marshall）是她在第一段婚姻中生的儿子，也是她一生中唯一的儿子。托尼与他的儿子菲利普·克莱恩·马歇尔（Philip Cryan Marshall）因继承问题一直不和，后者指责前者利用阿斯特脆弱的精神状态窃取了遗产。2009年，法院裁定托尼被控的两项重大盗窃罪名成立，而这也是纽约最轰动的传奇家族诉讼案之一。89岁的托尼被判1~3年监禁，但由于身体健康状况不佳，他只服了8周的刑期。在出狱后的第二年，他就去世了。

"长寿以它自己的方式颠覆了遗产规划。"埃米·费尔德曼（Amy Feldman）在专注于财富和个人财务报道的《巴伦周刊》中写道。后世代社会对遗产继承传统发起了若干挑战。从历史上看，大多数父母在子女四五十岁时就去世了，但现在通常情况是六七十岁。再过几十年，父母去世时，子女的年龄很有可能是八九十岁。"人们还没有考虑到这一点，而且它会引发很多问题。"花旗私人银行财富顾问服务部门全球负责人亚当·冯·波布利茨（Adam von Poblitz）指出。

在日趋明显的后世代社会，遗产继承将改变无数美国人、欧洲人和亚洲人的生活，因为在最近几十年里，这些地方的财富积累非常快。《为什么千禧一代不应该依赖遗产》（Why Millennials Should Not Rely on an Inheritance）是美国万通互惠人寿保险公司2020年在其网站上发布的一篇博客文章的标题。不久前，专家预测"巨额财富"将从婴儿潮一代转移至他们的子女及孙子女。有人预测总额可能高达数万亿美元，这主要是因为财富集中掌握在高龄人群手中。要知道，在美国，60岁及以上的人拥有80%的净资产。

在欧洲，财富朝着年龄分布的上端集中，以至于法国政府对"日益扩大的代际财富差距"忧心忡忡。英国的一项研究发现："20世纪80年代出生的人在30岁时拥有住房的比例为40%，而20世纪70年代出生的人在30岁时拥有住房的比例接近60%。就20世纪五六十年代出生的人而言，他们在30岁时拥有住房的比例均超过60%。"由此可见，每代之间存在巨大的差距。

从长远来看，随着寿命的不断延长，人们继承遗产的时间会被推迟，而且所能继承的遗产也会变得越来越少，因为老年人的退休储蓄金会被一点点耗尽。根据美联储的数据，在美国，人们继承的遗产的平均数为70.7万美元，但由于其中包括了相当多的巨额遗产继承，所以现实生活中大多数人继承的遗产都很少。美国人继承的遗产的中位数其实只有 6.9 万美元，这也就意味着有 50% 的遗产数额是低于该数字的。实际上，大多数美国人都没有多少遗产可以继承，处于弱势地位的少数族裔群体更是如此。我们再来看一下美国养老院私人房间的年平均费用——该费用在 2019 年首次超过 10 万美元。由此可见，如果千禧一代想要有所继承，那么正如我们在第 3 章中所讨论的，多代同堂的生活安排可能会变得越来越有吸引力。"我现在的大多数客户都说他们的目标是照顾好自己。"在佛罗里达州彭萨科拉经营一家投资顾问公司的安娜李·伦纳德（Annalee Leonard）表示，"如果这意味着剩不下什么钱了，那就不剩吧。"

预期寿命的延长可能会让人觉得所继承遗产的数额会减少，但一个不容忽视的事实是，由于生育率的下降，继承人的数量也减少了。这两种对立力量最终是否会达成平衡，仍不得而知。长寿和积极的生活方式会对代际财富转移产生何种影响？年轻一代需要更加努力地工作才能拥有自己的住房吗？随着遗产的减少和继承时间的推迟，财富不平等的情况是否会有所缓解？抑或，随着财富积累的持续增长和生育率下降导致的继承人数量的减少，财富不平等将进一步加剧？女性会受到什么影响？要知道她们的平均寿命可是比男性多 5 年。

一切始于巴比伦

狩猎采集社会与我们的社会截然不同。据人类学家记载，器皿或武器之类的个人物品极少会被继承；在很多情况下，这些器物乃至死者生前居住的小屋都会被摧毁，以免鬼魂附体。自石器时代以来，定居社会开始将物品同死者尸体一同掩埋，这种习俗在古埃及和古中部美洲也非常普遍。在其他文化中，特别是在北美洲，死者的物品由亲属或朋友共同分配。

从今天的角度来看，我们认可的遗产继承形式最早可以追溯到五六千年前的犹太教传统和巴比伦传统。自那时起,各种文化所采取的继承制度往往会使部分后代享有高于其他后代的特权。我们已知的制度包括父系制或母系制、长子继承制或幼子继承制,以及诸子均分制等。

国家教育体系和养老金体系在19世纪下半叶开始建立,而此时核心家庭作为法律实体的概念已经深深植根于民法之中(见第3章)。在人生顺序模式的框架下,为强化家庭的完整性和财务稳定性,各种遗产继承规则也就应运而生。在大多数父母都有两个及以上孩子的时代,遗产继承在复制不平等模式方面发挥了作用。当然,继承本身并不能完全保证子女过上和父母同等水准的生活。此外,国家也会对人们继承的遗产征税,以此增加收入,缩小贫富差距。

继承预期与继承结果

快进到当今社会。"遗产规划和继承本身就是一个情绪化的话题,而且谈论起来往往会让人感到不舒服。"阿默普莱斯金融负责理财策略的副总裁马西·凯克勒(Marcy Keckler)说,"但作为一个家庭,正视并解决这些问题可以避免以后出现很多不确定性和紧张关系。"定期谈论金钱或有助于人们做出更好的遗产规划,对继承也会有更切合实际的预期。投资公司嘉信理财的分析数据显示,"平均而言,年轻人期望在60岁时退休,但对他们这个年龄段的人来说,要想获得全额社会保障福利的资格,还需要工作7年",以及"超过一半(53%)的人认为父母会给他们留下遗产,但真正能够得到遗产的人其实只有21%"。盲目的金融乐观主义的问题在于,它会导致人们减少储蓄并大肆举债。

比如,在英国,成年人对遗产继承的平均预期约为13.2万英镑(按2022年年底的汇率计算约合14.5万美元),但从政府的统计数据来看，子女从父母那里继承的遗产的平均数额为3万英镑。年龄在18~34岁的人甚至更为乐观，他们对遗产继承的平均预期为15.1万英镑。许多千禧一代计划利用其所继承的遗产购买新房，但真正这么做的只有7%。"人们的寿命比以往任何时候都长，所以依赖遗产继承来买房是一个冒险的策略。首先，你得到的遗产可能很少；其次，你得到遗产的时间也可能很晚。"开展该项调查的顾问公司查尔斯·士丹利的约翰·波蒂厄斯（John Porteous）说，"在现实生活中，大多数人都是通过储蓄和投资来买房的。"

在发达国家，过度乐观的继承预期似乎是一种普遍现象。"指望通过彩票中大奖是极糟糕的财务规划，但近半数加拿大人在展望自己的财务未来时，寄希望于另一种意外之财。"盖尔·约翰逊（Gail Johnson）在《环球邮报》上发表文章写道，"44%的人期望得到遗产。"超过80%的加拿大人表示，由于高昂的生活成本、过度消费和沉重的债务负担，他们无法实现自己的财务目标。"我常听人们用'被宠坏了''自以为是''懒惰'之类的词语，来描述那些不断伸手跟父母要钱的年轻人，特别是千禧一代。"多伦多的理财规划师香农·李·西蒙斯（Shannon Lee Simmons）说，"在大多数情况下，遇上拿取父母钱财的人，我会觉得这种行为是极度的罪过。"加拿大的理财规划师普遍表示，所有的理财规划都是父母做的，他们的孩子在个人财务方面的表现一如既往的糟糕。"父母通常会问如何设计和搭配赠予——何时给予、给予多少及给予之后该怎么使用。"多伦多的另一位理财规划师卡洛·帕拉佐（Carlo Palazzo）表示，"大多数情况下都是父母出面为孩子做规划。"他还指出，父母通常会告诉子女，他们给的钱应当用于支付购房首付款。

"随着时间的推移，社会上已经达成一种普遍共识，那就是把财富留给孩子是一件好事。"位于澳大利亚墨尔本的斯威本社会研究所的研究员玛丽·汤姆林森（Mary Tomlinson）说，"但直到最近，遗产继承才转变成一种实实在在的期望。"在包括澳大利亚在内的大多数发达国家,婴儿潮一代拥有大约一半的住房存量。在很多市场,随着房地产价格的飙升,继承预期也呈水涨船高之势,而且年轻一代的住房负担能力和高负债进一步推高了预期。在邻国新西兰,有些理财顾问善于标新立异,直言不讳地表示"人生苦短,及时行乐""你的孩子有 50% 的可能性会搞砸""你的孩子不会记住这些东西的"。位于奥克兰的里程碑直达公司(Milestone Direct Limited)的首席执行官约瑟夫·达比(Joseph Darby)总结说:"最好在律师成为唯一赢家之前把遗产花掉。"

其实,就美国的婴儿潮一代而言,"在继承所得的财富中,有大约一半被用于储蓄,另外大约一半则被用于消费或因投资而损失掉了",俄亥俄州立大学教授杰伊·扎戈尔斯基(Jay Zagorsky)总结道。相比之下,非常富有的继承人的储蓄率为 65%,而彩票中奖者的平均储蓄率为 15%。继承人的储蓄率高于彩票中奖者是有道理的,因为他们至少可以对预期中的意外所得做一些规划。

关于继承预期的一个有趣变化是日本历史上普遍存在的代际契约,即子女是父母遗产的法定继承人,同时他们也有义务照顾父母。在 2017 年出版的畅销小说《母亲的遗产》(Inheritance from Mother)中,作者水村美苗以最直白的方式阐述了这一问题。小说中的平山美月是一名教师,也从事法语翻译工作,她直截了当地问母亲:"妈妈,你什么时候死?"在照顾母亲这件事上,她指望不上自己的姐姐,也指望不上背叛自己的丈夫。"日本女性活得越来越久,就像幽灵一样萦绕在心头。"水村美苗说,"美月是日本城市和乡村无数女性的写照。她们脸上挂着疲劳,内心深处盼望着母亲死去。她们希望从母亲那里解脱出来;她们亲眼见证了老年生活的残酷,也希望从这种创伤中解脱出来。"作者在这本书中以一个积极的基调做了结尾:在母亲去世后,美月重启了人生按钮,并利用遗产开始了新的生活。

　　自20世纪70年代以来，由于法律、经济和人口等方面的原因，日本传统的代际契约已经发生变化。子女照顾父母的法定义务在20世纪70年代被废除（但照顾父母依然是一项强大的社会规范），战后经济的长期繁荣和高储蓄率推动了财富积累的快速实现，并且继承人的数量有所减少。"从遗产继承来看，年轻群体似乎更多一些，这或许是因为他们父母那一代人的住房拥有率较高，再一点就是生育率的下降。"英国布里斯托尔大学教授出原美沙（Misa Izuhara）说。在这些趋势的作用下，日本人在生命的最后几年里的情况已经开始发生变化：在过去，绝大多数日本人一生都与大家庭成员生活在一起，但如今，只有一半左右的老年人仍跟成年子女生活在一起。20世纪90年代，日本的财富积累意味着父母开始有了基于市场化的选择，而不再是单纯依赖子女的照顾，但之后随着经济发展陷入停滞，这种情况亦宣告结束。

　　相比之下，在中国，进入21世纪后，财富积累的速度和生育率下降的速度双双加快，而且这一趋势至少还会持续20年。"我出生于1980年，也就是中国推行独生子女政策的那一年：我没有兄弟姐妹，我的同龄人跟我一样。"《上海书评》的编辑盛韵写道，"我们就是海报和卡通画里被爸爸妈妈和爷爷奶奶环绕的胖娃娃。"但从传统意义上讲，像盛韵这样的"小皇帝"是会被宠坏的，因为他们受到了过多的关注、承受了大量的压力，必须在学校表现出色。"成长的过程并不完全快乐，但我们也没有什么可抱怨的。"他的大多数同龄人都是家中的第一代大学生，他们这代人虽然有不错的工作，却买不起大面积的公寓或住房，也很难为将来攒下钱。盛韵说："虽然我们这代人没有上一代人有钱，但我们是物质主义者和享乐主义者。只要是能让我们高兴的东西，我们就愿意花钱，这可能是我们对所承受的压力的一种反应。"

然而，盛韵的描述只有在人们还没有从父母那里继承遗产时才适用。"独生子女政策还带来了财富的倍增效应。这些财富或是在中国的经济增长中创造的，或是由父母积累的，而最终都将由他们唯一的子女来继承。"澳大利亚广播公司亚太新闻编辑部数字制作人克里斯蒂娜·周（Christina Zhou）写道。克里斯蒂娜出生在中国，后随父母移民到澳大利亚。"在父母本身都是独生子女的家庭中，如果和他们的独生子女结婚的人也是独生子女，而且后者的父母同样是独生子女，那么这种情况就非常明显了。"她说，"最终结果就是，再下一代将继承双方家庭中所有人的财富。"

考虑到历史传统的多元化，以及经济和人口发展趋势的交叉性，在涉及遗产继承时，人们对未来应该有什么样的期待？对意外之财的期望是否合理？让我们来算一算。

继承乘数

计算结果显示，人们继承的遗产的确会越来越多，这一点在中国尤为明显。我们在前面已经提到两个根本性的原因。其一是财富的积累，这也是我们这个时代的基本趋势之一。基于经通货膨胀调整后的人均财富额，我们可以了解到是否会有更多的财富可以被继承。其二是生育率的下降。如果每代人的生育率都低于上一代人，那么继承人的数量必然会减少，每个子女平均继承的遗产也就会相应增加。

表 7.1 首次提供了财富和生育趋势的近似值，在接下来的二三十年里，这些趋势将会使遗产价值成倍增加。A 栏显示的是财富继承乘数，它反映了 1995—2020 年个人平均财富的增长幅度。由于经济快速增长，新兴市场国家（如中国、印度和越南）处于领先地位，部分发达国家（如瑞典）也表现不错。相比之下，在南欧、拉丁美

洲、美国和日本，个人平均财富的增长就没有那么抢眼，特别是日本——表现平平。B栏显示的是生育继承乘数，如果生育率已经下降或预期会下降，那么该数值就会很高。这是因为在接下来的数代人中，每个继承人的平均继承数额会增加。就此而言，生育率下降幅度最大的国家，其乘数也最大，比如韩国、泰国、巴西、墨西哥、中国和土耳其。与之相对的是，在日本和欧洲的大部分国家，该乘数的数值非常小，因为这些国家的生育率在相当长的一段时间内已经远低于新兴市场国家。

C栏显示的是财富继承乘数与生育继承乘数相乘的结果，这大致表明未来每个继承人将比现在多多少钱。中国和韩国之所以表现突出，是因为两国有较高的财富继承乘数和生育继承乘数。紧随其后的是印度和越南。相比之下，在日本，继承人是极不走运的，因为这个国家的组合继承乘数是全球最低的。之所以最低，是因为日本自20世纪90年代起财富开始减少，而那时的生育率已经下降了。

然而，C栏中的计算结果具有一定的误导性，我们需要考虑的第三个也是最后一个方面是预期寿命。如果父母寿命长，那么他们在退休生活中会花费更多的储蓄，因而留给子女的遗产也就少得多。D栏显示的是人类预期寿命的变化，出生跨度从20世纪50年代到21世纪30年代。预期寿命系数越小，那么随着时间的推移，预期寿命越长，也就意味着个人平均继承的遗产可能并不像财富和生育指标显示的那么多。因此，如果我们把C栏和D栏相乘，就可以调整继承乘数，最终得到一个将财富、生育率和预期寿命变化全面纳入考量的数值。显然，在中国、越南、韩国、印度、泰国和加拿大，继承人的前景是非常不错的。在美国和欧洲大多数国家，继承人的情况会略有改善，但遗产继承不会彻底改变他们的生活。日本继承人的情况是最糟糕的。在美国，继承人继承的遗产更多一些，但继承的时间也更晚。"过去，所继承的遗产多被用于职业生涯中期和中年

表 7.1　部分国家的继承乘数

国家	A 财富继承乘数	B 生育继承乘数	C 组合继承乘数	D 预期寿命系数	E 调整后的继承乘数
中国	6.9	3.4	23.5	0.5	11.7
越南	3.2	3.0	9.6	0.7	6.7
韩国	2.6	5.1	13.3	0.5	6.6
印度	3.4	2.9	9.9	0.5	4.9
泰国	1.9	4.3	8.2	0.6	4.9
加拿大	2.4	2.5	6.0	0.8	4.8
立陶宛	3.4	1.5	5.1	0.8	4.1
瑞典	4.2	1.2	5.0	0.8	4.0
波兰	2.4	2.2	5.3	0.8	4.2
墨西哥	1.7	3.6	6.1	0.6	3.7
新西兰	2.1	2.1	4.4	0.8	3.5
土耳其	2.1	3.4	7.1	0.5	3.6
澳大利亚	2.0	1.9	3.8	0.8	3.0
巴西	1.3	3.8	4.9	0.6	3.0
美国	1.8	1.9	3.4	0.8	2.7
俄罗斯	2.2	1.5	3.3	0.8	2.6
南非	1.3	2.8	3.6	0.7	2.5
西班牙	1.6	1.8	2.9	0.8	2.3
埃及	2.0	2.3	4.6	0.5	2.3
法国	1.9	1.5	2.9	0.8	2.3
罗马尼亚	1.7	1.6	2.7	0.8	2.2
尼日利亚	2.2	1.4	3.1	0.6	1.8
英国	1.6	1.4	2.2	0.8	1.8
德国	1.6	1.4	2.2	0.8	1.8
阿根廷	1.5	1.5	2.3	0.8	1.8
意大利	1.2	1.8	2.2	0.8	1.7
日本	0.9	1.7	1.5	0.7	1.1

资料来源：UN Population Division and World Inequality Database.

注：① 财富继承乘数 = 2021 年与 1995 年经通货膨胀调整后的个人财富之比。
② 生育继承乘数 = 1950—1965 年与 2020—2040 年的总和生育率之比，采用中位变量。
③ 组合继承乘数 = 生育继承乘数 × 财富继承乘数。
④ 预期寿命系数 = 1950—1955 年与 2035—2040 年的预期寿命（岁）之比。
⑤ 调整后的继承乘数 = 组合继承乘数 × 预期寿命系数。

生活的支出，比如花在孩子身上。"第一资本公司一份相关研究报告的合著者林肯·普鲁斯（Lincoln Plews）说，"如今，遗产多被用于50多岁的人才会关心的事项，比如为退休储蓄。"

遗产继承的重要性已经渗入韩国等国家的大众文化之中。《灿烂的遗产》(*Shining Inheritance*)、《继承者们》(*The Heirs*)、《伟大的遗产》(*Great Inheritance*) 和《百年遗产》(*A Hundred Years' Inheritance*) 等韩剧广受欢迎，讲述的皆是在一个痴迷代际格局的国家中家庭经历怎样的考验与磨难。这个一度被称为"隐士王国"的国家在两个方面震惊世界：其一，它用了仅仅两代人的时间就从第三世界国家跃升为第一世界国家；其二，它经历了全世界任何社会都不曾经历的生育率骤降——女性的平均生育数量从20世纪50年代末高点时的6.3降到2022年的0.9以下。快速的财富创造和财富积累，再加上潜在继承人的减少，导致了空前规模的代际财富转移。尽管父母寿命更长，需要更多的储蓄来度过退休生活，还是无法改变这一趋势。

遗产继承、财富不平等和遗产税

"全额缴纳税款是我们应尽的公民义务和责任。"韩国三星家族在一份声明中表示。该家族控制着当今世界上最大的科技公司之一，以及活跃在韩国经济各领域内的众多子公司，产业范围涵盖汽车、电器、服装、建筑、保险和医疗保健等。2021年4月，三星登上全球新闻头条，起因是该产业集团创始人之子李健熙去世引发的高达约110亿美元的遗产税案。李健熙最大的功劳就是带领三星电子超越苹果和华为，使之成为全球最大的智能手机制造商。三星家族此前也曾卷入各种纷争，包括偷税漏税、不正当的公司操纵和政治贿赂丑闻。由于该笔应纳税款的总额极为庞大——相当于死者遗产的一半，以致危及了三星家族控制这家传奇公司及其附属公司的能力。有鉴于此，他们家族提议捐赠价值数十亿美元的艺术品及其他诸多资源来抵扣部分税款。"对像我这样的普通人来讲，这就是一个天文数字。"家住首尔的全职妈妈朴顺美说，"这位会长给社会留下了这么多的遗产税，又做出了如此可观的捐赠，真是太好了。"三星的传奇遗产税案并不是韩国财富和特权捕获世界想象力的唯一例子。2019年上映的极具讽刺意味的、剧情扣人心弦的《寄生虫》（*Parasite*）获得了包括奥斯卡金像奖最佳影片和最佳导演在内的四项大奖，被认为是21世纪（迄今为止）最好的影片。它所关注的正是韩国不断加剧且令人担忧的财富不平等现象。讽刺的是，该影片的制作预算只有区区1 550万美元，但2.58亿美元的全球票房总收入让一干演职人员因此变得富有起来。

并非世界上所有的国家都对财富的代际转移予以征税。韩国遗产税税率的最高档为50%，某些特定情况下甚至更高。在美国，无论是联邦政府还是州政府都会对遗产征税，批评者称其为"死人税"。据经济合作与发展组织的一项研究显示，最早开征遗产税的国家是奥地利，时间为1759年。法国和欧洲其他少数国家从18世纪90年代开始征收遗产税，英国为1894年，美国为1916年，日本和韩国为1950年。尽管存在种种争议，但在世界上任何一个国家，来自继承、遗产或赠与税的收入在一国总财政收入中所占的比例无一超过1.5%。目前，许多国家的遗产规模都在不断增长，而且财富不平等现象呈不断加剧趋势。在这种情况下，通过加大对遗产征税来打造公平的竞争环境有意义吗？这样做会产生何种意想不到的后果？

在数十年的和平、经济增长和低税收政策的综合作用下，遗产在欧洲和美国的总财富中所占的份额自20世纪80年代起一直稳步攀升。2013年出版的畅销书《21世纪资本论》的作者、法国经济学家托马斯·皮凯蒂（Thomas Piketty）在多项研究中都记录了这一趋势。随着时间的推移，如果继承资本在财富积累中所占的份额越来越大,如果财富增长的速度超过了收入增长的速度,那么财富不平等就会加剧,进而引发经济、社会和政治局势紧张。

然而,通过对瑞典 16.8 万笔遗产和遗赠细致深入的研究,米凯尔·埃林德尔(Mikael Elinder)和丹尼尔·瓦尔登斯特罗姆(Daniel Waldenström)发现继承会减缓财富不平等。原因很简单,他们写道:"尽管富有的继承人会继承更多的遗产,但对那些不太富有的继承人来说,遗产的重要性更大一些,因为我们要考虑继承前后个人财富的相对变化情况。之所以如此,部分原因是继承人不继承债务,这就使得遗产分配比财富分配更平等。"这里真正发人深思的一点在于,遗产税实际上会加剧财富不平等,除非税收收入被转移到社会中更弱势的经济阶层。

但难以理解的是,相对较少的人在未来几年里继承巨额遗产,这又怎么可能会实现更优的财富分配呢?"《福布斯》杂志报道称在接下来的'很多年里',遗产继承规模将达到 30 万亿美元,PNC 金融服务集团认为到 2061 年将达到 59 万亿美元,美国消费者新闻与商业频道认为在接下来的 25 年将达到 68 万亿美元。《纽约时报》确认过这些评估数据,也给出了他们自己的预测,即在接下来的 10 年里将达到 15 万亿美元左右。"新闻网站 Vox 的高级编辑梅雷迪思·哈格蒂(Meredith Haggerty)写道。一些估算表明,最富有的 1% 的人将获得三分之一的继承财富,这还是在他们上了更好的学校、更好的大学并获得了更有利可图的劳动力市场机会之后。尽管如此,美国纽约大学教授、《美国的财富继承》(*Inheriting Wealth in America*)一书的作者爱德华·沃尔夫(Edward Wolff)仍表示,遗产继承具有一定的调节作用。这与前面提到的两位瑞典学者的观点是相呼应的,即相对而言,代际财富转移对中低收入人群更重要。然而,美国不是瑞典;在美国,仅有五分之一的家庭会获得遗产。哈格蒂还写道:"以 2 万美元或 3 万美元为增量单位的财富转移,有可能会让少部分人首次过上稳定的生活，也有可能会使一些人加入日益缩小的中产阶级群体。"第一资本公司就该课题所做的分析证实了这一观点。按照该公司的预估，未来几十年，美国的大多数遗产将使中产阶级家庭和低收入家庭受益。

在财富向千禧一代大转移的过程中，一部分人可能会改变这样一个事实，即他们这代人的平均财富积累落后于先前几代。美国圣路易斯联邦储备银行的数据显示，"就典型的年长的千禧一代家庭而言，他们的财富要比我们预期的低34%"，这主要是因为较低的住房拥有率。在美国的千禧一代中，只有不到一半的人拥有自己的住房，因而另外一半也就无法从近期的房价飙升及与之相关的财富积累中获益。类似的效应也存在于股市，因为年轻一代并非普遍炒股，结果就是受过高等教育的千禧一代会比工薪阶层的千禧一代过得好，但其中不包括那些背负着沉重的学生债务的人。

尽管存在激烈的争论，但有一点是明确的：并非所有的千禧一代都能期望获得一大笔遗产，他们中的有些人不会获得任何遗产。皮凯蒂之所以建议政府设立"全民遗产"，确保所有人在25岁时都能获得一笔12万欧元（约合12万美元）的"遗产"，其原因就在于此。"财富不平等会导致生活机会的严重不平等。有的人一生都在付房租，有的人一生都在收房租。"皮凯蒂在一次采访中表示，"有的人可以创办公司或继承家族企业；有的人永远都不可能创办公司，因为他们连一丁点儿的起始资本都没有。"遗产税的批评者则持完全相反的观点，表示遗产税会对家族企业、创业精神及就业机会的创造产生不利影响。因此，关于该话题的争论仍在持续。

再婚打破继承权

寿命的延长也增加了已婚者离婚或成为寡妇/鳏夫的概率，这种动态本身未必会影响到遗产继承，但如果人们选择再婚，那么其所产生的影响可能是广泛且棘手的。在美国，婚姻缔结双方均有过婚史的（离异者或丧偶者）占比约为21%，有一方有婚史的（离异者或丧偶者）占比约为20%。在55岁及以上的人群中，再婚的比例更高一些。"2013年，在18～24岁的有过婚史的成年人中，再婚的比例仅为29%（的确，这个群体的人数不是很多），55～64岁的有过婚史的成年人再婚的比例则高达67%。"格蕾琴·利文斯顿（Gretchen Livingston）在皮尤研究中心的一份报告中写道。"但对35岁以下的人来说，再婚的可能性急剧下降"，2013年，该群体的再婚率只有42%，而1960年，这一比例是72%。"一些人认为，寿命的延长导致了老年人离婚率的上升，因为他们意识到未来还有很多年可以活，并且希望在这一额外的时间内找到生命的成就感。老年人再婚率的上升，可能也是基于同样的考虑。"

此外，过去，离异男性寻求再婚的比例是离异女性的两倍，但现在，性别差异已经缩小了一半以上，这主要是受白人女性的决定的影响。换句话说，我们正在经历一种转变，以前，60岁及以上的人通常会在某个时间节点成为寡妇或鳏夫，现在，60岁及以上的人通常会选择离婚并再婚。

遗产的继承将受到三种趋势的综合影响：寿命的延长、高龄期间的财富积累和再婚。"一个人再婚时的年龄越大，他就越有可能将资产带入婚姻——退休储蓄、人寿保单、证券账户及房产等。"美国消费者新闻与商业频道专注于个人理财报道的记者莎拉·奥布莱恩（Sarah O'Brien）说。前提是人们选择再婚。"老年人选择单身的一个普遍原因是，他们想把财产留给子女。"律师兼作家莉娜·纪廉（Lina Guillen，与本书作者无亲属关系）说，"子女可能心存继承遗产的预期。如果单身父母有了新伴侣，那么事情就会变得敏感起来。"

让我们来看一下塔米·拉格尔斯（Tammy La Gorce）2018 年采访过的阿纳斯塔西奥夫妇（Anastasios）。这是发表在《纽约时报》上的关于高龄人群再婚的故事，在男方 84 岁、女方 77 岁时，两人交换了婚礼誓词，缔结连理。她最小的女儿想知道："如果你去世了，谁会得到你的房子？"他认为这些顾虑不应该成为他们俩结婚的障碍。"我们对待彼此就跟已婚夫妇一样。"他诉说道，"我们开始想，我们没有结婚的唯一原因是她的女儿，我们要做到让她满意才行。"为避免日后出现麻烦，很多已婚夫妇都会签署婚前财产协议和遗嘱，确保子女能够得到他们期望继承的遗产。"我们一开始就告诉孩子，我们和伴侣在一起是快乐的，我们不想把这个事情搞砸，但你们的遗产不会受到影响。"另一位再婚男士在接受拉格尔斯的采访时表示。

西班牙阿尔贝女公爵的再婚遗产纠纷案，可以说是当今世界上这类案件中最轰动的一桩。2011 年，85 岁的阿尔贝女公爵走进了她的第二次婚姻，这次与阿尔贝女公爵卡雅塔纳缔结连理的是比她小 24 岁的公务员、商人阿方索·迪亚兹（Alfonso Díez）。在此前的数年里，关于两人要结婚的传言一直被否认。卡雅塔纳拥有大量贵族头衔——7 次受封公爵、1 次受封伯-公爵、20 次受封侯爵、22 次受封伯爵、1 次受封子爵，以及 1 次获得领主权力，从贵族的等级来看，她甚至排在英国女王伊丽莎白二世的前面。此外，她还是温斯顿·丘吉尔的远亲。这对新婚夫妇签署了相关文件，以此来保护女公爵子女的遗产继承权。尽管如此，在卡雅塔纳 2014 年去世时，还是引发了一场激烈的遗产争夺战。最终结果是，阿方索获得了 100 万欧元现金及一些具有情感价值的物品，但其中并不包括府邸、珠宝和艺术品。

在后世代社会，随着预期寿命的不断延长，高龄人群的再婚会越来越频繁，再加上财富积累的不断加快——即便遗产所涉及的金额远不及阿尔贝女公爵的遗产，届时继承情况可能会变得混乱不堪。

女性、财富和遗产继承

"女性正变得越来越富有。"英国巴克莱银行在一份财富报告的开篇写道，"波士顿咨询公司的数据显示，女性现在掌握着全球32%的财富。""女性是美国财富管理的下一波增长浪潮"是麦肯锡最近发表的一篇文章的标题。加拿大皇家银行财富管理公司也在《女性如何重新定义财富、赠予和遗产规划》一文中对此做了解释。上述所有这些关于这个时代基础进程的最新研究及其他无数研究表明：女性在财富积累方面的速度快于男性。在全球许多地区，女性接受教育的机会在不断增加，因而后续获得良好工作的机会也在不断增加。尽管在职位晋升和薪资方面仍存在性别歧视，但整体来看，女性的经济地位在持续提升。这并不是说所有女性都变富有了，某些类别的女性在生活中遭遇了严重的困难和挫折，包括少女妈妈、单身母亲、离异女性及受教育程度低于高中水平的女性。

许多国家的女性在财富积累方面的速度快于男性的另一个原因是她们的寿命更长，因而往往会从配偶或伴侣那里获得遗产。从世界范围来看，年龄在60岁及以上的男女人口比例为1比1.3，年龄在70岁及以上的男女人口比例为1比1.6，年龄在80岁及以上的男女人口比例为1比2.3。在全球一些老龄化地区，这一比例更为失衡，比如东亚、欧洲和美洲（见表7.1）。在俄罗斯、立陶宛、韩国、南非、土耳其、阿根廷和日本等国，年龄在80岁及以上的男女人口比例更悬殊——1名男性对应的女性数量超过3名。这是由多重因素造成的，比如从40岁开始，男性死亡率开始上升，再比如在韩国等国家，女性的预期寿命特别长。与之相对，在印度和尼日利亚，年龄在80岁及以上的男女人口比例仅为1比1.3。在很多富裕国家，比如加拿大、瑞典、美国、英国、澳大利亚和新西兰，年龄在60岁及以上的男女人口比例相对均衡，但到了80岁及以上，这一比例就出现了重大变化：1名男性对应超过2名女性。法国、意大利、德国和西班牙的情况较为均衡。总而言之，高龄人群的性别失衡使得女性更容易获得更大份额的财富，至少在她们的余生中是如此。当然，前提是她们能够继承配偶或伴侣的财富。

从历史的长河来看，女性的财产权和继承权是不断演变的。直到近代，女性才被允许独立处理她们的丈夫、兄弟或父母的钱财，而在一些国家，这种惯例的推行不过40年的时间。当今世界，仍有一些国家和地区的女性无法享有与男性同等的经济权和契约权。但并非所有的文化和文明都是如此，或许我们应该向古埃及学习。"从古王国时期保存下来的最早记录来看，古埃及女性（无论是未婚、已婚还是丧偶的女性）的正式法律地位同古埃及男性几乎完全相同。"美国芝加哥大学教授珍妮特·H. 约翰逊（Janet H. Johnson）写道，"女性可以以自己的名义获得、拥有和处置财产（包括不动产和个人财产）。她们可以以自己的名义签署契约。"在圣经时代，虽然犹太律法重男轻女，但在没有儿子的情况下，女儿享有全部的继承权。在印度教形成早期和古希腊时期，女性的财产权和继承权较为有限，但在古罗马，自由女性是拥有经济权的。与传统观念相反，伊斯兰法规定了女性的财产权和继承权，只不过与女儿相比，儿子享有优先权。

在中世纪开始时，女性享有财产权和继承权（按照盎格鲁-撒克逊法和斯堪的纳维亚法及相应传统），但到中世纪结束时，女性享有的大多数基本经济权都被剥夺了，丧偶者例外。除了欧洲和北美的个别情况，女性直到法国大革命之后才开始享有平等的继承权。然而，这种喜悦因君主制的复辟又戛然而止。1850年，冰岛成为同时期第一个在法律上规定男女享有平等继承权的国家。美国和英国直到 1922 年才采取了类似的立法行动，同工同酬政策的引入更是 40 年后的事情。时至今日，要想实现真正意义上的非歧视，还需要我们不断努力。世界银行的数据显示，截至 2021 年，仍有 41 个国家的女性无法享有与男性同等的财产权和继承权，这些国家主要分布在非洲、中东和亚洲。在 149 个以立法形式为这些平等权利提供保障的国家中，备受关注的问题已经转变为女性积累财富的速度有多快，以及她们有可能留下多少财富。

美联储消费者财务状况调查的数据显示，美国女性拥有家庭金融资产总额的三分之一。到 2030 年，女性拥有的数额可能会超过男性。在理财方面，与男性相比，女性更有可能寻求专业建议，她们更担心资产被耗尽，更专注于健康和幸福等现实生活目标，并会尽力规避投资风险。尽管女性在一般财务问题上倾向于寻求更多的建议，但英国的一项调查显示，她们并没有为自己去世后所留的遗产做好规划，这就导致相似金额的资产面临更高的税率。"在应缴纳遗产税的人群中，女性的净资产比男性多 13 亿英镑。"富达国际政策咨询与发展部门负责人道恩·米林（Dawn Mealing）说，"然而，近一半的女性并没有做任何财务规划，以确保她们的财富能以她们想要的方式赠予出去。"这似乎尤其令人担忧，因为女性在遗产继承方面需要做更重大的决定：她们中的很多人既要对自己的愿望负责，也要对伴侣的愿望负责。

在后世代社会的背景下，至关重要的一点是要考虑女性的财富积累会如何改变继承传统。女性更关心的是自己能为别人提供什么，尤其是在教育、福祉和医疗保健方面。她们也更倾向于购买综合保险。鉴于这些偏好，高龄女性会不会在遗嘱中跳过她们的子女，把自己的资产留给孙子女呢？至于原因，一是子女的生活早已安定下来，二是孙子女可能更需要她们的资产。

"就世代相传的家族财产而言，长期以来的惯例是，当老一辈去世时，他们的子女会获得所有的遗产。"英国圣詹姆斯广场财富管理公司的顾问塔尼塔·贾米勒（Tanita Jamil）说，"但现在的老年人一般都能活到80多岁甚至90多岁。于是，近年来出现了一种转变，而这种转变对所谓的'三明治一代'的女性构成了真正的挑战。"这里讲到的"三明治一代"的女性是指那些既要抚养子女又要赡养年迈的父母的女性。在英国，超过60%的"三明治一代"为女性。英国国家统计局的数据显示，遗产继承人的平均年龄组为55～64岁。当人们继承遗产的时间与他们准备退休的时间重合时，问题就出现了：是子女更需要遗产，还是孙子女更需要遗产？就英国而言，2015—2019年，有价值约190亿英镑的遗产是由孙子女继承的，相比之下，子女继承的遗产约为230亿英镑。此外，在50岁及以上的遗产继承人中，有超过一半的人选择把继承所得传给自己的子女和孙子女。未来这一趋势可能会加速演进，因为女性拥有的财富份额会越来越多，尤其是60岁及以上的女性。

  但是，对女性来说，更好的经济和财富前景是否意味着她们的境况会更好呢？未必。事实上，所有年龄段的女性都承担着照顾他人的责任，而这种责任与她们获得的回报是不相称的。她们倾向于把更多的时间、收入和财富花在家庭成员的教育和健康上。在职场上，她们仍面临性别歧视。换句话说，把财富积累同平等和福祉关联在一起具有一定的误导性。毕竟，在生活的诸多方面，针对女性的不利因素依然存在。人生顺序模式的彻底重构会给女性带来更好的结果吗？这是我们在下一章中将要讨论的内容。

08 女性
游戏规则的改变者

解放自我是一回事儿，
拥有那个解放了的自我是另外一回事儿。

———————

托妮·莫里森（Toni Morrison，1931—2019）

"我推迟了要孩子的计划，直到我觉得我的职业生涯到了一个合适的阶段，可以退后一步，拿出一年的时间来生养孩子。"女性生活网站Refinery29的执行主编卡莉·福琼（Carley Fortune）写道。她是加拿大的一名记者，先前在加拿大的几家大型日报社工作过。她表示："工作对我来说就是一切，既是我骄傲的资本，也是我的创意来源。它赋予我身份，同时也让我建立起了一些宝贵的人际关系。我不想为了生孩子而放弃这一切，也不想因休假而错失更大的、更好的（以及薪资更高的）职业发展机会。"过去，她经常换工作，这也让生活变得一团糟，因为除了工作，她不得不搁置其他所有事情，以便给新老板留下良好的印象。"我从没有想到过我可以离开，但最终我做到了。"福琼说。

为什么我们把女性置于如此境地？为什么我们要让她们在生育

和职业生涯之间做出选择？在生活和职业生涯的安排方面，是否还有其他更好的方式？在劳动力市场上，女性能否找到一种可以被公平对待的方式？后世代的策略会有所帮助吗？

很多女性在劳动力市场和职业晋升上遭遇的压力和不平等，实际上源于社会施加给她们的压力，即要求她们在工作和家庭之间做出选择。早在1978年，《华盛顿邮报》专栏作家理查德·科恩（Richard Cohen）就写过一篇著名的评论文章。在该文章中，科恩创造了"生物钟"一词，因为它适用于孕龄职业女性在生活中所经历的种种考验与磨难。"一位复合女性（实际上是不同时间段的好几位女性的复合体）来餐厅吃午餐。她走进来了。她非常漂亮，深色头发，中等身高，衣着考究。现在她正脱外套，身材很棒。"在一番厌女性的描述之后，文章转向了问题的核心。"她看起来在27～35岁之间，正是人生最好的年纪。"他继续道，"事实上，如果你想知道的话，她的生活中出现了一个新的男人。"她低下头，他问她出了什么问题。"不做记录，私下里可以讲吗？"她稍加犹豫，回答说，"我想要个孩子。"不管婚姻状况如何，"总有一种时钟在滴答作响的感觉。必须做出决定了，一个永远都不会改变的决定"。在这段对话中，两人关注的重点及利害关系是截然不同的。在这个世界上，有很多事情是男人永远都不会忧虑的，"就像生物钟的滴答声一样"。

"问题是，生物钟的这一意象可能会被用来强化性别歧视观念。"在美国东北大学教授传播学的莫伊拉·韦格尔（Moira Weigel）写道。回到20世纪70年代末，在第二次女权主义运动、避孕药普及和堕胎合法化之后，"关于生物钟的一系列报道……关注的是个人"，而不是组织。"媒体极力赞扬那些在事业上严格要求自己但又决定要孩子的职业女性，同时警告那些推迟要孩子的女性，表示她们日后会为自己的犹豫不决而后悔。"韦格尔还补充道，那些不想生孩子的女性基本上都被忽略了。

越来越多的女性选择追求职业生涯，这一现象同人生顺序模式无疑是冲突的。生物钟的决定论概念暗含了双重标准：养家的责任几乎完全落在了女性身上，有效强化了父权制观念，以及向女性灌输负罪感，即如果她们没有时间生育，甚至推迟生育的时间，都是有罪的。文章中没有提到男性生物钟，这无疑是建立在男性永远都有生育能力的迷思之上的。现实情况是，在寻求生育治疗的夫妇中，有一半的问题出在男性身上。"这种生物钟的存在使得人们理所当然且不可避免地认为，在这个世界上，生育几乎完全是女性的责任。"韦格尔总结道，"这暗含道德意义和现实寓意：如果你没有正确规划你的人生，那么当你绝望而孤独终老时，就不要抱怨。"

生物钟之类的虚夸辞令确实会使得女性难以做出她们想要做出的决定，也使得女性难以成为她们想要成为的人。但就生物钟本身而言，它与人生顺序模式所规定的人生阶段几乎是完全重合的。也就是说，要想取得职业上的成功，她们首先得努力学习和努力工作。内嵌有准确且不可更改的时间节点的"玩乐—学习—工作—退休"链条，是100多年前专为男性设计的。当时，只有（少数）男性有条件在基础教育之外接受更多的教育，在家庭之外找到一份带有福利的工作，以及在退休后可以领取养老金（女性也能领取养老金，但她们是以寡妇而非退休人员的身份领取的）。虽然这种模式持续了数十年之久，但最主要的原因还是大多数女性被剥夺了受教育的机会，而且她们不被鼓励外出工作。直到越来越多的女性能够学习一门专业并拥有自己的职业生涯，我们才得以窥见人生顺序模式与女性的愿望及现实相脱节的程度。

20世纪60年代，女性在争取平权的长期斗争中为个人权利进行了一场至关重要的斗争，进而改变了游戏规则。未来，摒弃人生顺序模式可能同样会为女性改变游戏规则，当然前提是我们要行动起来。从历史上看，人生顺序模式是有益于男性的，因为他们不必中断自己的职业生涯就可以组建家庭。相比之下，很多女性则纠结于"玩乐—学习—工作—退休"的顺序模式在多大程度上与她们的愿望和偏好相悖，因为在企业或政府机构中，大多数晋升都发生在员工三四十岁时，而这个年龄段恰恰是很多职业女性怀孕生孩子和养育孩子的时期。更糟糕的是，在一个不平等的世界里，女性即便有自己的工作，在家中也要承担大部分家务。与之相对，男性则可以专注于自己的职业生涯。女性除了自我牺牲，别无选择。如果子女没人照顾，她们甚至还要请假或放弃工作。在新冠肺炎大流行期间，由于学校关闭，有多达 250 万名美国女性辞去了工作，专注于处理家务，以及帮助孩子进行在线学习。

"传统的教育、全职工作和退休模式是建立在典型的男性职业生涯基础上的。"英国纽卡斯尔大学商学院的莎伦·马文（Sharon Mavin）在 2001 年写道，"对现代女性而言，没有任何一种可适用的典型模式。由于适用于男性的职业生涯模式依然存在，女性不得不退出职业快车道，成为承担家庭责任的一方。由此可见，女性在职业发展方面将继续处于竞争劣势地位。"事情就是这么简单，而且非常可恶。

人口学家帕特里克·石祖卡（Patrick Ishizuka）和凯莉·缪齐克（Kelly Musick）深入开展的一项纵向研究显示，在美国，"很多女性在生育前每周都工作 40 个小时及以上（加班时间越长，加班费越高），但在生育后每周仍工作 40 个小时及以上的女性大大减少"。在工作安排最不灵活的职业中，我们发现在企业或专业服务公司（咨询和审计等）的中高层管理岗位中，"在场"和维持个人关系是取得良好业绩考评和升职加薪的关键。虽然有些职业为"职场妈妈"提供了某种程度灵活的工作安排，但总体上看，传统的（男性）职业发展模式假定工作轨迹是不间断的，并且晋升发生在可预测的时间点上。企业重组、技术变革和远程工作可能会在未来创造出不同的职业发展路径，但我们将在下文中看到，女性会不会像男性一样从这些机遇中获益仍不得而知。与此同时，女性依然处于不利地位，她们不得不为家庭生活做出妥协。她们承受着巨大的压力，要经历职业生涯的中断，放弃晋升和职业发展的机会。总之，这一体系更有利于男性，而不是女性。完全是一边倒。

头胎生育年龄推迟

女性在追求事业和家庭梦想的过程中遭遇了重重困难，这所产生的最明显的后果之一可能就是人口方面的变化。与过去相比，现在女性获得了更多的受教育机会和就业机会，导致她们推迟生育的时间，也减少了生育子女的数量。这两者是密切相关的。在大多数发达国家，自1970年以来，初产妇的平均年龄增加了3~5岁。在韩国、意大利、西班牙、日本和荷兰，女性的平均头胎生育年龄已经到30岁出头，在欧洲其他多个国家也已经超过29岁。在美国，该年龄为27岁（见表8.1）。

然而，这些平均值掩盖了受教育程度和居住地的巨大差异。那些接受过高等教育、居住在都市区（特别是东、西海岸）的美国女性，平均头胎生育年龄已经推迟到35岁左右；受教育水平在高中及以下、居住在乡村地区的美国女性，平均头胎生育年龄只有20岁。这是合二为一的两个不同的世界。路易斯安那州立大学社会学家希瑟·拉金（Heather Rackin）表示："社会经济地位较低的人可能没有那么多的机会成本，成为母亲则可以满足情感上的需要，确立社区中的地位，同时也是通往成人的路径。"

对接受过高中以上教育的女性来说，头胎生育年龄推迟的背后有很多因素。现有研究已确定的因素包括"有效的避孕措施、女性受教育程度和劳动市场参与率的提升、价值观的改变、性别平等、伴侣关系的改变、住房条件、经济不确定性，以及支持性家庭政策的缺失"。至为关键的是，所有这些因素是相互强化的。文化的改变使得女性有了受教育的机会和参与劳动力市场的机会；反过来，这又提升了避孕措施的接受程度和使用率，进而导致了更深层次的生活方式的改变，同时也带来了非传统的生活安排。不确定性和高企的生活成本只会进一步加剧这一趋势。在本章后面的部分，我们将分析哪些政策也许可以帮助改善这种状况。但首先，让我们来看一下这一改变之风对有家庭的职业女性的影响。

表 8.1 初产妇的平均年龄

国家	1990	2000	2010	2020
韩国	—	27.7	30.1	32.3
意大利	26.9	—	—	31.4
西班牙	26.8	29.1	29.8	31.2
日本	27.0	28.0	29.9	30.7
荷兰	—	28.6	29.2	30.2
德国	—	—	28.9	29.9
丹麦	26.4	27.8	—	29.8
瑞典	26.3	27.9	28.9	29.7
英国	25.5	26.5	27.7	29.1
法国	—	27.8	—	28.9
波兰	—	24.5	26.5	27.9
以色列	—	25.7	27.2	27.7
美国	24.2	24.9	25.4	27.1
罗马尼亚	—	23.6	25.5	27.1
加拿大	25.9	27.1	28.4	—

资料来源：OECD Family Database.

母亲的压力

"有孩子的女性非常清楚作为一个事必躬亲的妈妈和一个从事繁忙工作的职场人之间的紧张关系。"伦敦修道院健康中心的朱迪思·莫林(Judith Mohring)医生说,"但觉得辜负了想象中的女性理想的并不只是母亲,女性在很多方面都会产生内耗,比如我们的相貌,比如友谊的质量,再比如我们的工作。"这是滋生压力和倦怠情绪的原始配方。"女性有时会觉得太容易失败了。如此一来,自我怀疑、自卑和自我批评也就接踵而至。"莫林补充说。

我们可以通过时间压力来构建问题的视觉化呈现方式。上白班的女性下班回到家后还要上"夜班":女性做家务的平均时间是男性的两倍。就工作本身而言,女性在职场中承受的压力通常高于男性。加拿大的一项综合研究认为,女性在职场中的压力之所以更大,是因为与男性相比,她们的决策空间更小,她们往往会被大材小用,并且她们获得晋升的可能性更小。这三方面的原因相互强化,压力也就由此而生。

在新冠肺炎大流行期间,兼顾工作和家庭对女性来说并不轻松。于她们而言,如果真有双刃剑的话,那必然是远程工作。用美国斯坦福大学社会学家玛丽安·库珀(Marianne Cooper)的话来说,除了工作,女性还要花更多的时间来照顾孩子,帮助孩子进行线上学习,这无异于一场完美风暴。咨询公司麦肯锡和国际志愿者组织Lean In共同开展的一项调查显示,有四分之一的女性表示她们考虑放缓职业发展的步伐或退出劳动力市场。职场妈妈的压力增加了一倍。"因为要照顾孩子,我还担心别人评判我的工作表现。"一名接受调查采访的女性表示,"如果我没有出现在虚拟桌面上或漏接了电话,他们会不会好奇我去了哪里?我觉得我必须时刻在线,对于任何工作信息,我都要第一时间做出反应。如果我不这么做,那么我的表现可能就不够好。"多项研究表明，在新冠肺炎大流行期间，女性居家办公时享有的不受打扰的工作时间远少于男性。更糟糕的是，体验管理软件公司 Qualtrics 和在线人才市场 theBoardlist 于 2020 年 7 月开展的一项联合调查显示，在远程工作普遍存在的这个时期，男性的晋升速度是女性的 3 倍。

当然，真正的问题并不在于新冠肺炎大流行，而在于家庭中不平等的劳动分工。"与其告诉女性她们需要回到办公室工作，不如让我们来问一问，为什么男性和女性没有以一种更平等的方式分担家中的无偿工作？"英国女性预算团体的负责人玛丽-安·斯蒂芬森博士（Dr. Mary-Ann Stephenson）说。无论有没有暴发新冠肺炎疫情，女性和男性都以两种截然不同的方式体验为人父母对工作的影响。从量化的结果来看，男女之间的差异着实令人震惊。

母职惩罚和父职红利

"我本来有一个晋升机会，但在我宣布怀孕之后，晋升就被搁置了。"艾莉森（化名）在接受《纽约》杂志采访时回忆说，"他们最后给我安排了额外的工作，让我担起了更多的职责，却没有给我升职加薪。"这些问题甚至在生育前就已经出现。"从宣布怀孕的那一刻起，我就没有再被安排参加太多的外部会议，也没有在任何场合代表过我所服务的组织。我想，我们的那些高层男性员工可能不太习惯让一个孕妇成为公司的形象代言人。"艾莉森说。可以预见的是，职场妈妈会不遗余力地展现她们的勤奋和努力。"我还发现，管理层会特别留意那些身为母亲的员工是否旷工或迟到，所以我总是小心翼翼，上班早到，下班晚走。"基于这些证据，我们只有一种可能的结论："我们对待职场孕妇和职场妈妈的方式确实存在问题。"

现代家庭指数显示，三分之二的美国人认为，在寻找新工作时，母亲被雇主拒绝的可能性比父亲更大，而且在职业发展方面，晋升机会往往会给予那些工作能力不如职场妈妈的员工。（该指数由美国儿童保育服务机构光明地平线编制，每年发布一次。）社会学家米歇尔·布迪格（Michelle Budig）的一项研究显示，每生一个孩子，母亲平均减薪4%，父亲则平均加薪6%，这在很大程度上与不同时期的晋升率有关。对于这一发现，有人可能会感到吃惊，有人则不会。"在雇主眼里，父亲比母亲更稳定，对工作也更投入；他们要养家糊口，所以不太可能在工作上耍滑头。"布迪格说，"雇主对职场妈妈的看法则完全相反。"我们用年龄来组织和安排职业及晋升的方式反映了一种父权偏见，这种偏见深深植根于人生顺序模式与核心家庭的概念之中。

就收入方面而言，在将年龄、经验和教育纳入考虑之后，"剩余的性别不平等主要是由孩子造成的"，美国普林斯顿大学的一个研究团队总结道。在该项研究中，团队3名经济学家采用的是丹麦在员工薪资和职业发展方面的综合数据。"长远来看，孩子的到来会造成大约20%的性别收入差距，而这背后的主要驱动因素是劳动参与率、工作时长和工资率，三者发挥了大致相同的作用。"事实上，在生育子女之后，大多数女性都会改变自己的工作方式，男性则很少这么做，即便做了，也不过是细微的调整。

欧洲一些国家的情况与美国形成了鲜明的对比。受惠于国家养老金体系提供的职业中断补充，原本的母职惩罚转变成为一笔津贴。但这也仅限于东欧国家和斯堪的纳维亚国家，在欧洲的其他地区，母职惩罚同样存在。"如果一个国家存在全民养老金福利（这种福利确保个人所得与工作经历无关），那么退休收入中的母职惩罚就会显著降低。"德国曼海姆大学的研究人员卡特娅·莫宁（Katja Möhring）总结说。尽管如此，男性养老金平均水平仍普遍高于女性：在一半的欧洲国家，其中也包括最大的5个经济体（德国、法国、英国、意大利和西班牙），养老金性别差距在30%～50%，而在另外一半的欧洲国家，这一差距在10%～30%。

　　从更广泛的角度看，在计入工作时长和劳动者特征之后，月收入方面性别差异最大的国家是巴西、印度尼西亚、墨西哥、葡萄牙和韩国。在小时收入方面，这5个国家也是性别差异最大的。在该项研究涵盖的28个经济合作与发展组织成员国中，"无法解释"（主要归因于性别歧视）的薪资性别差异现象多于可以解释的薪资性别差异现象，比如以工作时长和劳动者特征等因素为依据。薪资性别差异随着年龄的增长及女性生育子女后而扩大。不过，研究发现，到50岁时，有子女的女性与无子女的女性之间的薪资差异会大幅缩小。"对女性的职业生涯来说，生育子女的代价是高昂的。"琼·卡恩（Joan Kahn）及其同事总结说，"子女的到来会降低女性的劳动参与率，受影响最大的是年轻女性，而当她们到四五十岁的时候，这种影响就不存在了。在职业地位方面，这个年龄段的妈妈似乎也能够重新站稳脚跟。"从薪资方面来看，母职惩罚在该年龄段依然存在，但仅局限于生育3个及以上子女的母亲。由此可见，随着年龄的增长，职场妈妈的情况会有所好转，但这也只是相对于无子女的女性而言；与男性相比，两者之间的差异并未缩小。很多母亲重返职场是因为她们需要赚钱养家，也有一部分母亲是出于内心的负罪感，想要为女儿树立一个榜样。"我准备重返职场。"一名全职妈妈在接受《大西洋月刊》采访时说，"我觉得我不工作会让女儿感到失望。"这是职场妈妈承受的另一种压力。

"妈咪轨道"的争议

　　"在大型律师事务所，女性员工有两条发展轨道：要么你没有组建家庭，或者已经组建家庭，但有保姆和帮手，可以让你从繁忙的家务中脱身并全身心地投入工作，仿佛没有家人一样；要么你选择'妈咪轨道'，这就意味着你接手的项目不会太好，而且你还需要转为非全日制工作。"莎莉（化名）说，"非全日制工作意味着你的薪资将会被大幅削减，但工作时长没有缩短多少。这就会导致你的实际付出和你的收入严重不成正例。"另一个问题是你脱离"妈咪轨道"、回归全日制工作后的情况。"在我休完产假回到事务所后，表面上看大家都很支持我，实际上，我很难再像休假前那样拿到那么多项目。"莎莉回忆说。

自非营利组织 Catalyst 的总裁费利丝·施瓦茨（Felice Schwartz）于 1989 年提出"妈咪轨道"以来，这一概念就备受争议。"就管理人员而言，雇用女性的成本大于雇用男性的成本。这样的表述很刺耳，部分原因是它真实存在，但最主要的还是这是一个人们不愿意触碰的话题。"施瓦茨在一篇引起广泛讨论的文章的开篇写道，该文章发表在《哈佛商业评论》上。作为这一"事实"的证据，她指出，有些女性休完产假后再也没有回到工作岗位上，或由于其他原因而决定暂停职业生涯。她敦促公司摒弃以男性为中心的职业观念，以确保优秀女性的人力资本不会被浪费，并且要认识到有两种类型的女性，即"以事业为重"的女性和"兼顾事业和家庭"的女性。对于以事业为重的女性，她的建议是"帮助她们清除通往高层的人为障碍"；对于兼顾事业和家庭的女性，她的建议是"以适当降低晋升率和薪资"来换取"灵活的工作安排"。在施瓦茨看来，职场中的大多数女性都属于后者，即兼顾事业和家庭的女性。因此，她劝勉公司"对高绩效女性的投资和回报做成本效益分析……如果女性对公司的价值高于公司投在她们身上的招聘、培训和发展成本——我当然认为是这样的，那么你就要想尽一切办法留住她们"。这就是所谓的"妈咪轨道"的由来，围绕这一概念展开的激烈争论也随之拉开序幕。

对于施瓦茨的这一基本洞见，支持者对它的现实性和可行性大加赞赏，批评者则表达了愤怒，认为她的提议将女性置于一种不利的境地，导致她们难以升职加薪。"这是一个悲剧，因为它强化了我们这个国家一直以来都存在的根深蒂固的观念：作为女性，你要么选择家庭，要么选择事业，总之两者不可兼得。"来自科罗拉多州的民主党众议员帕特丽夏·施罗德（Patricia Schroeder）抗议道，"当然，商界人士喜欢这种调调，因为这是他们不便说出口的，而现在终于有个女人帮他们说出来了。"施瓦茨坚持己见，并反驳说："事实是，目前女性的确承担了更多的抚养子女的责任。"工作/家庭行动指南公司总裁弗兰·罗杰斯（Fran Rodgers）表示自己"很不安"，因为施瓦茨试图"让女性融入现有文化，而不是想方设法去改变这种文化。更何况她把女性分成了两类，完全忽略了男性的多样性。这种想法真是太可怕了"。杜邦董事会主席兼施瓦茨所供职的非营利组织Catalyst 的董事长理查德·赫克特（Richard Heckert）表示，在施瓦茨看来，"家庭对女性来说似乎仍是一个问题，而解决该问题的方法就是雇用无子女的女性"。

30 年后，一些公司重新采用了这一理念，似乎取得了不错的效果。2015 年，电信巨头沃达丰宣布为女性员工提供为期 16 周的带薪产假，而且在休完产假复工后的 6 个月里，每周工作 30 个小时即可领取全薪。与此同时，IBM（国际商业机器公司）也出台措施，允许员工在长达 5 年的时间里缩短每周的工时，当然薪资也是按比例降低的。经济学家指出，就灵活的工作安排而言，它实际上存在一个问题：即便该项制度适用于全体员工，即男性员工和女性员工都包括在内，它也会向雇主传递一个信号，让后者知道哪些员工不愿为了工作业绩和职业发展而牺牲一切。问题就在于，这种"信号游戏"可能会成为一种关乎员工升职加薪的不言而喻的标准，甚或演化成一种隐性的、无意识的偏见。最重要的是，没有证据表明休产假的女性不在意工作或不愿把工作放在首位。规定男女同休产假原则上会消除这一信号值，但有子女的员工和无子女的员工之间的对比依然很明显。全球大多数国家都有全国性的带薪产假政策（美国是个例外），但其中规定男女同休产假的还不足一半。现实中，休产假的女性数量远远超过男性，这也难怪经济学家建议出台强有力的货币激励政策，让男女双方同享带薪产假。

"妈咪轨道"、产假、陪产假及其他形式的灵活工作安排虽然可以有效推迟女性的头胎生育年龄，便于女性重返劳动力市场，但从根本上讲，这些政策和措施都是为了解决问题，而不是消除问题。在知识经济时代，社会提高了对人们的受教育程度的要求。无论男女，很多人都要到快30岁时才能完成学业。此后，他们还要花若干年的时间来确立自己的专业地位，获得晋升，并在职业晋升之路上找到适合自己的立足点。问题的症结就在于人生顺序模式，因为无论是男性还是女性，都希望早一点儿组建家庭，但为了追求职业梦想，这个计划就被推迟了。正常情况下，人们只是按照人生顺序模式过日子就已经压力重重，但与少女妈妈或单身母亲所面临的困境相比，这就显得微不足道了。

少女妈妈和单身母亲

"整个学校都在谈论我。那是我一生中最尴尬的时刻。"斯塔西回忆说，"当我走过走廊时，很多人都对我指指点点，同时窃声窃语道：'就是她，那个怀了双胞胎的女孩。'我还听到有人说：'唉，她这辈子算是完了。'"斯塔西没有自暴自弃，在完成高中学业后，她被一所著名的研究型大学录取，专业是社会工作，但在当年8月，也就是大学学期即将开始时，她产下了双胞胎。无奈之下，她只好转入一所社区大学。再后来，她从大学辍学，靠领取福利金维持生活。她用这笔钱养育孩子，并报名就读一所职业学校。在这所学校，她发现有一些学生和讲师也是少女妈妈。

这就是我所说的脱轨。由于人生顺序模式没有提供替代选项（即便有也是极少），所以才会出现如此可怕的故事。对少女妈妈来说，"玩乐—学习—工作—退休"的顺序模式并不适用。鉴于当前的教育体系和劳动力市场结构，在青春期生孩子可能会给人带来灾难性的后果。自20世纪90年代起，美国少女妈妈的活产婴儿数量已经减少了一半以上，但每年仍有大约16万名15～19岁的女性产下婴儿，这个数字在同等富裕的国家中是最高的。在非洲裔美国人、美国印第安人、夏威夷原住民和拉丁裔美国人中，十几岁产子的女性占比近3%。在非西班牙裔白人女性中，该比例为1%。问题并不在于生孩子，这可能是一种充实的人生体验；问题在于只有一半的少女妈妈能顺利完成高中学业，相比之下，其他女性则高达90%。更糟糕的是，据美国疾病控制与预防中心的表述，她们的孩子"学习成绩通常较差，更有可能从高中辍学，面临更多的健康问题，在青春期的某个时间段容易被监禁，更有可能成为少女妈妈，在成人之后，也更有可能面临失业困境"。

当然也不乏少女妈妈的励志故事。埃丽卡·阿尔法罗15岁时怀孕，后被男朋友抛弃。她跟着母亲在番茄农场干活。高中辍学后，她申请了一个自主学习项目。这与一般的求学经历相比，花费的时间更多，但她并没有气馁。相反，她坚持了下来，并考虑接受大学教育。从加利福尼亚州立大学圣马科斯分校拿到心理学本科学位时，她已经27岁。她展示了一个标示牌，上面写着"我们做到了，路易斯托！2%"。路易斯托是她儿子，而2%指的是一个事实：就少女妈妈而言，能在30岁前拿到大学学位的只有区区2%。在美国劳动力市场，大学毕业生的薪资比高中毕业生平均高出85%，这就意味着几乎所有的少女妈妈都放弃了这一溢价。

面对少女妈妈群体如此之低的大学毕业率，一个富裕的、技术发达的社会怎么能坐视不管呢？如果我们想要让少女妈妈在知识经济时代取得成功，那么我们就需要一个更灵活的生活模式，使得她们能够完成高中学业，并在以后的生活中与年轻一代的人（教育计划没有被打断、推迟或延误的年轻人）一起接受高等教育（如果她们愿意的话）。她们只是需要在一个不同的时间节点、以一种不同的节奏抓住人生中的机遇。但在绝大多数时候，这恰恰是人生顺序模式所不允许的。这是机会不平等的又一例证。

在美国，少女妈妈的比例已经下降了60%多，但在发展中国家，这一比例依然很高。"全球来看，在18岁前生孩子的女性的比例约为15%。"联合国系统内专注于儿童权利保护的联合国儿童基金会指出，"这会阻碍女孩在成年前的健康发展，并且会对她们的教育、生计和身心健康产生负面影响。"糟糕的是，在农村地区，少女妈妈的比例甚至高达30%或40%。与发达国家不同，在发展中国家，"很多怀孕的女孩会迫于各种压力而辍学，这不仅影响她们的受教育前景和机会，而且影响她们将来的就业前景和机会"。其他严重后果还包括"在家中和社区里的地位矮化，被污名化，被家庭成员、同龄人和伴侣嫌弃并遭暴力对待，以及早婚和强迫婚姻"。此外还有健康后遗症，主要包括"产科瘘、子痫、产后子宫内膜炎和系统性感染"。同发达国家一样，发展中国家的少女怀孕率也已经呈现下降趋势，只不过下降的速度非常缓慢。

贫穷往往是少女怀孕的诱因。"有时候你可能需要一些钱，但父母没钱给你，这时恰好有个男孩站出来帮了你。"乌干达的一个少女妈妈说，"因为你没有工作，所以当他让你还钱时，除了性，你还能拿什么偿还呢？"加纳的一名17岁的少女回忆说："我当时在上学，需要交考试费……我需要钱。然后这个男孩对我有意思，他帮了我好几次，然后我就怀孕了。"在撒哈拉以南非洲地区，教师和学校管理人员表示,应该让女孩免费上学或只交很少的费用;在校期间,要教授她们一些实用的技能,比如制作珠宝和记账,这有助于培养她们的独立性,以及向她们灌输正确的两性关系理念。

从少女妈妈的比例来看,发展中国家居于世界前列,但就单亲家庭儿童的比例而言,美国位居第一,而且这些儿童通常和母亲生活在一起。在美国多达 800 万的单身母亲家庭中,有近三分之一生活在贫穷之中,全年失业,并且面临食品不安全问题。在美国的单身母亲中,有大约一半从没有结过婚,近三分之一为离异,另有 20% 为分居或丧偶。单身母亲的薪资与同等条件的男性相比存在很大差距;如果她们是黑人或拉丁裔,那么这种差距更为明显。美国单身母亲家庭 2019 年的中位数收入为 48 000 美元,而已婚夫妇家庭的中位数收入为 102 000 美元,后者是前者的两倍多。这主要是因为单身母亲将超过一半的收入用于住房开支,三分之一的收入用于抚养孩子,如此一来,用于个人教育的开支也就所剩无几。此外,她们购买住房的可能性也相对较低。换句话说,单身母亲的处境更糟,因为她们没有遵循传统的线性路径:接受教育,然后进入劳动力市场,在工作中升职加薪,进而通过房屋净值和储蓄积累,为退休生活做好充分的准备。她们只是错过了几趟人生列车,就再也没有机会或只有极少的机会赶上同龄人。

摒弃人生顺序模式

我们安排生育和事业的方式制造了一系列颇为棘手的问题。生物钟的暴政是否会进一步固化父权制,这一点我们暂且不论,但在现实生活中,它的确会影响很多女性的决定。与此同时,为实现某种职业目标而推迟生育的做法,不仅导致生育率急剧下降,而且引发了养老金危机。对此,我们不应该把责任推到女性身上;究其原因，在于教育体系、劳动力市场和企业晋升阶梯严格遵循的一刀切的年龄划分法。作为母亲，如果她们不外出工作，就会产生负罪感，觉得自己没有给孩子树立"正确"的榜样；如果她们继续保持工作或重返职场，除了承受工作上的压力，她们也会产生负罪感，觉得自己没有花足够的时间陪伴子女。女性在职场中依然遭受母职惩罚，除了各种形式的性别歧视，还有与性骚扰相关的侮辱和创伤，乃至更严重的伤害。"妈咪轨道"在一定程度上可以缓解这一问题，但前提是要审慎实施，否则就会导致降薪降职。通过接受教育，女性将有能力追求自己的职业生涯，但对少女妈妈来说，由于教育的缺席，她们在寻求就业机会方面受到严重的限制。再有就是家庭暴力，这更有可能长期存在；如果女性陷入一段关系或缺乏其他选择，那么后果可能更严重。

许多母亲也渴望和其他人一样拥有自己的职业生涯，但人生顺序模式似乎抛弃了她们，或者置她们于一旁而不顾。与其他女性或很多男性相比，因怀孕而辍学的未成年人、离婚或分居的单身母亲，以及未遵循人生顺序模式的女性，在社会中往往处于不利位置。"玩乐—学习—工作—退休"的顺序使得女性在母职和事业之间缺乏回旋余地，难以做到两者兼顾。如果过早生育，她们就会受到惩罚，在教育机会和职业发展机会方面受到严重的影响。人生道路上的任何事故，意外怀孕、分居、离婚、孩子有严重的健康问题或出现了学习障碍，以及孩子因疫情原因只能隔离在家学习，都会给母亲造成巨大的困难，进而导致她们在职场中受挫，延缓她们的晋升步伐，甚或迫使她们完全退出劳动力市场。

对女性来说，晚生、少生的确会带来一些好处，比如更强的财务稳定性和情绪稳定性。但这也导致了生育率的下降，使得政府不得不采取一系列政策扭转这一趋势。常见的政策干预包括提供生育奖金或家庭津贴，也就是直接向父母发钱。在对这类政策的效力进行综合评估后,学者发现相关证据模棱两可,并不足以表明它们会对个人生育产生积极影响。间接刺激政策,如儿童税收抵免、医疗保健服务和住房政策等,同样不会对个人生育产生积极影响。与之相对,产假、现场托儿服务和各类补贴政策倒是可以有效推动女性重返职场,也可以降低女性的头胎生育年龄。基于此,更灵活的工作安排或是扭转生育率下降的潜在路径。

不要误会,我并不是说放弃人生顺序模式就可以一劳永逸地解决女性作为劳动者和母亲所面临的所有问题。当然,这里的女性既包括受过高等教育、直到30多岁才成为母亲的职业女性,也包括十几岁就生孩子的少女妈妈。我们现在应该非常清楚地认识到,解决问题远不如消除问题,否则对许多女性来说,一旦怀孕就意味着她们要中断职业生涯或者推迟乃至放弃受教育的机会。

在后世代社会,我们应当做到的就是让不同年龄段的人一起接受教育,一同追求事业。如果女性在学习、工作、晋升及生育方面有更多的时间节点选择,那么她们的处境就会大大改善,进而摆脱强加于她们身上的种种限制,比如源于生理习性和现代生活的限制,再比如因男性很少做家务而产生的问题。此外,我们也应当为少女妈妈和单身母亲提供各种新机会,但前提是要有必要的资源,让她们自行设计个性化的人生阶段顺序,以便在学校和职场之间来回转换身份。

女性的平均寿命要比男性长:在美国约为5年;全球来看,各国情况存在差异——3~7年不等。从这一事实出发,若是摒弃以年龄区分的人生顺序模式,那么女性将获得更多优势。再者,如果我们这个社会积极接受多代工作场所(在该工作环境中,50岁或55岁时的晋升机会同30岁或40岁时的晋升机会是一样的),那么女性肯定比男性获益更多,更长的寿命意味着有更多的机会追求不同的工作和事业。此外,在保持身心健康方面,女性也普遍优于男性。如果女性能够拥有与男性同等的升职机会（不仅是在三四十岁时有升职机会，在 50 多岁乃至 60 多岁时仍有升职机会），那么大部分母职惩罚可能就会消失。

然而，如果没有雇主的配合，如果政府不出台相应的劳动法规为不同的职业路径保驾护航，那么单凭女性的力量是无法改变工作、职业生涯和职位晋升的游戏规则的。要想实现性别均等，要想让女性挣脱人生顺序模式的束缚，我们或许需要第三波女权主义运动，并通过该运动从根本上改变教育体系及不同工作和岗位之间的劳动分配情况。

许多女性在成为母亲之后总是不遗余力地维持和重塑自己的职业生涯，通过她们的故事，我们或许能看到消除这一问题的最佳方法。社会学家安德鲁·霍斯泰特勒（Andrew Hostetler）、斯蒂芬·斯威特（Stephen Sweet）和菲莉丝·莫恩发现，工作和家庭负担最重的女性更有可能重返校园学习，这可能是因为她们需要赚钱，同时又有强大的抗压和适应能力。针对美国、英国、牙买加和南非等国的研究显示，很多少女妈妈都渴望继续在校学习或产子后重返校园，但由于经济条件有限，以及缺乏制度和家庭的支持，她们的愿望往往会落空。"我决定重回学校，因为我意识到如果不接受教育，你将一无是处。"南非的少女妈妈苏伊说，"我希望我和我的孩子都有更好的未来。"她们想要过上好的生活，但按部就班的人生顺序模式成了她们前行道路上的绊脚石。

"我常常想，如果我是一个正常的孩子该有多好。我肯定还在上学。"美国得克萨斯州一名 15 岁的少女妈妈说，"但我对未来也有很多期待。我不想平凡地度过自己的青春期。我想追求与众不同的人生。"如果我们的社会和文化仍将一个人应该在什么年龄做什么事情（即与年龄相称）定义为"正常"，那么对许多女性来说，即便稍稍偏离从玩乐和学习到工作和退休的线性路径，她们未来的路也将十分艰难。后世代社会必须建立在多种路径之上，确保青少年、成年人、学生、劳动者和退休人员可以自由选择他们要想的生活方式。

女性在 20 世纪初成功争取到了平等的政治权利，后又在 20 世纪 60 年代成功争取到了平等的公民权利和经济权利，但这些进步并没有消除人生顺序模式施加在女性身上的暴政。在理想的未来世界，无论是男性还是女性，都可以按照自身的需求，从工作中抽身出来养育子女或接受继续教育，不会因职业生涯的中断而在职场中处于不利地位。这是一项艰巨的任务，但为了实现公平，也为了因应不断延长的预期寿命、技术变革和人才的匮乏，就业实践应该朝这个方向努力。目前市场上出现的劳动力严重短缺，最初是由新冠肺炎大流行引发的。受疫情影响，很多人都退出了劳动力市场，而这其中又以女性居多。由于现在雇主急于招人填补岗位空缺，所以少数族裔群体和女性群体的就业问题可能会有所缓解。好消息是，后世代社会中的职业发展策略对公司来说也是有益的，特别是在吸引和留住人才及提高市场份额方面。关于这一点，我们将在下一章中详细讨论。

09　后世代消费市场
摒弃以年龄为基础的市场细分假定

> 市场营销是一场观念之争，
> 而非产品之战。
>
> ———
>
> 艾·里斯（Al Ries，1926—2022）

"我的3个孩子都是在2001年之后出生的，因而被统一归到了Z一代的年龄组。"澳大利亚市场营销专家简·希尔斯登（Jane Hillsdon）写道，"他们分别是9岁、12岁和14岁，都在使用社交媒体。虽然他们三人年龄差距不大，但使用社交媒体的方式截然不同。"简的这一观察可能会给许多人留下深刻的印象，因为父母最爱谈论的话题之一就是他们自己的孩子之间的差别。但她在评论中着重强调的是，我们从小就选择了不同的路径。"作为市场营销人员，至关重要的一点就是要深刻理解每代人的细微差别，同时对他们抱持同理心。"简说，"如果你仅仅因为两个人属于同一代，就认为他们会对同样的内容做出反应，或者可以通过同样的渠道接触到他们，那么你的营销努力就会落空。"似乎从某个时候开始，市场营销人员不再对他们的目标感到好奇，而是更倾向于关注年龄或性别等属性，这往往会导致刻板印象和偏见。"不要依据个体样本来推断某代人的一般信息。"简警告说,"你要了解他们的价值观是什么,他们究竟使用哪些媒体渠道及这背后的原因是什么。你要搞清楚什么对他们是重要的、谁会影响他们,以及他们面临何种挫折。"

在第 5 章中设想未来的后世代工作场所时,我们认为世代思维会把我们带入严重的误区。在劳动力市场,我们可以假定某个特定年龄组的人更擅长做什么,但至于个人潜力,我们还是无从了解。在消费者市场,建立在人的年龄之上的刻板印象同样危险,尤其是在当下这个时代,因为"年轻"和"年老"的概念被越来越多的人认为带有偏见性和歧视性,是荒谬的。然而,要想成功地把商品销售出去,我们还是需要对消费者的需求、欲求和生活方式做一些假定。

自大约一个世纪前市场营销成为一门学科以来,市场营销人员就一直在讨论利用细分市场实现营销目的的最佳方法。按地域划分是最简单的市场细分方法,这在当时主要涉及两个市场——农村市场和城市市场。人口特征也是自一开始就在市场细分中扮演重要角色,尤其是年龄、性别、教育背景、家庭规模和收入等。除此之外,还有一种看似更复杂的方法,即关注消费者的性格特征和生活方式。在二战期间,这被大规模用于心理测试,并在二战结束后成为企业界流行的做法。再之后,市场营销人员开始关注消费者的行为特征,比如购买行为、使用行为和品牌忠诚度。然后就是社交媒体和人工智能推动下的数字营销革命。在这场革命中,市场营销人员通过算法来定位相关信息,但依然受到刻板印象和偏见的影响。

在不同的阶段,一直存在一种危险且常常带有误导性的市场营销方法,该方法着重强调世代的重要性,认为人们出生的特定时期(这个时期通常为 10 年或 20 年)会对他们的生活和生活方式产生深远的影响。乍看上去,这好像还挺合乎逻辑,20 世纪 50 年代纽约郊区的青少年与21世纪20年代纽约郊区的青少年显然是不一样的，但这是否意味着他们可以分别代表婴儿潮一代和Z一代？我们是否可以假定婴儿潮一代所有的成员都有相似的经历，因此相对于其他代的人，他们的行为方式基本相同？且不论出生环境如何，在整个生命周期内，一个人会不会随着时间的推移而有所变化，甚或发生巨大的改变？

　　关于世代概念是否有用的争论可能很重要，但在后世代消费市场出现后，与该争论相关的另一个问题变得愈加重要。在过去几十年里，市场营销人员往往认为他们应该把注意力放到二三十岁的年轻消费者身上。他们这么做有多个不错的理由。首先，从纯粹的数字角度来看，这是市场上最大的细分群体，因为那时的生育率比现在高，但平均预期寿命没有现在长。其次，在受教育水平不断提高、中产阶级扩大及收入持续上涨的大背景下，年轻消费者作为一个群体拥有很强的总购买力，甚至可以说是最强的总购买力。最后，年轻人往往是最娴熟、最具辨识力的消费者，他们的要求通常也是最高的，他们总是追逐最新潮的时尚和最令人兴奋的体验。因此，年轻消费者也就成为衡量新产品和新服务的未来潜力的标尺，特别是在互联网、智能手机和社交媒体浪潮席卷全球之后。市场营销人员几乎一致认为，就品牌而言，抓住年轻人的想象力至关重要，因为他们不仅是"吃螃蟹"的人，而且是生命周期价值最高的消费者——他们还有数十年的消费时间。

　　由于人口变化和技术变革，这种世界观正在崩塌。消费重心已经逐步转向60岁及以上的人群：与其他代相比，这是一个人数更多的群体，他们有更多的储蓄和更强的购买力。此外，他们的生活方式也不再是老年人的生活方式，因为他们保持着良好的身体和精神状态，拥有更长的健康寿命（见第2章）。过去，市场营销人员对新一代的消费者一般会"痴迷"10年左右，之后便把注意力转向下一代。"在很多年里,大多数市场营销人员都把千禧一代视为重点营销对象。"索尼娅·马特吉克(Sonya Matejko)在《福布斯》杂志上撰文写道,"如今,广告商正绞尽脑汁,想知道如何才能吸引更年轻的Z一代。"人们一直认为,今天的青少年就是明天的潮流引领者。一个真正意义上的后世代消费市场如何改变这一定见?我们是否即将见证一场营销革命?

要着重把握的关键点是,当下人们越来越反感世代标签。单亲家庭和多代同堂的家庭越来越多,核心家庭不再是常态。跟母亲一样,父亲也在休产假。随着时间的推移,越来越多的人重返校园学习和更新知识,然后再回归职场或转换职业。受新冠肺炎大流行的影响,人们开始拥抱技术,而无论他们处于哪个年龄段或接受过何种水平的教育。在线课程越来越受欢迎,也越来越便捷。退休人员又重新回到职场……"各代之间的这种差异给营销人员带来了挑战。"马特吉克警告说,"面对不断变化的同龄人群,你如何向他们推销产品和服务?"市场营销人员之所以跟不上时代发展的步伐,原因在于他们对消费者的刻板印象、偏见和年龄歧视。在市场营销这个王国里,有些东西确实已经腐烂。

关于世代的刻板印象、偏见和模糊性

千禧一代喜欢吃牛油果吐司的刻板印象来自哪里?这一代中的很多成员都问自己,为什么他们会被贴上"牛油果爱好者"的标签。这种陈词滥调被广泛传播,使用起来也很随意,但几乎没有人知道它的由来。在这里,我们长话短说:这一切都源于澳大利亚电视台2017年一次采访中的一句即兴台词,后以最符合千禧一代审美的方式在网上疯传。被采访者是白手起家的亿万富豪蒂姆·格纳(Tim Gurner),他说:"在准备买第一套房的时候,我竭力克制自己,不去买 19 美元一份的牛油果泥，也不去买 4 美元一杯的咖啡——一天可是要喝 4 杯。"自此之后，这一表述就被用来指责千禧一代的懒惰、利己主义、坐享其成和挥霍无度。

人类无法抗拒分类，而分类带来的最好的结果是刻板印象，最坏的结果自然就是偏见。在 2016 年举办的面向千禧一代的市场营销大会上，喜剧演员亚当·康诺弗（Adam Conover）说："世代并不存在，这完全是我们杜撰的。整个理念都是不科学的，意在展现优越感，是愚蠢的……让我们放弃迎合，放弃一般主义，像对待普通人一样对待他们。"他指出，专家、学者、记者和市场营销人员总是在不断重复同样的陈词滥调，无休止地把它们套用在最年轻的一代身上。

美国《生活》杂志 1968 年刊发了一篇封面报道，对婴儿潮一代优渥的生活大加抨击。8 年后，《纽约》杂志刊登了汤姆·沃尔夫（Tom Wolfe）撰写的一篇措辞尖锐的文章，论述了长大成人的婴儿潮一代所引领的新时代。"在'以自我为中心的十年'①里，我们见证了美国历史上第三次宗教大浪潮的上升期（无论从哪个方面讲，现在都还没有达到浪峰）。未来，历史学家很有可能将其称为'第三次大觉醒'。"沃尔夫写道，"同前两次大觉醒一样，它始于迷幻的洪流，并通过麦角酸二乙基酰胺（LSD）及其他致幻剂、狂欢、舞蹈（新苏菲和克利须那舞蹈）、冥想和精神狂热（马拉松会心团体活动）来实现。"在沃尔夫看来，"一切都从'让我们来谈谈我'开始……最美妙的内省；总而言之，相当自恋"，这也就顺理成章地导致了"人只活一辈子"的想法，而这种想法的源头在于"二战后美国史无前例的大发展：无数中产阶层所享有的沉溺于自我的奢侈"。在文章的最后，沃尔夫写下了那个脍炙人口的句子："节拍就

---

① "以自我为中心的十年"指 20 世纪 70 年代。——编者注

是……我……我……我……我……"

　　类似地，美国《新闻周刊》在1985年刊发的一篇封面报道中，将X一代称为"享有特权的一代"：他们不愿"为生活而工作"，"是躺平、晚熟，抑或只是迷失"？2013年，美国《时代》杂志不无嘲讽地表示："在美国，千禧一代是婴儿潮一代的子女，亦被称为'我一代'，而他们的子女就是'我我我一代'。"这个"我我我一代"就是一个懒散的、享有特权的、沉迷于物质享乐主义的自恋狂群体：他们至今仍和父母住在一起，超爱自拍，在网上有数以千计的粉丝，现实中的朋友却少得可怜，而且喜欢吃牛油果吐司。

　　就这样，自私自利和特权感被一次又一次地用来指责二战后的世代——任何一代都不曾避免！

　　不幸的是，这是一个众所周知的模式。心理学家斯特凡·弗兰西奥利（Stéphane Francioli）和迈克尔·诺斯（Michael North）提供的系统证据表明，年轻一代因缺乏价值观、动机和节俭意识等而备受先前世代的苛责。无论是以年龄还是世代作为划分标准，各群体之间的误解和歧视依然存在且呈愈演愈烈之势。这种误解和歧视是刻板的、不公平的、缺乏根据的，同时也是无益的。这也明确提醒我们不能过于严肃地对待世代这个建构概念，尤其是在市场营销领域。它实在是太糟糕了。

　　首先，对比不同代的人的态度和行为是一件很棘手的事情。作为当今全球领先的调查研究机构之一，皮尤研究中心表示研究人员经常混淆年龄效应、时期效应和组群效应。年龄只不过是每个人在生命周期中所处的位置，时期效应所涉及的是可以同等改变每代的事件，组群效应所涉及的则是对不同代产生不同影响的事件或趋势。一些研究人员指出："把年龄效应、时期效应和组群效应区分开是不可能的。"如果说这还不算太棘手的话，那么下面提到的一些复杂因素则会使得世代分析工作在现实中完全失去可操作性。最相关的因素包括：在欧洲和北美地区，年轻一代在民族性上日趋多元化、婚姻推迟，以及预期寿命的延长。由于婚姻会改变人们的消费情况，所以这一趋势会对市场营销产生直接影响。从广义的角度讲，婚姻推迟和预期寿命的延长从根本上改变了整个年龄维度，因而人生中重大事件的发生时间与以往也会有所不同。

世代分析的另一个明显问题是如何划分各代之间的界限。在美国，婴儿潮一代大致是指1946—1964年出生的人，但在其他国家，生育高峰期出现在20世纪60年代末或70年代。为什么千禧一代通常被定义为1981—1997年出生的人？通过分析1976—2014年美国高中高年级学生的历年数据，社会学家史黛西·坎贝尔（Stacy Campbell）、吉恩·特温格（Jean Twenge）和W.基思·坎贝尔（W. Keith Campbell）发现，人们的工作价值观和工作场所偏好随着年龄的增长逐渐改变，而不是在各代之间突然改变。因此，也就不存在明显的可用于划分世代界限的出生年份截止点。举例来说，"早期的X一代成员比后期的X一代成员有更强的社会价值观，后期的X一代成员的社会价值观与早期的千禧一代成员较为相似"。换句话说，在两代的交界处不会发生任何突然改变，即便有，也只是很小的改变。各代之间不存在结构性断裂。"就世代而言，最好还是把它作为一个模糊的社会建构概念使用。"上述研究人员总结道。之所以提到模糊性，是因为世代这个概念是过度概括且不准确的，还具有欺骗性。若是将它用于市场营销或其他目的，当然是风险自担。

既然世代这一概念及其测量标准存在诸多问题且颇为复杂，为什么很多公司和组织还在继续使用呢？科特·鲁道夫（Cort Rudolph）、雷切尔·劳沃拉（Rachel Rauvola）和汉内斯·扎克尔（Hannes Zacher）认为："基于世代的实践做法是建立在这门科学极不稳固的基础之上的，它会把组织及其成员置于危险境地：不仅浪费金钱、资源和时间，而且会传播不合时宜的、缺乏牢固基础和证据支撑的理念。"他们指出，就意义建构而言，世代概念已经成为一个很有用的工具，当然也存在不完美之处。同其他人一样，对于千禧一代在消费、工作和休闲等方面表现出的一些早期差异，比如偏好和行为上的差异，市场营销人员也感到震惊。当时，除了创造新一代类别，再没有其他更好的解释办法。因此，世代是以"社会构建"的产物而存在的，是我们在面对新生事物束手无策时想象出来的。正如著名社会学家罗伯特·K.默顿（Robert K. Merton）曾经说的，建构是具有实际效果的，因为当人们"把一种情况定义为真实情况时，它的后果也是真实的"。心理学家赞同社会学家的观点，即"促进意义构建的一种有效却常常存在缺陷的策略是建构和采用刻板印象……这种刻板印象源于对他人的过度概括"。总而言之，在实践中使用世代概念充满风险，可能会导致偏见，而且从根本上讲，存在误导性和缺陷。

从年龄歧视到"无龄感消费者"

"我走进埃韦兰斯（Everlane）概念店，准备参加即将在他们办公室举行的会议。"女性奢侈品鞋履品牌Bells&Becks的创始人兼首席执行官塔马·米勒（Tamar Miller）回忆说，"当我环顾四周，看有没有合适的套装时，一股疏离感涌上心头。从我一进门就没拿正眼瞧我的那个神气的20多岁的销售助理到一系列中性的、盒子般的、不伦不类的服饰，我觉得我明显不属于这里。"埃韦兰斯于2010年在美国旧金山成立，主要业务是在线服装零售。因此，它并不是一个传统的、过时的品牌；相反，它更像是一个行业颠覆者。消费品牌，无论是成熟品牌还是新创品牌，似乎都对年龄很敏感。"除非品牌是专门面向老年群体的，否则他们不想与老年人扯上关系。因为如果有老年人购买他们的产品，年轻人可能就会对这些产品敬而远之。年轻人通常会被认为具有更大的生命周期价值，但他们对品牌的忠诚度并不高。"媒体和市场营销机构卡拉特爱尔兰公司（Carat Ireland）业务总监卡洛琳·奥杰斯（Carolyn Odgers）说。

在市场营销领域，年龄歧视是一个普遍存在的问题。基于年龄的刻板印象和公然歧视并不是无辜的副产品，而是细分市场的核心要素。"在公关、广告和市场营销的世界，年龄歧视会产生偏向性的信息，也不利于商业的发展。"曾供职于市场营销机构ICF Next（位于美国弗吉尼亚州费尔法克斯）的帕蒂·坦普尔·罗克斯（Patti Temple Rocks）说，"在商业领域，我们对年轻人情有独钟。我们常常把'年轻'跟更高水平的创造力、更高水平的技术能力混为一谈，同时又把'年老'等同于技术无能、与时代脱节，正如很多广告所暗示的那样——'基本上已经死了'。"对于这一诊断结果，业内专家普遍表示赞同。"我们的传统做法就是把清新、活力、新颖和变革同年轻人联系起来。"法国广告及公关公司哈瓦斯的首席创意官薇姬·马圭尔（Vicki Maguire）说，"坦率地讲，这纯属胡闹，但我们这个行业就是如此短视和狭隘，这对我们是有害的。"可以说，这只是一种略微夸张的评价。

就上述问题而言，部分原因是，在美国的广告、公关和市场营销行业，超过一半的从业者的年龄在40岁以下，55岁以下的更是占到了80%。行业机构和公司争相聘用精通数字媒体的年轻人才，而这只会让情况变得更加糟糕。罗克斯讲到了其参加的一次客户会议，内容是发布一种更年期药物："我环顾四周，心想：'除非每个人都跟自己的妈妈进行深入的交谈，否则他们根本理不出任何头绪。'"据报道，在新车购买者中，年龄在55岁以上的占了一半以上。"闭上眼睛想一想你上次看到的汽车广告，"罗克斯说，"顾客年龄有超过55岁的吗？"

很少有品牌意识到，作为一个类别群体，"无龄感消费者"正在迅速扩张。所谓"无龄感消费者",是指那些不再追求行为举止与年龄相称的人,因而他们也就不再符合与"年老"和"年轻"相关的刻板印象。在最先意识到该群体潜力的公司中,就包括销售个人护理及高端美妆产品的公司。乔治亚娜·辛普森(Georganna Simpson)在广告刊物《市场活动》(*Campaign*)上写道,法国美妆集团欧莱雅"想向世界展示年龄不是问题,女性在人生的每个阶段都是美的。它想挑战刻板印象,想以一种积极的方式塑造我们对年龄的感知,进而创建一个人人都能接受自己变老的社区"。2019年,欧莱雅与英国版 *Vogue* 杂志共同发起了名为"年龄不是问题"的专题报道活动,采访对象包括简·方达、海伦·米伦(Helen Mirren)、伊莎贝尔·阿佳妮(Isabelle Adjani)和瓦尔·加兰(Val Garland)等名流——她们都是不老的传奇。"由于年龄的增长,女性感觉她们被美妆和时装行业遗忘了。"英国版 *Vogue* 杂志主编爱德华·恩尼富尔(Edward Enninful)写道,"现在是我们携手挑战行业的时候了。"该项活动在社交媒体迅速发酵并传播开来。"与(这些)标志性品牌合作是我们的荣幸。"社交平台脸书(Facebook)全球客户主管吉尼芙拉·卡佩斯·加莱奥塔(Ginevra Capece Galeota)说,"我们可以把传统媒体同我们的创新技术结合起来,通过高质量的内容展示年龄并不是问题。"本来就该如此。

作为无龄感潮流的早期先驱,雅诗兰黛2021年刊登广告招募"无龄感"创新部门执行主管,其职责是"基于人口和文化信息、识别技术、子类别、产品和执行策略,确保品牌和研发能为'无龄感消费者'创造更大的价值"。他们的目标是在整个组织及其各个品牌中传播"年龄不再是市场营销的决定性因素"的理念。

但除了高端化妆品行业,其他行业内的公司依然处于严重落后状态。数十年来,时装行业在很大程度上刻意忽视了年龄在30岁以上的女性。"据我们了解,大多数年龄在40岁以上的女性都有这样一种感觉,即从社交媒体平台来看,她们不是时装营销的对象。"米勒说。市场营销研究结果表明,时装品牌历来认为年老的人在他们店里闲逛会损害他们的品牌在年轻消费者心目中的形象。

现代产品设计和营销崭露头角的时代是每代人的数量都比上一代人更多的时代。20世纪50年代的婴儿潮改变了美国社会和美国商界,中产阶级成为经济的中坚力量。自婴儿潮一代开始,一切似乎都在围着年轻和中年消费者转,因为从购买力的角度讲,他们构成了规模最大的细分市场群体。波士顿咨询公司的数据显示,到2030年,大约40%的总消费支出增长将来自60岁及以上的群体。在日本和德国,这一比例甚至更高,因为它们的人口年龄结构呈现更明显的偏态分布。鉴于60岁及以上的人口仍会保持长时间的身心健康状态(见第2章),在市场营销和品牌的世界里,"无龄感消费者"只是他们面临的众多转变之一。

正如我们在第7章中所看到的,财富集中在年龄分布的顶端,这将使"无龄感消费者"成为最具吸引力的细分市场群体。因此,对埃韦兰斯等服装零售商来说,他们不仅要欢迎和吸引不同年龄段的消费者,而且要认识到他们需要老年人来购买他们的产品和服务。人口发展趋势已经再明显不过:到2030年,从日本和中国开始,欧洲和美国紧随其后,最大的细分消费群体将会是60岁及以上的人群。到2030年,中国60岁及以上人口规模将较2022年增加1.05亿人,总数达到3.7亿人。① 同期印度60岁及以上人口将增加4 500万人,美国将增加1 300万人。即便是孟加拉国和印度尼西亚等贫穷国家,60岁及以上人口规模也将增加50%以上。对企业和品牌来说,他们所面临的挑战是迎合和满足七八代人的需求与偏好,而不

---

① 截至2022年年末,中国60岁及以上老年人口达2.8亿;据预测,2030年,中国60岁及以上老年人口将达到3.7亿。——编者注

再仅局限于两三代。尽管如此，还是有很多市场营销人员对各年龄群体的消费支出情况存在扭曲认知。市场咨询机构成年年龄（Age of Majority）的创始人杰夫·韦斯（Jeff Weiss）开展过一项针对市场营销顾问的调查，他说："我们发现，平均而言，市场营销人员认为千禧一代占总消费支出的39%，但实际上，这个数字只有18%。"种种错误和谬见在业内普遍存在，大多数市场营销人员似乎都已深陷刻板印象和偏见的泥潭不能自拔。

"在过去的一代人的时间里，人生阶段和年龄已经脱钩，教育、婚姻、孩子、职业生涯和退休等人生的里程碑事件开始不再受以往的年龄约束。"商业杂志《快公司》的杰夫·比尔（Jeff Beer）写道。尽管如此，市场营销顾问和客户经理仍被老板告知要获取新客户。这里所说的新客户通常是指年轻人，而无论他们的生活状况如何。弗雷斯特市场咨询公司分析师迪潘扬·查特吉（Dipanjan Chatterjee）表示："很多品牌都有一种惯性思维，即市场营销人员的奖励是建立在客户获取基础上的，之后，新客户就会被转交给组织内的其他部门负责。"因此，公司内部的激励措施需要做出一些调整，使之与"无龄感消费者"的理念保持一致。美国退休人员协会研究发现，很多广告机构都缺乏与老年消费者打交道的经验。

在年龄歧视问题上，学术界的情况并不比市场营销机构及其推广的品牌好多少。在对1980—2014年的128篇经同行评议的、关于老年消费者的论文进行综合分析后，罗伯特·茨尼瓦（Robert Zniva）和沃尔夫冈·魏茨尔（Wolfgang Weitzl）发现，这些研究"仍然是以自然年龄调查为主"，几乎没有考虑人口的老龄化过程，以及人们的生活方式是否会在某个时间节点发生变化。事实上，在这些研究中，他们发现只有一篇论文没有将自然年龄作为主要的解释变量，并且仅有三分之一的论文使用了年龄的替代衡量标准，以确定相关结果是否会受到指标选择的影响。最重要的是，他们发现大多数研究都没有使用与年龄增长相关的纵向数据,主要原因可能是这会使得研究"昂贵且耗时"。

代际影响

"我是那个时代的 iPhone。"莉迪娅·里埃拉[曾出演《西区故事》(*West Side Story*)的传奇人物丽塔·莫雷诺(Rita Moreno)饰]说,并建议孙女埃琳娜"把手机上的约会软件用起来",找个合适的护花使者,邀请他来参加自己的 15 岁生日派对。在网飞广受欢迎的情景喜剧《活在当下》(*One Day at a Time*)中,老奶奶被证明是他们那个多代家庭中的"话事人"——对家中其他人的决定都有影响力,特别是在个人关系和消费开支方面。其他情景喜剧也表明,在多代家庭中,最具影响力的人通常是中年妈妈,如网飞的《家庭聚会》(*Family Reunion*),或者是中年爸爸,如美国广播公司的《喜新不厌旧》(*Black-ish*)。

未来最重要的趋势之一与代际影响有关。"从脸书到优兔(YouTube)和 TikTok(抖音海外版),我们看到社交媒体平台上的婴儿潮一代网红和 X 一代网红越来越多,呈现出后来居上趋势。"网红营销工厂的联合创始人尼可拉·巴尔托利(Nicla Bartoli)说。他们被称为"祖辈网红"。在 2021 年假日购物季期间,亚马逊、耐克和露露乐蒙(Lululemon)等知名公司,以及奥图扎拉(Altuzarra)、芬缇(Fenty)、雅克慕斯(Jacquemus)和瑞秋·科米(Rachel Comey)等崭露头角的时装设计师品牌,都利用网红老人来提升品牌影响力。"同典型的网红一样,'祖辈网红'也参与广泛的话题讨论,但通常会专注于某个特定的小众话题。他们参加付费活动,在互联网上公开分享个人生活,有数以千计乃至数以百万计的粉丝。"一名博客主在在线行业出版机构社交标准(Social Standard)上写道。他们鼓励粉丝拥抱年龄多样性，避免预先判断，并且不要急于得出缺乏根据的结论。"那些已经开始在营销策略中使用'祖辈网红'的公司，正在为他们的品牌形象增添智慧、现实和生活经验的元素。"该博客主继续写道。最重要的是，他们以一种非常有效的方式吸引年轻人，这也是多代吸引力的一个经典例子。

"自1928年起就一直在偷你的男人！"这是海伦·露丝·伊拉姆（Helen Ruth Elam）说过的最令人印象深刻、流传最广的一句话。她出生于1928年，在网络平台上，她有一个广为人知的昵称：Baddiewinkle。在被歌星蕾哈娜关注后，85岁高龄的她成为在线图片及视频分享平台照片墙（Instagram）上的红人。她的粉丝多达250万。各机构利用她的形象推广新开发的网站，她也推广了许多节目、网飞系列剧集及各种产品。关于世界十大"祖辈网红"的排行榜，可以说非常多。90岁的日本老人森滨子就是一些排行榜的常客。她从50多岁开始玩电子游戏，被称为"游戏奶奶"。在优兔平台，她的视频频道有近50万订阅者。此外，她还被吉尼斯世界纪录认证为世界上"最年长的优兔游戏博主"。73岁的韩国老人朴麦莉（Park Mak-rye）长期经营一家小餐馆，在69岁时成为优兔和照片墙上的红人，拥有近200万的社交媒体粉丝，分享的主要内容包括美食、美妆和旅行。已故的纳拉亚纳·雷迪（Narayana Reddy）在网络上被称为"阿公厨房"，71岁时，他在优兔上发布了第一条烹饪视频，到两年后他去世时，频道订阅人数已经达到610万。如今，该频道拥有超过900万订阅者。在视频中，他为印度南部的当地社区制作了大量物美价廉的食物。墨西哥厨师多娜·安吉拉（Doña Angela）为其在优兔上的340万订阅者和脸书上的500万粉丝传授传统美食的制作方法。

想想近年来在家居装饰领域突然兴起的"复古千禧风"。凯特·谢伊（Kait Shea）在在线杂志《事件营销》（Event Marketer）上写道，根据《住宅美化》(*House Beautiful*) 杂志，"千禧一代消费者对被主流文化视为'古板'或'过时'的设计趋势情有独钟，比如墙纸、褶边和柳条制品。事实是，"祖辈网红"正成为年轻一代的时尚和潮流引领者。这种现象在中国尤为明显，90 岁的江敏慈在社交媒体上拥有数百万粉丝，其中大多数是千禧一代。她分享的只是生活中的一些片段，包括包办婚姻、逃婚及后来作为铁路工程师的工作经历。简而言之，"祖辈网红"已经成为生活方式图标。

面向青少年和年轻的成年人的 TikTok 开始鼓励祖父母与孙子女互动，以促进代际理解。比如，87 岁的乔·阿林顿（Joe Allington）在孙女的视频中走红后，开始用自己的 TikTok 账号 @grandadjoe 1933 发帖，吸引了 200 万粉丝。"世界各地的人在 TikTok 上关注我，人数多到让我震惊的地步。"他说，"但我制作视频不是为了名，而是为了和孙女一起享受巨大的乐趣。"在加拿大艾伯塔省的一座农场，88 岁的珍妮·克鲁帕（Jenny Krupa）和 20 岁的孙子斯凯拉·克鲁帕（Skylar Krupa）一起制作 TikTok 视频。"别看我 88 岁了，粉丝可能比你的还多。"她炫耀道。（她的粉丝超过 100 万，在 TikTok 平台属于前 1% 的行列。）

除了"祖辈网红"及其巨大的未来潜力，市场营销人员还想竭力搞清楚的是，在这个多代同台互动的时代，发挥主要影响力的人是谁，即做购买决定或影响购买决定的人是谁。这似乎并不是一个有明确答案的问题，比如祖父母和孙子女所发挥的影响力，会因他们所处的社会阶层、种族、民族和宗教背景的不同而出现明显的差异。

"由于信息获取的便利性，50 岁 X 一代的父母影响 20 岁 Z 一代的子女的可能性，就跟 20 岁 Z 一代的子女影响 50 岁 X 一代的父母一样。"咨询机构数字一月（January Digital）创始人兼首席执行官维克·德拉比奇（Vic Drabicky）说，"因此，品牌商必须考虑他们的营销策略如何在这种格局中发挥作用。"他提出的这个问题不容小觑,而且需要娴熟的市场营销策略。"要想实现有效的世代营销,要想真正吸引所有年龄段的消费者,品牌商必须找到可以把不同代连接在一起的相似点。"他说。在这方面,情景喜剧可能会提供一些线索。"这些相似点通常包括共同的幽默感或共同的情绪化思维模式。"德拉比奇继续说。德勤董事总经理卡拉·马丁(Karla Martin)对此表示赞同,他说:"虽然不是每种趋势都适合所有人,但你会看到越来越多的年轻女性从妈妈的衣柜中借衣服,而妈妈也希望年轻一代可以为她们挑一些时尚的衣物,以便跟上潮流。"这不仅是代际影响,而且是代际利用。

有些品牌商已经注意到这些趋势,并已经采取策略,增加与多代相关的推广内容。"我们希望祖父母和他们的孙子女一起享受TikTok的乐趣。"该公司的一名高管说。在TikTok平台,祖父母和孙子女一起制作视频的账户越来越多,而这种增长是从新冠疫情期间开始的。和祖父一起制作视频、拥有近50万粉丝的丽贝卡·米勒(Rebekah Miller)表示,这种多代数字体验有助于减少孤独感和单方面的依赖关系,有助于创造代代相传的记忆。"说实话,我非常震惊,我从未想过会有这样的事情。"米勒说。在他们制作的视频中,有一条播放量超过了100万次。"哇,那可是非常多的人。"她祖父说。

此外,跨国市场咨询机构尼尔森旗下竞争情报部门全球负责人斯科特·麦肯齐(Scott McKenzie)表示,"多代家庭将会导致品牌购买决策失衡",而且这种情况会越来越普遍,因为目前美国有6 000万人生活在多代家庭中,即三代人乃至更多代人生活在同一个屋檐下。"现在的孩子越来越多地受到年长看护者的购买习惯的影响,这会对他们日后的消费思维产生长期影响。"加拿大父母测试及认可机构创始人莎伦·温德里纳(Sharon Vinderine)说,"如此一来,品牌忠诚度、价格敏感性和价值感知可能会发生变化,因为孩子会观察并模仿那些对他们产生直接影响的人的习惯。"青少年和年轻的成年人的消费行为将越发受到父母和祖父母的驱动，而且现在祖父母的寿命越来越长，无论他们是否生活在同一个屋檐下，影响都是真实存在的。

近年来出现的另一种多代动态是优步（Uber）和爱彼迎等平台上的"协同消费"。在当前这个时代，大多数资产（房屋和汽车等）的拥有者是年龄在45岁及以上的人，而共享出行和共享住宿等服务的使用者多是年龄在45岁以下的人。如此一来，双边平台也就为多代互动创造了独特的机会。类似的例子不胜枚举。

常青一代与后世代营销

"越来越多的市场营销人员开始谈论'常青一代'，也就是消费行为更多地受信念而非年龄支配的消费者。"德勤的马丁说。（我们在第5章中讲过，"常青一代"这个术语是由连续创业家吉娜·佩尔提出的。）关键问题是，后世代动态自身就会形成新的趋势。"常青一代消费者会不断尝试新事物，因而他们往往不会太在意'应该'穿什么。相反，源于内心的真实感受对他们来说最重要。"马丁表示。在后世代时代，常青一代的概念将取代模糊的、刻板的世代概念。"汤丽·柏琦（Tory Burch）……创办公司时并没有说'我要为18~70岁的女性打造一个品牌，现在让我们来设计吧'。"德拉比奇说，"相反，他们专注于设计无可挑剔的、不受时间影响的高质量产品，他们倾听客户心声，忠于自我，而不是想着去迎合每一个人。"这家总部位于纽约的零售商在全球拥有超过300家门店，以及多达7种语言的电子商务网站。这位创始人建议，"要寻求与各年龄段消费者之间的情感联系，在新产品、媒体平台和设计等方面，要敢于冒险，敢于尝试"。马丁表示，"在后世代社会，没有放之四海而皆准的成功法则",而这也是商界的普遍定律。

各大品牌商已经认识到后世代营销的重要性。2015 年,思琳(Céline)邀请琼·狄迪恩(Joan Didion)担任公司形象代言人。2016 年,耐克公司发布名为"活力不信极限"(Unlimited Youth)的市场活动系列广告,向有着"铁人修女"之誉的铁人三项运动员、86 岁的修女麦当娜·布德尔(Madonna Buder)致敬。"许多时候,我都得面对失败,面对未能达到自己目标的现实。"她在视频中说道,"但我最终意识到,唯一的失败就是不去尝试,因为你的努力本身就是一种成功。"《广告周刊》将该广告评为"每日最佳广告"。

业内专家表示,在敏感问题上,通过把幽默和积极向上的信息结合起来,耐克似乎完成了一项不可能完成的任务。电视广告调研公司 Ace Metrix 在报道中写道,该市场活动中的两条视频触动人们的神经,"得到了广泛赞誉……给人一种幽默感……扣人心弦……引人关注"。该公司还表示,耐克的这一广告在观众中引起广泛反响,好感度和关注度都很高。"喜欢那位修女,也喜欢她传递的心态永不老的信息。"一名千禧一代的观众表示。"我喜欢修女和广播员的对答。这让广告看起来更真实,也更贴近生活,跟那种纯粹的广告不一样。"另一名千禧一代的观众说。"我喜欢这种拍摄手法,也喜欢片子的主角。我真的特别有感触。"还有一名千禧一代的观众说,"我一直在努力保持活力,当我年老的时候,我希望我依然充满活力。耐克是我穿过的最舒适的跑鞋。"此外,广告也抓住了更年轻一点儿的观众的想象力。"耐克的广告太棒了。我喜欢那位修女,喜欢她的意志力……她比我更有活力……哈哈!"Z 一代亦折服于耐克此次市场活动的魅力,"片子中的那位'铁人修女',既励志又有趣。"

一年后的 2017 年,梅赛德斯-奔驰发起名为"成长"(Grow Up)的市场活动,主题包括找一份工作和做好父母等。活动的目标是吸引千禧一代消费者,同时不损害品牌在前几代人心目中的地位。它强调设计和技术，但在质量、可靠性和安全性方面不打折扣。"我们的任务是为梅赛德斯-奔驰的紧凑型车创建以内容为导向的市场推广片。对于 5 款营销车型，我们首次决定在一个新的品牌平台下对它们进行整合，而不是分开单独宣传。"德国广告公司 Antoni 的创意总监法伊特·莫勒（Veit Moeller）说，"这也是我们第一次觉得我们可以把受众对准更年轻的人，因为在很多方面紧凑型车可以说是该品牌的入门车。"他们的策略是"确立一种共有的洞见，既要延续品牌的传统，又要吸引下一代梅赛德斯-奔驰车主"。在某种意义上，他们找到了一个可以扩大潜在客户群的方法。

同样是在 2017 年，美国彩妆品牌封面女郎（CoverGirl）发起"我即我妆"（I Am What I Make Up）的市场活动，邀请 32 岁的伊萨·雷（Issa Rae）和 69 岁的梅耶·马斯克（Maye Musk）等名人为公司新推出的一系列产品线进行宣传，其中就包括 40 个不同色号的粉底液，它适用于不同肤色。"我很高兴能够参与封面女郎的宣传活动。它反映了当下的一种文化氛围——积极、包容和赋能，让女性自由表达她们的审美观。"全球创意公司 MPC 旗下纽约工作室的萨姆·凯恩（Sam Caine）说。科蒂集团大众美妆业务部门总裁劳伦特·克莱特曼（Laurent Kleitman）指出，封面女郎的市场活动旨在"庆祝和解放美的多样性。在倡导个性和自我表达的时代，美理应让人感到快乐"。

通过这些例子，我们可以看到在拥抱后世代市场方面，品牌商可以采取不同的路径。"在我看来，有两种策略：第一，采取更包容的方法，不被年龄定义，只关注受众的价值观和相似之处，毕竟婴儿潮一代和千禧一代也有很多共同点。"广告机构腾迈广告全球网络美国事业部文化策略全球总监莎拉·拉比亚（Sarah Rabia）说，"第二，瞄准特定受众，但要展现积极、现代和进取的精神基调。"市场营销人员常提到的一点是，当人们被问及想以何种方式度过老年生活时，他们往往会说希望自己生活在后世代环境中，与不同年龄段的人产生交集并享受由此带来的多样性。

"值得注意的是，在大多数情况下，人们并没有打算成为后世代社会的一分子。这是一个自然而然的过程。"德拉比奇说。对市场营销人员来说，这是一个良机，因为人口结构的转变与市场营销的算法革命恰好赶在了一起。"消费者期望能够与品牌持续对话，也期望品牌能够感受到他们的投入，并视他们为社群的一部分。"马丁说，"从品牌营销的角度讲，这意味着你需要同消费者建立大量的接触点，而这些接触点需要根据不同的人群定制，并要让他们感受到这一点。在很多情况下，产品都是一样的，但信息需要量身打造。""品牌的整体信息必须植根于其独特的情感和功能优势，这一点至关重要，但在表达该信息时，品牌可以以细微的差别把它传递给不同代。"波士顿咨询公司合伙人皮埃尔·杜普雷勒（Pierre Dupreelle）说，"通过先进的数字营销和个性化技术，品牌可以实现精准投放，同时利用媒体或渠道向年轻消费者强调文化公信力的关键驱动因素，从而在不疏远老一辈消费者的情况下接触到年轻消费者。"跨国广告公司麦肯世界集团建议按照人们的心态进行群体细分——"无龄感"的冒险者、社区护理者、梦想实现者、青春追逐者和未来忧虑者等。"我们现在可以轻松获取消费者的生活细节，比如他们的爱好、朋友、工作兴趣和度假计划等。"甲骨文组织发展顾问杰茜卡·克里格尔（Jessica Kriegel）说，"公司可以通过更具体、更准确的信息来锁定消费群体，而不是靠过时的、缺乏根据的刻板印象……世代这个范畴太宽泛了。"其实，这还不只是宽泛的问题，还存在模糊性和潜在的误导性。

品牌可以通过先进的算法精确锁定细分群体，但在数字营销的支持下，与之相对的更具包容性的策略同样能起作用。"最近在跟街区里一家百吉饼店的老板聊天时，她告诉我说她女儿向她推荐过互联网内衣品牌 ThirdLove。"该品牌的联合创始人兼联合首席执行官海迪·扎克（Heidi Zak）回忆说，"然后她又告诉我，她妈妈也已经开始买我们的文胸。也就是说，她们一家三代都在穿我们的产品。能听到顾客这么说，真是太酷了。"扎克认为，诀窍就在于忽视年龄，专注于产品如何才能吸引最广泛的顾客群体。"我们希望有一款适合所有女性的文胸，当然这包括所有年龄段的女性。但当时，我们更关心的是尺寸的问题……向不同代的人推销同一款产品，并不需要多种策略。"她说。

事实上，扎克起初并没有意识到她们在广告中一直使用年轻模特，尽管其品牌的忠实顾客中有很大一部分年龄在 40 岁以上。直到后来，有一名顾客提醒了她。扎克说："你没有必要通过特定信息来拼命追求年长的客户群体。重要的是，作为一个整体，你让品牌更专注于包容性、多样性。"ThirdLove 的照片墙和脸书账户现在已经包含不同年龄段、不同体形的女性形象。"我们在社交媒体上展示的中老年模特很受关注——不只是中老年群体关注，年轻的女性也经常参与评论或给我们的客服团队留言说，她们非常喜欢我们发布的那些内容。"扎克表示，他们的目标是打造真实且包容的品牌，确保"品牌传递的信息能被所有年龄段的人接受"。对任何企业来说，这都是一剂良方。

越来越多的机构正在积极采取多元化策略，以消除市场营销中的年龄歧视问题。"抛开年龄，把最具开放精神、最踏实肯干的员工召集在一起，看看会发生什么。"人才招募咨询公司未知（Unknown）的创始人奥利·斯科特（Ollie Scott）说，"认知多样性是我们赖以生存的特殊方式，由此产生的成果也证明市场营销领域的年龄歧视必须被摒弃。"即时传媒公司（Immediate Media）首席营收官邓肯·蒂克尔（Duncan Tickell）对此表示赞同，他说："在品牌营销方面，我们长期以来一直推崇成熟受众的价值。我们的研究表明，40 岁以上的人是精通技术的媒体消费者……我们称他们是'财富一代'，我们也认识到，他们被许多品牌长期忽视，因为这些品牌错以为年轻一代才是他们优先追逐的对象。"美国文化信息咨询公司Sparks&Honey 负责战略伙伴关系的副总裁安娜莉·基利安（Annalie Killian）表示："花在千禧一代身上的营销预算是其他代预算之和的5 倍以上；然而，55 岁以上的消费者的开支比 18~34 岁的消费者多出一倍以上。"她建议"用基于文化洞见的策略来取代这种对年轻人的痴迷。首先，要以一种非常人性化的方式对待不同年龄段人群的价值和价值观；其次，要真实反映不同代之间的交集，包括在生活、工作和娱乐等诸多方面。"从根本上讲，这需要放弃长期以来所秉持的以年龄为基础的市场细分假定。

无论是模拟营销还是数字营销，关键是要找到并充分利用不同代之间的接触点。"要想实现有效的世代营销，搭建一个让所有人有归属感的大帐篷，品牌经理需要找到那些可以把不同代的人联系在一起的纽带。"马修·施瓦茨（Matthew Schwartz）在美国全国广告商协会的博客上写道，"否则大多数市场营销人员就会把自己扭曲成椒盐卷饼，试图迎合所有年龄群体的人，而这样做只会白白浪费钱。"比如，美国前进保险公司 2017 年发起了一项名为"活成父母的样子"的市场活动，受到各年龄段人群的广泛关注。它以一种健康又不失幽默的基调告诉人们，我们都会活成父母的样子。在其中一则广告中，年轻的妻子转变成了自己的父亲——言谈举止完全男性化，而且喜欢打高尔夫。"你以为我们买了电力公司的股票吗？"她一边说着一边怒气冲冲地关掉台灯。在每则广告的最后，都有这样一条声明："前进保险无法保证你不变成你的父母，但我们可以保证你的住房和汽车的安全。"

"就营销偏好而言，不同代之间的共同之处可以说多到令人吃惊。"市场营销机构 Data Axle 负责策略和咨询的高级副总裁斯塔西娅·戈达德（Stacia Goddard）说，"整体而言，消费者希望那些和他们有关系的品牌及他们所忠诚的品牌，能够与他们进行个性化的交流，并为他们提供个性化的体验。"他们发现，77%～88%的婴儿潮一代、千禧一代、Z一代和X一代都有这种愿望。即便是在渠道偏好上，不同代之间的重合度也是非常高的。除了Z一代，其他代都将电子邮件列为与公司沟通的首选方式，Z一代首选的是社交媒体。唯一的重大区别与网红有关：年轻一代更喜欢网红。"整体上看，各代人在购买习惯、媒体偏好及与品牌互动的愿望方面存在差异，但值得注意的是，世代并不是细分市场，即便是细分市场本身，现在看也是过于宽泛了。"戈达德说。

要想完全掌握后世代营销策略，市场营销人员还有很长的路要走。我们在本章中以市场营销为例，也是为了表明我们需要改变思维，以应对种种划时代的转变：预期寿命和健康寿命的延长、许多退休人员重新开始工作、替代性家庭安排的兴起、女性在社会中的新角色与现实，以及数字营销新工具的可用性等。我们不再生活在一个分隔的世界里。要知道，在分隔的世界里，特定年龄的人只能和同龄人一起生活、学习、工作、玩乐和购物，并在此过程中遵循特定年龄段的影响模式和行为模式。在这样的大背景下，真正意义上的后世代社会和后世代经济会是什么样子呢？

10 迈向常青一代社会
重塑生活方式

> 开发新思路并不难,
> 难的是摒弃旧观念。
>
> ———
>
> 约翰·梅纳德·凯恩斯(John Maynard Keynes,1883—1946)

2013年,80岁的日本老人三浦雄一郎(做过四次心脏手术,早前还经历过骨盆骨折)第三次登顶珠穆朗玛峰。在世界之巅,他通过卫星电话对女儿说:"我从没有想过我会在80岁时登顶珠峰。这是这个世界上最美妙的感受,虽然我现在已经筋疲力尽。"对于第三次攀登珠峰,他做了精心的准备。"我告诉自己,我不会放弃。"他回忆说,"在攀登过程中,我想过放弃,也产生过动摇的念头,但最终还是坚持了下来,一直往上爬。"他的壮举挑战了人们关于年龄和复原力的传统观念。即便携带氧气瓶,你也只能在珠峰峰顶待半个小时左右,因为那里的空气非常稀薄,含氧量仅为海平面的三分之一。"然而,我发现我在那里待了一个小时,看风景,拍照片。能够在地球最高点的珠峰峰顶待一个小时,是我有生以来最奢侈的经历。"三浦雄一郎回忆道。

只有极少数精英级的登山运动员能够独自登顶珠峰。考虑到三浦雄一郎的年龄，他的壮举是多代人共同努力的结果，而这个多代的大团队中还有他的儿子三浦豪太。有人可能会说，攀登珠峰需要30多岁的人的精力和耐力、40多岁的人的登山经验和判断力，以及50多岁的人的刚毅精神。就三浦雄一郎的团队成员而言，包括1名50岁出头的日本登山领队、三浦雄一郎43岁的儿子、1名30多岁的摄影师、13名提供向导服务的夏尔巴人（年龄在26～44岁）、5名负责支援的日本人（年龄未公布），以及5名提供餐食服务的夏尔巴人（年龄在14～18岁）。人类的个人能力是有限的，但如果多代人相互协作，在团队中发挥各自独特的优势，努力克服沿途的种种障碍——从大本营上方的冰瀑到海拔20 000英尺的危险雪崩，再到距顶峰一尺之遥的生命攸关之地，那么我们就有可能突破限制壁垒。此外，在此次登山过程中，不同代的人扮演了不同的角色，他们相互学习，为未来的探险活动储备力量。

三浦雄一郎无疑是常青一代的典范，他的励志壮举并不意味着所有人都应该参与高风险的活动，比如登顶寒风呼啸的雪山。他的很多成就挑战了我们对生命历程的传统看法。按照人生顺序模式，生活、学习、工作和消费主要发生在同一代人之间，或至多两代人之间，这就与三浦雄一郎的珠峰探险形成了鲜明的对比。对我们来说，这或许是最微妙的启示。事实上，这场涉及人生观的危机早已在酝酿之中。"把所有的玩乐和学习都放在童年，把所有的工作都放在中年，把所有的遗憾都放在老年，这种安排是完全错误的，也是残忍专断的。"文化人类学家、畅销书《萨摩亚人的成年》（*Coming of Age in Samoa*，1928年首次出版）的作者玛格丽特·米德如是说。40年后的20世纪70年代初期，历史上最具远见卓识的管理顾问之一彼得·德鲁克乐观地宣称："我们现在接受了这样一个事实，即学习是一个保持与时俱进的终身过程。"又过了半个世纪，我们依然期望在学校或大学里学到的知识能够终生受用,期望我们这一辈子只干一种工作就能谋生,期望我们能够享受漫长的退休生活。然而,考虑到现在人均预期寿命的延长和技术变革的加速,我们需要重新考虑从学校到工作再到退休的模式了。

一个多世纪以来,都是同一种模式:一代人在玩乐,另一代人在学习;一代或两代人在另外一代人的指导下工作;两代人处于退休状态。这是我们生活的最佳组织方式吗?这会给我们带来繁荣和福祉吗?一连串的问题困扰着社会中的大部分人,而这些问题都源于或部分源于人生顺序模式所形成的束缚。在前面几章中,我们已经讨论过很多问题,包括青春期压力、成年期的延迟、少女妈妈、生育率下降、工作/家庭失衡、中年危机、职业生涯死胡同、代际冲突、养老金缺口、退休后的孤独感、性别歧视、经济不平等,以及不满的消费者。这些问题不仅吞噬作为个体的我们,而且使整个社会和国家面临难以承受的紧张局势。与其诉诸修修补补的政策,不如采取一劳永逸的措施,让这些问题一一消失。为此,我们需要重新组织我们的生活方式,我们要做的是消除问题,而不仅是解决问题。我们要摒弃僵化的俾斯麦式的顺序模式,不再单纯依据年龄来定义我们自己及我们所做的事情,而是采取常青一代思维。

常青一代思维

我在前言部分提到,本书不会为人生顺序模式所引发的每个大问题提供具体的解决方案。正如我在前面几章中所写到的,在人口转型和技术变革的双重驱动下,后世代革命及随之而来常青一代的崛起会让我们看到谁是现行体制的受益者、谁不是受益者。这是一种告诫,敦促我们重新审视现有的生活方式,看怎样才能实现真正的机会平等,让每个人的潜力都得到充分的发挥。关于玩乐、学习、工作和消费的一些想当然的假定，我一向持怀疑态度，而这也应该是我们所有人的立场。我们需要打破过去那个时代遗留下来的模式。我们周遭的现实已经超越严苛的人生顺序模式的范畴，但与该模式相关的各种问题依然存在，而且有些问题已经呈现恶化趋势。现在该是我们利用常青一代的方法和后世代的策略的时候了。我们要做的是消除问题，而不仅是解决问题。我们要逐步改变我们人生中的指导体系，从而发掘新的机遇。

　　首先，这种受常青一代社会理念启发的方法，有可能消除因人们未能及时实现人生阶段转变而产生的所谓"污名化"问题，进而创造一个公平的竞争环境。比如，当不同代的人在一起生活、学习、工作和消费时，那些在青少年时期没有明确职业规划的人或在生活中遭遇挫折的人，将更有机会找到适合自己的人生路径。他们不会再因生活错配而显得格格不入。

　　常青一代思维也有利于人们在其他领域取得更好的成果，而对于那些人生中顺风顺水、未曾经历重大危机或悲剧的人，这种思维同样有利。比如，时下越来越多的人开始重塑自我，但职业生涯的结构方式起不到任何帮助作用。工作场所是属于多代人的，但我们尚未充分发挥不同代之间的互补潜力，比如在技能、专业知识和经验方面。科技不断使知识过时，但我们仍没有找到一种流畅便捷的方式，确保人们在整个生命周期中都能在工作和学习之间来回转换身份。回到市场营销的问题上，大多数市场营销人员似乎都固守这样一种理念，即生活方式品牌是年轻人的天下，完全忽视了家庭内外不同代之间的相互影响。

设想一个常青一代社会

"70%的劳动者表示他们喜欢跟其他代的人共事，而且大多数人认为，无论是年轻的员工还是年长的员工，他们都会带来许多有助于改善工作环境的积极成效。"美国退休人员协会在2019年的一项研究中表示，"在多代工作环境中，员工特别在意的一点就是'予与取'。"美国退休人员协会首席公共政策官黛布拉·惠特曼（Debra Whitman）表示，多代工作场所的潜在好处是多方面的。"多代工作团队的表现优于其他团队……多代劳动力提高了劳动力的连续性和稳定性，也有助于留住智力资本……再者，年龄多元化的劳动力可以为公司提供更多市场洞见，其中也包括与老年消费群体相关的洞见。"惠特曼说。关于这些关键优势，我们在前文中已经讲过。

但好处并不仅局限于商界和经济领域。年龄既是一种生物学事实，也是一种社会和政治构建。医学和技术正在重新定义人类的寿命和健康寿命，促使我们重新调整长期以来所秉持的、关于人们在不同年龄段可以做什么及不可以做什么的社会及政治假定、观念和预期。现在，我们需要重塑我们的生活方式。

真正的常青一代社会应该是这样的：它要求我们对生活、学习、工作和消费的方式进行重组。它意味着各代之间互动的加强，因为学校和职场之间的界限变得更加模糊；至于学习模式，则主要是基于技术支持的远程学习与面对面学习的混合模式。它为青少年提供压力较小的人生路径，让他们精心选择适合自己的发展道路；他们可以多次重返校园，然后在此基础上重新规划自己的职业生涯，而无须在未做好充分准备或迫于父母的压力的情况下做出影响一生的重大决定。它使父母（尤其是年轻母亲）能够平衡工作和家庭责任，减少了必须在家庭和事业之间做出选择的可能性；在任何年龄段，他们都可以回归家庭、重回校园或重返职场，而无须遵循严苛的时间表。它为那些原本可能被社会"遗弃"的人提供机会，包括辍学生和因技术变革或经济结构调整而面临职业生涯死胡同的人。它为退休人员或半退休人员提供条件，确保他们可以过上更充实、更有经济保障的生活。

让我们先总结一下常青一代社会的潜在好处,然后再来看在文化、组织和政策方面,我们需要做出何种改变才能取得进步。不再严苛拘泥于人生顺序模式,或远离这种模式会有所助益。

- 它提供更灵活的时间安排和更多元的发展路径,减轻许多人从一个阶段过渡到另一个阶段时所承受的压力。
- 它提供替代性的,也可能是曲折的发展路径,帮那些因人生厄运或糟糕决定而被社会"遗弃"的人走出困境,进而过上令人满意的生活。
- 它提供兼顾认知能力和工作经验的新工作场所实践及做法,充分释放不同年龄段的劳动者的创造潜力。
- 它让教育和知识变得更加普及,助力人们终身学习,使他们更好地应对颠覆性技术变革或重塑自我。
- 它提供更灵活的职业生涯路径,为企业界和劳动力市场中的父母创造公平的竞争环境。
- 它提供有助于退休人员按照自己的意愿从事兼职工作的方案与计划,避免退休带来的负面影响,比如孤独感。
- 它全面改革养老金制度,助力退休人员从事兼职工作或自我雇用,进而在来之不易的退休回报和年轻一代的愿望之间达成一种可行的平衡。
- 它教育我们每个人天生就有优点和弱点,不应对任何群体抱持不公平的刻板印象,如此一来也就会减少年龄偏见和年龄歧视的根源。
- 它拥抱包容的市场营销策略,致力于打造让每一代都感到舒适的消费市场。

这些都是我们应当全力追求的可能性，但如果我们不在文化、组织和政策方面做出改变，那么一切都是空谈。这未必是大刀阔斧的改革或自我革命，我们可以以审慎稳妥、循序渐进的方式推进。我们可以慢慢来，不断试验和调整。朝着常青一代社会坚实地迈出的每一步，对我们来说都是有助益的。

文化变革

"全世界是个舞台。"这是威廉·莎士比亚的《皆大欢喜》中一段著名的独白，"所有的男男女女不过是一些演员。"忧郁的雅克通过"七个时期"讲述了"他们的退场和上场"，分别是"啼哭呕吐"的婴孩、"哀鸣"的学童、"叹息"的情人、"胡须长得像豹子一样"的军人、"肚子圆滚滚的"法官、"第六个时期……鼻子上架着眼镜，腰边悬着钱袋"，以及最后一个时期——"孩提时代的再现……没有牙齿，没有眼睛，没有口味，没有一切"。

只有莎士比亚才能把它写得如此生动、如此直白。

人生顺序模式深深地植根于我们的文化中。正如许多戏剧、小说、诗歌、影片和电视节目所揭示的，在从婴儿期、童年期、青春期、成年期直至退休的整个生命历程中，我们要经历从一个阶段过渡到另一个阶段的种种考验与磨难。在大众的想象中，不同的人生阶段有不同的标志性事件，从一个阶段过渡到另一个阶段也有相应的仪式。当然，其中也包括未能按照顺序及时过渡到下一阶段的后果。关于这一点，我们已经在第2、第3和第4章中讲过。

首先，常青一代社会的到来需要我们转变思维模式。中小学、大学、公司、政府机构乃至整个经济，都是围绕着固定年龄组人群的划分而组织起来的。在过去的一个多世纪里，这个体系为世界提供了良好的服务，但现在它已经呈现出过时的迹象。长寿、健康和技术不断向组织和社会施加压力，我们必须找到新的模板，以便不同代的人都能充分享受更长寿、更健康的生活。未来，适于后世代社会的玩乐、生活、学习、工作和消费方式会越来越多。

文化即分类。我们急需摒弃那些限制人们可以做什么、不可以做什么的类别，因为它们定义了所谓的"适龄"。如果类别转变成了一种详尽的、排他性的分类体系，那么它产生的后果尤为严重，因为这意味着每个人在任何一个既定的时间点都属于且只能属于一个类别。人生顺序模式按照年龄和活动把人们归入不同代，为那些想在人生中取得成功的人规定了一条从摇篮到坟墓的线性路径。它成为各类组织处理员工关系的基石，比如托儿所、学校、大学、医院、政府机构和公司等。

消除分类可能很难实现，但或许我们可以克服按照年龄和世代对人们进行分类的偏见。比如，世界价值观调查项目在2010—2014年对57个国家和地区的超过8万人进行了调查。相关问题包括：他们是否愿意接受30岁或70岁的上司；在本国，是否大多数人认为70岁及以上的人是"友好的""有能力的""值得尊敬的"。另外，调查中还有一些直截了当的问题，比如"老年人是不是社会的负担""老年人从政府那里获得的福利是不是超过了他们所应得的""老年人的政治影响力是不是太大了"，以及我们最关切的一个问题——"从业绩来看，只雇用年轻人的公司是否优于那些雇用不同年龄的人的公司"。

总体来看，超过一半的受访者表示他们完全可以接受30岁或70岁的上司。有趣的是，在拉丁美洲、俄罗斯、曾经的苏联加盟共和国，以及部分西欧国家，如荷兰、西班牙和瑞典，人们更喜欢年轻的上司，而在中国、德国和日本，人们对70岁的上司更偏爱一些。在美国和韩国，30岁或70岁的上司在人们眼中几无区别。

好消息是，根据全面的统计分析，"在受教育程度较低的年轻男性群体中，持年龄歧视态度的人的比例显著增加"。之所以认为这是一个好消息，是因为作为一名教育工作者，我知道实现文化变革的路径，即加强对年轻人尤其是年轻男性的教育，让他们了解多代社会的好处。年龄歧视和世代偏见更常见于南亚、中东和非洲等地区的低收入国家，这些地区的人口都很年轻，而在未来，学校教育将会使更多的人受益。因此，我依然持乐观态度。但文化变革也有可能会被组织规则和程序所扼杀，所以组织规则也需要改变。

组织变革

"我今年69岁，而这意味着我找不到工作了。"美国得克萨斯州圣安东尼奥的居民黛安·胡思（Diane Huth）说，"我在美国企业界的大公司干了40多年的品牌推广工作。"她的经历跟很多专业人士的经历颇为相似。胡思说："但我现在找不到工作，就连15年前已经在做的工作也找不到了。由于各种筛选机制，我甚至连面试的机会都得不到。我真是太老了，没有人会认真对待我的求职信息，即便那是我很擅长的工作。"在年龄分布谱系的另一端，年轻人抱怨他们在工作中没有被赋予足够的责任，抱怨工资收入买不起住房，甚至抱怨找不到稳定的工作。

与文化变革的情况类似，我们再一次陷入年龄和世代歧视的辩论，试图解决问题，而不是从根本上消除问题。诚然，我们必须通过法律、文化和组织方式来消除各种公开和非公开的歧视，但我们也要确保能从多代的学习、工作和休闲环境中获益，这一点适用于所有组织，包括教育机构、企业和政府。否则，我们将无法最大限度地降低青少年的抑郁风险、中年危机风险、职业生涯的死胡同风险，以及养老金危机风险，等等。

在常青一代社会，教育部门是最有可能改变世界的部门，它有助于我们克服文化偏见,并为我们在学校和职场之间来回转换身份创造新的机会。"21世纪的文盲将不是那些不会读写的人,而是那些不懂得学习、忘却学习和再学习的人。"未来学家、作家阿尔文·托夫勒(Alvin Toffler)说。人口、经济和技术转型将迫使我们在一生中多次进入学习、忘却学习和再学习的循环。在25岁及以上的群体中,学习新技能的人越来越多。(值得注意的是,在美国,超过三分之一的大学生的年龄在25岁及以上。)一方面,他们通过正规的学校教育学习新技能;另一方面,他们通过令人眼花缭乱的数字化途径获取新技能,比如数据分析、公共演讲和素描等技能。要想在组织内的新岗位上取得成功,忘掉原有的习惯、程序和思维方式至关重要。若是跳槽到其他组织或转行从事另一种职业,那么这种忘却学习的能力就更加重要了。银行家出身的活动人士需要时常提醒自己,在社区活动中可没有那么容易计算的内部收益率。再学习通常涉及旧知识的更新。我教过的很多学生都说,他们在商学院读书时并没有意识到领导技能的重要性,直到在技术岗位上工作多年,成功进入公司领导层后,他们才发现这些技能的重要性。

学习、忘却学习和再学习有助于人们追求非线性的职业发展道路和多重职业发展路径,但这不仅需要新的教育机会,而且需要雇主的配合,即雇主愿意重新审视和重塑他们甄选、吸引、奖励和留住人才的方式。这是一项异常艰巨的任务,因为无论是在企业界还是政府部门,人力资源实践都是高度官僚化的。打造灵活的晋升阶梯可以说是一个良好的开端。有些企业已经在内部工厂车间和市场营销等部门采取了多代策略,致力于打造后世代工作场所。效仿这类企业的做法将有助于弥补人生顺序模式的缺陷。"时下变革无处不在。公司要想发展,必须解决其所面临的一些棘手问题。"加里·科佩瓦斯(Gary Kopervas)说。他是位于美国费城郊区的品牌机构20nine的高级副总裁,负责品牌策略、故事设计和创新板块业务。"我们发现,把婴儿潮一代、X一代、千禧一代和Z一代的员工安排在一个充满创意的环境中,会给组织带来更多的解决方案选项……如果创造力是我们的目标,那么打造一个多代的环境将有助于我们找到更好的解决方案。"科佩瓦斯接着说。

等到大大小小的公司开始在人才招聘和晋升等方面接受在线教育资格证书时,真正意义上的后世代劳动力才会诞生。否则,越来越多的有能力的学生只会被雇主忽视。比如,在2019年秋季学期(即新冠疫情暴发前的那个学期),美国就有多达340万的大学生完全依赖在线学习,约占大学生总数的17.5%。在美国的公立大学,这一比例仅为13%;在私立的非营利性大学,该比例为21.4%;到了私立的营利性大学,该比例飙升至62.8%。因此,我们也需要公立大学加入这一引领潮流的创新大军。

正如我们在前文中看到的,一些公司已经意识到后世代市场营销和后世代工作场所的潜力,但它们的数量依然很少,或许只有大公司率先行动起来,才能掀起打造后世代工作场所的浪潮。如果想让更多的公司加入其中,可能还需要出台相应的激励措施、规章制度和新政策倡议。

政策变革

"我认为重要的一点是,整个社会(特别是政府)应当着力促进年轻人和老年人之间的相互理解。"74岁的海地女性奥利普西亚在接受联合国《全球年龄歧视报告》(*Global Report on Ageism*)工作组采访时说。但政策制定者也要学会克服自己内心的年龄偏见,因为在教育、工作、住房和医疗保健等政策领域,这些偏见往往会转化为政策,进而使得人们对特定年龄群体产生刻板印象、偏见和歧视。要知道,在政府官僚体系中,身处高层的政策制定者通常是中年人——既非年轻人也非退休人员,至于民选或非民选产生的政客,年龄往往更大。

在向常青的后世代社会过渡的过程中,我们当然需要进行法律调整,以解决在就业、住房、医疗保健和法律诉讼等领域针对年轻的成年人和 60 岁及以上人群的歧视问题。在《全球年龄歧视报告》中,联合国指出,无论是在发达国家还是发展中国家,针对年龄分布谱系两端人群的歧视尤为严重。要想改变现状,推动当前社会朝着真正意义上的后世代社会方向发展,除了法律,文化、组织和政策方面的变革也应包括在内。再者,除了克服年龄歧视,我们还需要采取一种新的生活组织方式,加强各代之间的互动。事实上,强化代际接触和协作也可能是克服基于年龄的刻板印象、偏见和歧视的最佳方式。

根除歧视需要政策,培养常青一代思维同样需要政策。比如,我们可以扩大教育机会,通过教育改变人们的心态,并为他们提供更灵活的职业发展路径。此外,政府可以考虑重新配置资源,在人均预期寿命不断延长的当下,致力于延长人类的健康寿命。正如经济学家戴维·诺伊马克(David Neumark)最近在美国智库布鲁金斯学会发表的一篇文章中所建议的,要想从后世代课堂和后世代工作场所中受益,我们还应该更大胆一些,在平等、多样性和包容性政策(如平权行动)中加入世代维度。如果想更早一点儿取得进展,或许也可以考虑一下配额制。如果所有大公司都必须将一定比例的工作岗位预留给高中辍学生、带小孩的父母或已经有孙子女的老一辈,那会怎么样?我可以列出若干理由,表明配额制是反生产力的,是不公平的,但我也可以给出同样多的理由,表明配额制是富有成效的。在某些情况下,我认为当前的体系需要大刀阔斧的改革,需要重新启动。或许只有配额制才能为我们带来一个全新的开始。商业企业的董事会已经采取类似的配额制,若非有这样的强制要求，在很大程度上，女性和少数族裔仍将被排除在公司治理之外。既然如此，那我们为什么不在更广大的组织世界里尝试一下呢？

政府对各种行为进行引导和刺激，比如退休储蓄、节约能源和生育子女等。既然推进世代互动有众多潜在的好处，那现在也该是政府采取相应政策的时候了。何不针对学校、大学和企业出台积极的激励措施，使人们更容易追求非线性的人生轨迹，也更好地适应经济和劳动力市场的变化？何不最大限度地强化工作场所中各代之间的互动和协作力度？何不让人们在健康寿命期间混合安排工作与休闲生活，从而确保未来养老金体系的可行性？我们确实需要充分发挥想象力，把基于人生顺序模式的线性路径转变为多重路径，使人们能够找到适合自己的人生轨迹。技术致使知识以更快的速度过时，从而创造了对这种灵活性需求，但同时在当下这个学习需求持续飙升的时代，通过提供差异化的教育选项和职业生涯选择，它也有可能成为救星。

加快发展后世代社会和经济

好消息是，后世代的生活、学习、工作和消费方式受到日趋强大的力量的驱动。常青一代思维已经生根发芽。生育率的下降意味着上学和上大学的同龄人减少了，这一点在东亚、欧洲和北美尤为明显。因此，对传统教育机构来说，它们也就有了巨大的变革动力，以满足传统在校生之外的其他年龄群体所需的教育服务。技术变革是推动后世代学习的另一个重要的加速器，因为与过去相比，技术会让人们的知识和技能以更快的速度过时。如此一来，他们就得重新回归学习模式，与不同年龄段的人一起学习。人口形势变化引发的劳动力严重短缺、地缘政治紧张局势和新冠肺炎大流行，已经迫使企业及其他雇主重新考虑他们对特定年龄员工所持的偏见。品牌商和市场营销人员正在重新校准他们的策略，因为消费的重心已经开始转向年龄分布谱系的高龄群体。学习、工作和购物的真正后世代化也必然会带动休闲和娱乐的后世代化，因为我们倾向于跟那些在学校和工作中与我们有互动的人一起玩。因此，常青一代社会的到来是由人口变动、技术变革和新冠肺炎大流行等大事件推动的。

迈向后世代社会的步伐，会因各人不同的考虑维度而迥异。我们先来看多代家庭的情况。在发达国家，有高达 20% 的人口生活在多代家庭中（见第 3 章），而且这一比例仍在增长。究其原因，主要还是生活所迫，但现在也有越来越多的人自愿和两代及两代以上的人生活在一起。在新兴市场国家和发展中国家，受城镇化进程和新的经济机会的推动，多代家庭的比例已经大大降低。因此，从多代家庭的维度看，这个世界是存在分歧的，大致的分界线就是发达国家与发展中国家的分界线。

与多代家庭形成鲜明对比的是多代学习，这也是我们的第二个关键维度。在全球 20 岁及以上的人口中，选择继续接受教育的人越来越多，只不过他们的教育起点相对较低。在 30 岁及以上的人口中，选择进修高等教育学位课程的人的比例只有澳大利亚、芬兰和土耳其超过 10%，丹麦、冰岛、瑞典、新西兰、匈牙利和巴西超过 5%，美国约为 4%。正如我们在第 5 章中看到的，在 60 岁及以上的中国人口中，有 25% 正在就读面向老年人设立的特殊大学。[①] 传统学位教育所面临的挑战不仅是要满足各个年龄段学生的需求，而且要摒弃旧有的模式，即不同类型的大学对应不同年龄段学生的模式，进而实现真正意义上的后世代教育。

不同于传统的学习模式，后世代的在线学习在世界各地不同年龄段的人群中都呈现爆发式增长趋势。在欧盟的 27 个国家中，30

---

① 此处数据存疑，参见本书第 99 页编者注。——编者注

岁及以上的人口接受在线教育的比例从 2015 年的不足 10% 上升到 2021 年的 20% 以上。在英国，这一比例接近 30%，美国至少也是同等水平。各大企业已经注意到这一趋势。咨询机构毕马威的数据显示，1995 年，仅有 4% 的美国大中型企业为员工提供在线学习机会；2022 年，这一比例已经接近 90%。美国退休人员协会 2019—2020 年开展过一项调查，对象是来自经济合作与发展组织 36 个成员国的近 6 000 名公司高管。结果发现，超过 80% 的受访者表示与终身学习、教育和培训相关的信息非常有用或比较有用；略超 75% 的受访者表示他们公司极有可能或比较有可能为员工提供培训和终身学习机会。如今，在 30 岁及以上的人口中，参与终身学习的比例已经很高。下一步要建立面向常青一代的教育体系：它将从根本上取消按年龄划分的教育隔离，以便发挥真正的多代学习的好处。

在人才严重匮乏的压力之下，企业界已经开始拥抱多代工作场所的概念。这是常青一代社会和经济的第三个维度。美国退休人员协会的同一项调查显示，64% 的受访者表示他们公司已经出台与平等、多样化和包容性相关的政策，而在这些公司中，有 47% 将年龄作为考量因素；大约 46% 的受访者考虑过建立多代劳动力队伍的潜在优势；70%~80% 的受访者表示对如下内容非常有兴趣或比较有兴趣：多代劳动力的商业价值和战略优势、多代劳动力的业内对标工具、与多代工作场所设计相关的信息，以及与多代劳动力和多代团队管理相关的实践与洞见。对于二次就业或重返职场计划、多代员工资源小组、混龄小组和分阶段退休计划等倡议，他们也表现出了类似的兴趣。近 84% 的受访者表示，建立多代劳动力队伍对公司的成功非常有价值或比较有价值。

由此可见，公司高管对多代工作场所似乎非常感兴趣，那么普通员工的看法呢？咨询机构德勤 2020 年 6 月对欧洲七国 10 000 名员工开展的调查显示，仅有 6% 的受访者表示他们公司有能力领导和管理多代劳动力队伍。显然，这中间存在一个需要弥合的鸿沟。

第四个维度是多代消费。受多代生活、学习和工作的推动，多代消费呈现增长趋势。品牌商已经开始着力吸引不同代的消费者：一是强调不同代之间的共性，二是利用多代共同消费和常青一代营销的新趋势。不可思议的事情已经真实发生。媒体和流媒体平台正在打造多代的内容，包括探索频道、福克斯娱乐、哥伦比亚广播公司、西班牙语电视网 Telemundo、TikTok 和脸书等。美妆品牌现在把目标锁定在"19~99 岁"的年龄群体。加拿大美妆公司 19/99 在官方网站表示，该品牌针对的客户群是"那些想定义自己的美丽、对所谓'适龄'毫不关心的人"。在他们看来，"没有什么神奇的数字。这就是叛逆时代的美"。正如我们在第 9 章中所看到的，汽车公司也加入了这一趋势，就连迪士尼和乐高等广受欢迎的公司也不例外。

令人鼓舞的是，生活、学习、工作和消费的趋势是相互促进、彼此强化的，并且日渐朝着后世代社会和经济的方向迈进。让我们来总结一下加快向常青一代社会发展的最佳方法。

- 消除种种恶劣的年龄歧视，包括与教育、就业、住房和医疗保健相关的限制性政策，创造公平的法律环境。
- 鼓励教育部门的创新和竞争，让人们参与到终身学习中，而且是多代一起学习。这包括为不同年龄段的学生提供资助计划。
- 改革工作绩效考核和晋升制度，使那些有孩子的员工不必在家庭和工作之间进行复杂的权衡。这包括推行部分公司和组织已经采取的措施，比如延长晋升时限和提供带薪休假等。
- 政府因势利导，针对个人和公司出台相应的激励性政策和资助措施，使人们更容易在学校和职场间来回转换身份，同时鼓励组织不断强化后世代的互动与协作。
- 在工作、培训、再培训和职业发展方面，说服更多的公司和政府机构尝试推行后世代的策略。在人员招募和晋升方面，它们也应当接受高质量的在线教育资格证书。如此一来，率先采取相应政策的公司和政府机构就会成为变革先锋，也会成为其他公司和组织效仿的典范。政府和有远见的雇主要最大限度地加强人们的代际意识，强化多代学习与协作，全力推动社会和经济朝着多代的方向发展。

但是，我们不要被潜在的好处冲昏头脑，而不去考虑这一转型中涉及的重大风险。在后世代革命及采取常青一代思维的过程中，我们需要牢记三个重点。最大的问题可能是工具和方法的提供，即通过教育、技术和财务方面的资源供给，使人们能够在生活中追求多种发展路径。在平等获取资源方面，要保持高度警觉，因为这关系到后世代社会的潜在好处能不能被充分发挥出来。比如为国民提供基本收入这样的建议就大有助益，因为在面临经济和技术变革的新浪潮时，它会鼓励人们换工作或转行，以免错失良机。

另一个担忧是，虽然人类的寿命延长了，但在知识经济中，生育率的下降和财富积累的增加可能会导致遗产暴增，最终加剧不平等。就遗产继承的情况来看，其所产生的影响在世界各地不尽相同（见第 7 章），但在穷人和富人之间，收入和财富差距的进一步拉大将严重损害后世代社会的整体利益，并使机会平等受到威胁。

世界上很多国家都受困于高度极化的文化和政治气候。因此，从人生顺序模式迅速、急剧地过渡到另外一种强调多重路径和反馈环的生活模式，可能会引起轩然大波。原因很简单，每个人都有各自不同的文化和政治视角，因而当社会提倡一种新的生活方式时，自然也就会在第一时间引起广泛反应。当传统的核心家庭概念不再是常态时，极端保守势力可能会提议重拾古老的价值观和实践做法，比如强迫女性回归传统的角色，但这不仅不可行，也是社会中很多群体所不能接受的。我们必须向前迈进,但也要避免引起反弹,以免导致社会和政治分歧进一步加剧。

所以,让我们务实一点儿。对于渐进性改革和激进改革,我们要做战略性思考,以便最大限度地减少社会冲突和政治极端主义。让我们继续探究人生顺序模式是如何阻碍人们充分发挥潜力的,让我们来挑战那些给我们带来最大麻烦的假定,尤其是把人生划分为不同阶段的假定。在当今这个人口、经济和技术变革的时代,让我们基于新的理念和新的可能性开展试点计划,既要让人们跟上时代的步伐,也要让每个人都能充分发挥潜力。政府、企业、教育机构及其他类型的组织要把公民、学生和劳动者视为常青一代,要保持创造力,要跳出固有的思维模式,要成为变革的引擎,要致力于消除问题,而不仅是解决问题。只要有组织愿意尝试后世代的生活、学习、工作和消费方式,就必然会带来重大改变。

在向一个更加平衡、更加灵活的常青一代社会过渡时,要特别关注在工作、住房、税收、医疗保健、养老金和可持续性等方面的代际冲突根源。这可以说是重中之重。大规模转型从来都不是一件容易的事,也不可能不存在摩擦。事实上,与这些转型相伴相随的是社会和政治动荡、剧变和混乱。这一次也不例外。然而,只要摒弃过时的假定和做事方式,并充分发挥想象力,我们依然有可能重新组织我们的生活方式,进而为大多数人创造一个更美好的未来:无论是高中辍学生,还是拥有硕士学位的优等生;无论是少女妈妈,还是职业女性,或是准备重返职场的离异妇女;无论是那些因技术变革而失业的人,还是知识工作者。这是常青一代思维的固有承诺,这种思维方式将改变我们长期以来所使用的很多术语的含义,而正是这些术语将我们硬性归类,同时把我们的人生划分为不同的阶段。

* * *

大规模的人口变迁和技术转型正在一步步催生后世代的生活、

学习、工作和消费方式。基于此，我们将更有可能把人们从人生顺序模式中解放出来，也更有可能创造公平的竞争环境，让每个人都有机会过上有意义的生活。现在该是我们采取常青一代思维方式去消除问题的时候了。是的，是消除问题，而不仅是解决问题。如今的社会和经济早已不再是 19 世纪末的样子，那时出现的线性的生活组织方式更多的是为满足工业化的需求。在知识和技术的双重驱动下，我们现在已经开启迅速发展的后工业经济，而这就需要组织和个人以更快和更灵活的方式去适应瞬息万变的环境。要想在这场新的竞争游戏中脱颖而出，我们需要拥抱世代精神，让多代人一起生活、一起学习、一起工作、一起消费。后世代革命早在酝酿之中，越来越多的人也已经成为真正意义上的常青一代。我们要做的就是摆脱旧有观念，驾驭变革浪潮。

致谢

写一本书，就像是踏上了一场个人探索之旅。在本书的写作过程中，我对人生各个阶段的演进有了更多的了解。其实，在写本书时，我也刚好经历了职业生涯中的一次转变——从教授变为院长。与此同时，在经历了疫情之后，我跟大多数人一样，对未来可能发生的事情感到困惑，而且比以往任何时候都更能体会时光的飞逝。本书质疑了我们通常的生活方式，并对一些常见的假设发起了挑战。对于很多习以为常的信念，直到我开始与其他人交流时，才真正意识到它们的意涵和影响。我是一名教授，本书中的很多内容都得益于我在讲授该主题时获得的反馈。在此感谢数以千计的学生、高管和其他受众，正是因为他们提出的问题和给出的评论，使我得以在本书中完成更细致的论述，并进一步探索其他子课题。

我很幸运能够与出版领域一些极其优秀的人合作：爱维塔斯创意管理公司的简·冯·梅伦、圣马丁出版社的编辑迈克尔·弗拉米尼、保罗·斯里克领导的公关团队,以及查特韦尔演讲局的弗朗西斯·霍克。他们对卓越的追求和承诺,激励我朝着更高的目标迈进。

至于本书的撰写,实际上是在费城和剑桥的家中进行的。特别感谢王后学院院长穆罕默德·埃尔-埃里安,我在王后学院度过了无数个夜晚和周末,全身心地投入写稿和改稿的工作。一如既往地,贝尼托·卡奇内罗、何塞·曼纽尔·坎帕、卡洛斯·德拉克鲁兹、阿尔瓦罗·库尔沃、胡利奥·加西亚·科博斯、埃米利奥·翁蒂韦罗斯和桑德拉·苏亚雷斯为我提供无数的建议,让我少犯了很多错误。

如同先前写书一样,我的妻子桑德拉及两个女儿丹妮拉和安德烈娅见证了我的创作过程,并一直给予支持。在此,谨以本书献给她们三人。

资料来源

所有互联网资源的最后访问日期为 2022 年 8 月 20 日。

后世代社会的关键数据

1. 1900–1998 年美国人的预期寿命，参见：https://u.demog.berkeley.edu/~andrew/1918/figure2.html; U.S.; United Nations, World Population Prospects 2022 (New York: United Nations, 2022); World Health Organization, Global Health Observatory, https://apps.who.int/gho/data/view.main.HALEXv; Bureau of the Census, "American Families and Living Arrangements: 2021," tables H1 and FG3, https://www.census.gov/data/tables/2021/demo/families/cps-2021.html; "Financial Issues Top the List of Reasons U.S. Adults Live in Multigenerational Homes," Pew Research Center, March 24, 2022, https://www.pewresearch.org/fact-tank/2018/04/05/a-record-64-million-americans-live-in-multigenerational-households/; OECD's Education Database, https://data.oecd.org/education.htm; the data on online learning by age come from the Statista database; *Global Insights on a Multigenerational Workforce* (Washington, DC: AARP Research, August 2020); "The Rise of Intergenerational Influence?," Media Leader, March 2, 2021, https://the-media-leader.com/the-rise-of-intergenerational-influence/。

前言

1. 世界经济论坛关于老年的定义，参见："What is Old Age?," April 21, 2015, https://www.weforum.org/agenda/2015/04/what-is-old-age/。

2. 关于宝马，参见：Christoph Loch, Fabian J. Sting, Nikolaus Bauer, and Helmut Mauermann, "The Globe: How BMW Is Defusing the Demographic Time Bomb," *Harvard Business Review*, https://hbr.org/2010/03/the-globe-how-bmw-is-defusing-the-demographic-time-bomb; Val Grubb, "Managing Four Generations in the Workplace," Val Grubb & Associates, October 18, 2015, https://valgrubbandassociates.com/managing-four-generations-in-the-workplace/; "The Future of Work: Changing Values in a Multi-Generational Workforce," GetSmarter, September 28, 2020, https://www.getsmarter.com/blog/market-trends/the-future-of-work-changing-values-in-a-multi-generational-workforce/; Marti Konstant, "Multigenerational Workforce Requires Culture Shift," Marti Konstant's website, 2022。
3. 关于多代工作场所，参见：Brendan Shaw, "Five Generations in the Workplace," Shawview Consulting, June 7, 2019, https://www.shawview.com/post/2019/06/07/an-historical-moment-five-generations-in-the-workplace; Jeff Desjardins, "How Different Generations Approach Work," Visual Capitalist, May 30, 2019, https://www.visualcapitalist.com/generations-approach-workplace/; Michael Vincent, "The Benefits of Having Multiple Generations in the One Workplace," ABC News Australia, March 6, 2019, https://mobile.abc.net.au/news/2019-03-06/benefits-of-having-multi-generations-in-the-one-workplace/10873564。
4. 关于使用大脑的不同部分来解决问题，参见：Katherine Ellen Foley, "Scientifically, This Is the Best Age for You to Lead," Quartz, May 9, 2019, https://qz.com/work/1614701/the-best-age-to-lead-is-probably-in-your-50s/。

01 人生四站

1. 关于义务教育的历史，参见：Peter Gray, "A Brief History of Education," *Psychology Today*, August 20, 2008, https://www.psychologytoday.com/us/blog/freedom-learn/200808/brief-history-education; Francisco O. Ramirez and John Boli, "The Political Construction of Mass Schooling," *Sociology of Education* 60, no. 1 (January 1987): 2–17。
2. 关于德国教师及对学生的惩罚，参见：James Mulhern, *A History of Education: A Social Interpretation*, 2nd ed. (New York: Ronald Press, 1959), 383。
3. 关于工业化和学校教育，参见：E. P. Thompson, "Time, Work-Discipline, And Industrial Capitalism," *Past & Present* 38 (December 1967): 56–97。特纳的引言在第 84 页。Charles Perrow, "A Society of Organizations," *Theory & Society* 20, no. 6 (December 1991): 725–762。
4. 关于工作场所的小说，参见：Joanna Biggs, "Top 10 Books About Working Life," *Guardian*, April 29, 2015。
5. 关于塔尔科特·帕森斯的论文，参见："The School Class as a Social System" appeared in *Harvard Educational Review* 29 (1959): 297–318。
6. 关于彼得·潘综合征，参见：Dan Kiley, *The Peter Pan Syndrome: Men Who Have Never Grown Up* (New York: Avon Books, 1983); Aldous Huxley, *Island* (New York: Perennial, 1962), 184–185; Melek Kalkan, Meryem Vural Batik, Leyla Kaya, and Merve Turan, "Peter Pan Syndrome 'Men Who Don't Grow': Developing a Scale," *Men and Masculinities* 24, no. 2 (June 2021): 245–257。
7. 关于何塞·奥尔特加·加塞特的引言，参见："Overprotecting Parents Can Lead Children to Develop 'Peter Pan Syndrome,'" Science Daily, May 3, 2007, https://www.sciencedaily.com/releases/2007/05/070501112023.htm。
8. 关于爱利克·埃里克森的人生阶段概述，参见："Erik Erikson's Stages of Psychosocial Development," Verywell Mind, August 3, 2022, https://www.verywellmind.com/erik-erik-

sons-stages-of-psychosocial-development-2795740。

9. 马赛厄斯·德普克（Matthias Doepke）对加里·贝克尔的人口理论进行了恰当的总结，参见："Gary Becker on the Quantity and Quality of Children," *Journal of Demographic Economics* 81 (2015): 59–66。他的引言来自加里·贝克尔，参见：*A Treatise on the Family* (Cambridge, MA: Harvard University Press, 1991), 144。

10. 关于吉尔布雷思一家人生考验与磨难的引言，参见：Frank B. Gilbreth Jr. and Ernestine Gilbreth Carey, *Cheaper by the Dozen* (Binghamton, NY: Vail-Ballou Press, 1948), 2, 10, 21–22, 88; Ernestine M. Gilbreth, *Living with Our Children* (New York: W. W. Norton, 1928), 3, 11。

11. 关于女性教育与儿童的统计数据，参见：Gladys M. Martinez, Kimberly Daniels, and Isaedmarie Febo-Vazquez, "Fertility of Men and Women Aged 15–44 in the United States: National Survey of Family Growth, 2011–2015," *National Health Statistics Report* no. 113 (July 11, 2018)。

12. 关于父母压力和儿童教育计划，参见：Carl O'Brien, "Parents Warned of Obsession with Sending Children to University," *Irish Times*, May 23, 2018, https://www.irishtimes.com/news/education/parents-warned-of-obsession-with-sending-children-to-university-1.3402361, 包括肯·罗宾逊的引言; Avik Mallick, "How Obsession with Grades Harms Children's Education," India Education, 2022, https://indiaeducation.net/students-corner/how-obsession-with-grades-harms-childrens-education/; Alia Wong, "The American Obsession with Parenting," *Atlantic*, December 12, 2016, https://www.theatlantic.com/family/archive/2016/12/the-american-obsession-with-parenting/510221/。

13. 关于文化资本和学习成绩，参见：Paul DiMaggio, "Cultural Capital and School Success," *American Sociological Review* 47 (April 1982): 189–201。

14. 关于约瑟夫·加贝利博士的引言，参见："Parental Pressure and Behavior May Put Teens at Risk for Substance Use and Abuse Say Experts from Caron Treatment Centers," GlobeNewswire, March 14, 2019, https://www.globenewswire.com/news-release/2019/03/14/1754943/0/en/Parental-Pressure-and-Behavior-May-Put-Teens-at-Risk-for-Substance-Use-and-Abuse-Say-Experts-from-Caron-Treatment-Centers.html。

15. 关于中年危机的引言，参见：Rebecca A. Clay, "Researchers Replace Midlife Myths with Facts," *Monitor on Psychology* 34, no. 4 (April 2003): 36. See also "Midlife," *Psychology Today*, https://www.psychologytoday.com/intl/conditions/midlife; Jonathan Rauch, "The Real Roots of Midlife Crisis," *Atlantic*, December 2014, https://www.theatlantic.com/magazine/archive/2014/12/the-real-roots-of-midlife-crisis/382235/; Xu Qin, "Did Snow White Deal with Midlife Crisis?," Shine, October 16, 2020, https://www.shine.cn/feature/book/2010167822/。

16. 关于独居和孤独，参见："Percentage of Americans Living Alone, by Age," Our World in Data, https://ourworldindata.org/grapher/percentage-of-americans-living-alone-by-age?time=1900.2018; "Social Isolation, Loneliness in Older People Pose Health Risks," National Institute on Aging, https://www.nia.nih.gov/news/social-isolation-loneliness-older-people-pose-health-risks。关于退休后的孤独感，参见："How to Combat Loneliness in Older Age," Gransnet, https://www.gransnet.com/relationships/older-people-feeling-lonely-making-new-friends; James Sullivan, "The Financial and Human Cost of Loneliness in Retirement," *Journal of Accountancy Newsletter/CPA Insider*, January 21, 2020, https://www.journalofaccountancy.com/newsletters/2020/jan/financial-consequences-isolation-senior-clients.html; Oejin Shin, Sojung Park, Takashi Amano, Eunsun Kwon, and BoRin Kim, "Nature of Retirement and Loneliness: The Moderating Roles of Social Support," *Journal of Applied Gerontology* 39, no. 12 (2020): 1292–1302; Esteban Calvo, Kelly Haverstick, and Steven A. Sass, "Gradual Retirement, Sense of Control, and Retirees' Happiness," *Research on Aging* 31, no. 1 (2009): 112–135。

17. 关于瓦尔特·格罗皮乌斯和弗兰克·吉尔布雷思，参见：Mauro F. Guillén, The Taylorized

Beauty of the Mechanical: Scientific Management and the Rise of Modernist Architecture (Princeton, NJ: Princeton University Press, 2006)。

18. 关于代际动态，参见："Intergenerational Solidarity and Needs of Future Generations," United Nations, August 5, 2013, https://sustainabledevelopment.un.or/content/documents/2006future.pdf; Michael J. Urick, Elaine C. Hollensbe, Suzanne S. Masterson, and Sean T. Lyons, "Understanding and Managing Intergenerational Conflict: An Examination of Influences and Strategies," *Work, Aging and Retirement* 3, no. 2 (April 2017): 166–185; "Inheriting Climate Change," Climate One, https://www.climateone.org/audio/inheriting-climate-change-0; Bruce Gibney, *A Generation of Sociopaths: How the Baby Boomers Betrayed America* (New York: Hachette Books, 2017)。

02　长寿与健康

1. 关于最佳历史记录，参见：*James C. Riley, Rising Life Expectancy: A Global History* (Cambridge, England: Cambridge University Press, 2001)。引言在第1页。第17页讲述了伦敦历来的人口死亡原因。
2. 关于斯大林，参见：Neil G. Bennett and Lea Keil Garson, "The Centenarian Question and Old-Age Mortality in the Soviet Union, 1959–1970," *Demography* 20, no. 4 (November 1983): 587–606; Neil G. Bennett and Lea Keil Garson, "Extraordinary Longevity in the Soviet Union: Fact or Artifact?," *Gerontologist* 6, no. 4 (August 1986): 358–361; Lea Keil Garson, "The Centenarian Question: Old-Age Mortality in the Soviet Union, 1897 to 1970," *Population Studies* 45, no. 2 (July 1991): 265–278。
3. 美国人预期寿命的历史资料，参见："Life Expectancy in the USA, 1900–1998," University of California, Berkeley, https://u.demog.berkeley.edu/~andrew/1918/figure2.html。
4. 男性精英人士的预期寿命资料，参见：J. P. Griffin, "Changing Life Expectancy Throughout History," *Journal of the Royal Society of Medicine* 101, no. 12 (Dece-mber 2008): 577。
5. 关于世界各国人口的预期寿命，参见：Aaron O'Neill, "Life Expectancy in the United Kingdom 1765–2020," Statista, https://www.statista.com/statistics/1040159/life-expectancy-united-kingdom-all-time/; "Life Expectancy by Age," Infoplease, https://www.infoplease.com/us/health-statistics/life-expectancy-age-1850–2011; Lauren Medina, Shannon Sabo, and Jonathan Vespa, "Living Longer: Historical and Projected Life Expectancy in the United States, 1960 to 2060," *Current Population Reports*, February 2020, https://www.census.gov/content/dam/Census/library/publications/2020/demo/p25–1145.pdf; Raphael Minder, "Spain's Formula to Live Forever," Foreign Policy, July 4, 2019, https://foreignpolicy.com/2019/07/04/spains-formula-to-live-forever/; Steven Johnson, "How Humanity Gave Itself an Extra Life," *New York Times Magazine*, April 27, 2021。
6. 关于"不老泉"，参见：Herodotus, The Histories, book III, http://www.perseus.tufts.edu/hopper/text?doc=Perseus%3Atext%3A1999.01.0126%3Abook%3D3; "Myth of the Source: Historical References," Acción Cultura Española, https://www.accioncultural.es/virtuales/florida/eng/search/mythhistory.html; Tad Friend, "Silicon Valley's Quest to Live Forever," New Yorker, March 27, 2017; Jocelyn Kaiser, "Google X Sets Out to Define Healthy Human," Science, July 28, 2014; Eva Hamrud, "Scientists Think We Can 'Delay' the Aging Process, but How Far Can We Actually Go?," Science Alert, April 3, 2021; Adam Gopnik, "Can We Live Longer but Stay Younger?," New Yorker, May 13, 2019。
7. 关于美国"绝望之死"的信息，参见：Anne Case and Angus Deaton, "Rising Morbidity and Mortality in Midlife among White Non-Hispanic Americans in the 21st Century," *Proceedings

of the National Academy of Sciences 112, no. 49 (November 2, 2015); Alan B. Krueger, "Where Have All the Workers Gone?," paper prepared for "The Elusive 'Great' Recovery: Causes and Implications for Future Business Cycle Dynamics," Sixtieth Annual Economic Conference, Federal Reserve Bank of Boston, Boston, MA, October 14, 2016, https://www.bostonfed.org/-/media/Documents/economic/conf/great-recovery-2016/Alan-B-Krueger.pdf。

8. 外出工作与按性别划分的死亡率变化情况，参见：UN, *World Population Prospects: 2019 Revision*; Bertrand Desjardins, "Why Is Life Expectancy Longer for Women Than It Is for Men?," *Scientific American*, August 30, 2004; Rochelle Sharpe, "Women's Longevity Falling in Some Parts of the U.S., Stress May Be Factor," *Connecticut Health*, November 12, 2012, http://c-hit.org/2012/11/12/womens-longevity-falling-in-some-parts-of-u-s-stress-may-be-factor/; Irma T. Elo et al., "Trends in Non-Hispanic White Mortality in the United States by Metropolitan-Nonmetropolitan Status and Region, 1990–2016," *Population and Development Review* 45, no. 3 (2019): 549–583; Arun S. Hendi, "Trends in Education - Specific Life Expectancy, Data Quality, and Shifting Education Distributions: A Note on Recent Research," *Demography* 54, no. 3 (2017): 1203–1213; Monica Potts, "What's Killing Poor White Women?," *American Prospect*, September 3, 2013。

9. 按种族划分的新冠病毒感染的死亡率，参见：Tamara Rushovich, Marion Boulicault, and Heather Shattuck-Heidorn, "Sex Disparities in COVID-19 Mortality Vary Across US Racial Groups," *Journal of General Internal Medicine* 36 (2021): 1696–1701。

10. 单身母亲的统计数据，参见："Single Mother Statistics," Single Mother Guide, May 17, 2021, https://singlemotherguide.com/single-mother-statistics/。

11. 经健康状况调整后的预期寿命数据，参见："Healthy Life Expectancy at Birth," UN, https://www.un.org/esa/sustdev/natlinfo/indicators/methodology_sheets/health/health_life_expectancy.pdf。

12. 扬-皮耶特·詹森的引言来自约瑟芬·坎博（Josephine Cumbo），参见："'Their House is on Fire': The Pension Crisis Sweeping the World," *Financial Times*, November 17, 2019。

13. 平均退休年龄数据，参见：Brendan Shaw, "Five Generations in the Workplace," Shawview Consulting, June 7, 2019, https://www.shawview.com/post/2019/06/07/an-historical-moment-five-generations-in-the-workplace。

14. 关于政府报告，参见：*Intergenerational Fairness and Provision Committee Report* (London: House of Lords, January 21, 2021), https://lordslibrary.parliament.uk/intergenerational-fairness-and-provision-committee-report/. See also Aart-Jan Riekhoff, "Pension Reforms, the Generational Welfare Contract and Preferences for Pro-Old Welfare Policies in Europe," *Social Policy & Administration* 55, no. 3 (December 2020): 501–518。

15. 关于20世纪50年代伦敦公共汽车工人罢工事件，参见："London Buses on the Streets, 1940s and 1950s," https://www.1900s.org.uk/1940s-london-buses.htm; "Bus Drivers and Their Special Skills, 1940s and 1950s," https://www.1900s.org.uk/1940s-london-bus-drivers.htm。

03 核心家庭的兴衰

1. 美国和全球的家庭数据，参见：Bureau of the Census, "American Families and Living Arrangements: 2021," tables H1 and FG3, https://www.census.gov/data/tables/2021/demo/families/cps-2021.html; Stephanie Kramer, "U.S. Has World's Highest Rate of Children Living in Single-Parent Households," Pew Research Center, December 12, 2019, https://www.pewresearch.org/fact-tank/2019/12/12/u-s-children-more-likely-than-children-in-other-countries-to-live-with-

just-one-parent/。

2. 关于核心家庭的引言，参见：Margaret Mead and Ken Heyman, Family (New York: Macmillan, 1965), 77–78; David Brooks, "The Nuclear Family Was a Mistake," Atlantic, March 2020; Joe Pinsker, "If the Nuclear Family Has Failed, What Comes Next?," *Atlantic*, March 2020。

3. 关于女性杂志的引言，参见：Francesca M. Cancian and Steven L. Gordon, "Changing Emotion Norms in Marriage: Love and Anger in U.S. Women's Magazines Since 1900," *Gender and Society* 2, no. 3 (September 1988): 308–342。引自 Robert N. Bellah, Richard Madsen, William M. Sullivan, Ann Swidler, and Steven M. Tipton, *Habits of the Heart: Individualism and Commitment in American Life* (Berkeley: University of California Press, 1985) is on page 6。引自 Robert D. Putnam, *Bowling Alone: The Collapse and Revival of American Community* (New York: Simon & Schuster, 2000) are on pages 183, 277。

4. 关于家庭结构和单身母亲的数据，参见：OECD Family Database, https://www.oecd.org/els/family/database.htm#structure; Huizhong Wu, "Denied Benefits, Chinese Single Moms Press for Change," Associated Press, March 15, 2021, https://apnews.com/article/china-single-moms-denied-benefits-d7c841920b21331e7c18ca4f40e69b6a; Vivian Wang, "For China's Single Mothers, a Road to Recognition Paved with False Starts," *New York Times*, May 31, 2021; Kanksha Raina, "The Joys and Struggles of Being a Single Mother in India," Kool Kanya, July 28, 2020, https://blogs.koolkanya.com/the-joys-and-struggles-of-being-a-single-mother-in-india/; Bella DePaulo, *How We Live Now: Redefining Home and Family in the 21st Century* (New York: Simon & Schuster, 2015)。

5. 关于《草原小屋》，参见：Diana Bruk, "11 Reasons 'Little House on the Prairie' Was Once the Best Show on Television," *Country Living*, November 12, 2014, https://www.countryliving.com/life/a6263/little-house-on-the-prairie/。

6. 关于韩国的真人秀《我独自生活》，参见：Sam Kim, "South Korea Crosses a Population Rubicon in Warning to the World," *Bloomberg*, May 26, 2021。

7. 关于独居，参见：Bella DePaulo, "Living Alone: Men and Women, Young to Old, Around the World," *Psychology Today*, February 28, 2020, https://www.psychologytoday.com/us/blog/living-single/202002/living-alone-men-and-women-young-old-around-the-world; Albert Esteve, David S. Reher, Rocío Treviño, Pilar Zueras, and Anna Turu, "Living Alone over the Life Course: Cross-National: Variations on an Emerging Issue," *Population and Development Review* 46, no. 1 (2019): 169–189; Eric Kilnenberg, *Going Solo: The Extraordinary Rise and Surprising Appeal of Living Alone* (New York: Duckworth Books, 2013)。

8. 关于成年子女与父母一起生活，参见：Richard Fry, Jeffrey S. Passel, and D'Vera Cohn, "A Majority of Young Adults in the U.S. Live with Their Parents for the First Time Since the Great Depression," Pew Research Center, September 4, 2020, https://www.pewresearch.org/fact-tank/2020/09/04/a-majority-of-young-adults-in-the-u-s-live-with-their-parents-for-the-first-time-since-the-great-depression/; "When Are They Ready to Leave the Nest?," Eurostat, August 12, 2020, https://ec.europa.eu/eurostat/web/products-eurostat-news/-/edn-20200812-1; "The Ominous 'Kangaroo' Generation in Korea," Newsnpr, November 7, 2021, https://www.newsnpr.org/the-ominous-kangaroo-generation-in-korea-parents-do-not-let-their-children-be-independent-until-the-age-of-40-they-still-have-no-intention-of-leaving-the-house/; "Census Data Shows More than 42% of South Koreans in their 30s Are Unmarried," Allkpop, September 29, 2021, https://www.allkpop.com/article/2021/09/census-data-shows-more-than-42-of-south-koreans-in-their-30s-are-unmarried; Christina Newberry, "Adult Children At Home? Learn Strategies for Making It Work—Including How to Word a Contract for Adult Children Living at Home That Makes the Rules Clear!," Adult Children Living at Home, https://adultchildrenlivingathome.com/。

韩国的数据来自上述提到的 Newsnpr 文章。

9. 贝拉·德保罗的引言，参见：*How We Live Now: Redefining Home and Family in the 21st Century*, Kindle edition (New York: Atria Books, 2015)，第 5-6 页。

10. 关于 ILGA 发布的描绘世界各国性取向法律的地图，参见：https://ilga.org/maps-sexual-orientation-laws。引言"语言是我们无法挣脱的牢笼"，参见：https://www.reddit.com/r/Showerthoughts/comments/3qghcp/language_is_a_prison_we_cannot_break_out_of_it_is/。

11. 关于性别语言和不平等，参见："The Subtle Ways Language Shapes Us," BBC, https://www.bbc.com/culture/article/20201006-are-some-languages-more-sexist-than-others; Jennifer L. Prewitt-Freilino, T. Andrew Caswell, and Emmi K. Laakso, "The Gendering of Language: A Comparison of Gender Equality in Countries with Gendered, Natural Gender, and Genderless Languages," *Sex Roles* 66, nos. 3–4 (February 2011): 268–281。

12. 关于多代同堂家庭，参见：Robert Habiger, "Multigenerational Living: A Personal Experience," Dekker Perich Sabatini, https: //www.dpsdesign.org/blog/multigenerational-living-a-personal-experience; Peter Muennig, Boshen Jiao, and Elizabeth Singer, "Living with Parents or Grandparents Increases Social Capital and Survival: 2014 General Social Survey—National Death Index," *SSM Population Health* 4 (April 2018): 71–75; James Tapper, "All Under One Roof: The Rise and Rise of Multigenerational Life," Guardian, March 10, 2019; Ian Marcus Corbin, "A Return to Multigenerational Living," Institute for Family Studies, June 22, 2020, https: //ifstudies.org/blog/a-return-to-multi-generational-living; D'Vera Cohn et al., "Financial Issues Top the List of Reasons U.S. Adults Live in Multigenerational Homes," Pew Research Center, March 24, 2022, https://www.pewresearch.org/fact-tank/2018/04/05/a-record-64-million-americans-live-in-multigenerational-households/; *Family Matters: Multigenerational Living Is on the Rise and Here to Stay* (Washington, DC: Generations United, 2021), https://www.gu.org/app/uploads/2021/04/21-MG-Family-Report-WEB.pdf; Gemma Burgess and Kathryn Muir, "The Increase in Multigenerational Households in the UK: The Motivations for and Experiences of Multigenerational Living," *Housing, Theory and Society* 37, no. 3 (2020): 322–338; Shannon Guzman, "Multigenerational Housing on the Rise, Fueled by Economic and Social Changes," AARP Public Policy Institute, June 2019, https://www.aarp.org/content/dam/aarp/ppi/2019/06/multigenerational-housing.doi.org.10.26419–2Fppi.00071.001.pdf; Daphne Lofquist, "Multigenerational Households," U.S. Census Bureau, working paper #2013–20, https://www.census.gov/content/dam/Census/library/working-papers/2013/acs/lofquist-01.pdf。

13. 关于公社和乌托邦，参见：Rosabeth Moss Kanter, *Community and Commitment* (Cambridge, MA: Harvard University Press, 1972)。

04 无因的反叛

1. 关于父母施加给青少年的压力，参见：Janet Sasson Edgette, "Let's Stop Stressing Out Our Kids with Career Choice Pressure," *Philadelphia Inquirer*, March 11, 2019; Elena Blanco-Suarez, "The Myths About the Teenage Brain," *Psychology Today*, March 19, 2019, https://www.psychologytoday.com/us/blog/brain-chemistry/201903/the-myths-about-the-teenage-brain; Richard Wike, "Americans Say Kids Need More Pressure in School, Chinese Say Less," Pew Research Center, August 22, 2013, https://www.pewresearch.org/fact-tank/2013/08/22/americans-say-kids-need-more-pressure-in-school-chinese-say-less/; Amy Morin, "The Dangers of Putting Too Much Pressure on Kids," Verywell Family, September 22, 2020, https://www.verywellfamily.com/the-dangers-of-putting-too-much-pressure-on-kids-1094823。

2. 关于学生的表现，参见：PISA 2018 results, https://www.oecd.org/pisa/PISA-results_ENGLISH.png; "Dropout Rates," National Center for Education Statistics, https://nces.ed.gov/fastfacts/display.asp?id=16; H. Dryler, "Parental Role Models, Gender, and Educational Choice," British Journal of Sociology 49, no. 3 (September 1998): 375–398; Grace Chen, "Parental Involvement Is Key to Student Success," Public School Review, August 14, 2021, https://www.publicschool-review.com/blog/parenta-involvement-is-key-to-student-success。

3. 关于大学的选择，参见：John Katzman and Steve Cohen, "Why Parents Pick the Wrong Colleges for Their Kids," Time, April 14, 2017; Kristin van Ogtrop, "A Letter of Apology to a Son Graduating from College," Time, April 13, 2017; Anna Raskind, "Major Problems: How to Choose a Major Under Pressure," *Columbia Daily Spectator*, April 21, 2016; Leighann Camarero, "When It Comes to Choosing a Major, College Students Feel the Pressure," WAMC Northeast Public Radio, April 4, 2013, https://www.wamc.org/post/when-it-comes-choosing-major-college-students-feel-pressure; Editorial Board, "Do Parentals Pressure Career Choices?," *Ledger*, November 14, 2018; Sonu Kumari Singh, "Academic and Psychological Consequences of Imposed Career Choices," master's thesis, National Institute of Technology, Rourkela, India, May 2015, https://core.ac.uk/download/pdf/80147549.pdf。

4. 关于完美主义，参见：Rachel Simmons, "Perfectionism Among Teens Is Rampant (and We're Not Helping)," *Washington Post*, January 25, 2018; Thomas Curran and Andrew P. Hill, "Perfectionism Is Increasing Over Time: A Meta-Analysis of Birth Cohort Differences from 1989 to 2016," Psychological Bulletin 145, no. 4 (2019): 410–429。

5. 亚历山德拉·摩根·格鲁伯的内容来自她在美国参议院的证词，参见："No Place to Grow Up," May 19, 2015, United States Finance Committee, https://www.finance.senate.gov/imo/media/doc/Gruber%20Testimony.pdf。

6. 关于美国各州的大学助学计划，参见："Tuition Waivers by State," University of Washington, https://depts.washington.edu/fostered/tuition-waivers-state。

7. 关于"瘾君子"的康复研究，参见：David Eddie et al., "From Working on Recovery to Working in Recovery," *Journal of Substance Abuse and Treatment* 113 (June 2020)。

8. 关于劳动技能，参见："The Professional and Technical Workforce: By the Numbers," AFL-CIO Department for Professional Employees, September 27, 2021, https://www.dpeaflcio.org/factsheets/the-professional-and-technical-workforce-by-the-numbers; David J. Deming, "The Growing Importance of Social Skills in the Labor Market," *Quarterly Journal of Economics* 132, no. 4 (November 2017): 1593–1640; J. D. Mayer, R. D. Roberts, and S. R. Barsade, "Human Abilities: Emotional Intelligence," *Annual Review of Psychology* 59 (2008): 507–536; *The Future of Jobs* (Geneva: World Economic Forum, January 2016), http://www3.weforum.org/docs/WEF_Future_of_Jobs.pdf。

9. 关于卡尔顿·蒲的引言，参见：Nicole Krueger, "Preparing Students for Jobs That Don't Exist," ISTE, August 31, 2021, https://www.iste.org/explore/ISTE-blog/Preparing-students-for-jobs-that-don%27t-exist。

10. 关于工作和技术专家的引言，参见："The Future of Jobs and Jobs Training," Pew Research Center, May 3, 2017, https://www.pewresearch.org/internet/2017/05/03/the-future-of-jobs-and-jobs-training/; National Academies of Science, Engineering, and Medicine, *Information Technology and the U.S. Workforce* (Washington, DC: National Academies Press, 2017), https://www.nap.edu/read/24649/chapter/1。

11. 关于毕加索的引言，参见：William Fifield, "Pablo Picasso: A Composite Interview," *Paris Review* 32 (summer-fall 1964)。

12. 关于财务知识素养和功能性文盲，参见：Annamaria Lusardi and Olivia S. Mitchell, "The

Economic Importance of Financial Literacy: Theory and Evidence," *Journal of Economic Literature* 52, no. 1 (2014): 5–44; Meredith Cicerchia and Chris Freeman, "How Common Is Functional Illiteracy?," Touch-type Read and Spell, https://www.readandspell.com/functional-illiteracy。

13. 关于外语学习，参见："Which Countries Are Best at English as a Second Language?," World Economic Forum, November 2019, https://www.weforum.org/agenda/2019/11/countries-that-speak-english-as-a-second-language. See also Mauro F. Guillén, "The Real Reasons to Support Language Study," *Chronicle of Higher Education*, July 27, 2009, https://www.chronicle.com/article/the-real-reasons-to-support-language-study/。

14. 关于沃尔特·朗的引言，参见：Byron Pitts, "Battling the Scourge of Illiteracy," CBS News, October 4, 2009, https://www.cbsnews.com/news/battling-the-scourge-of-illiteracy/; Daniel Lattier, "32 Million U.S. Adults Are 'Functionally Illiterate'…What Does That Even Mean?," Intellectual Takeout, August 26, 2015, https://www.intellectualtakeout.org/blog/32-million-us-adults-are-functionally-illiterate-what-does-even-mean/; "National Assessment of Adult Literacy (NAAL)," National Center for Education Statistics, https://nces.ed.gov/naal/; "Program for the International Assessment of Adult Competencies," National Center for Education Statistics, https://nces.ed.gov/surveys/piaac/; "Survey of Adult Skills," OECD, https://www.oecd.org/skills/piaac/。

05 职业转换和终身学习

1. 关于职业转换，参见：Stacy Rapacon, "Career Change Is the New Normal of Working," CNBC, April 27, 2016, https://www.cnbc.com/2016/04/26/career-change-is-the-new-normal-of-working.html; Helen Barrett, "Plan for Five Careers in a Lifetime," Financial Times, September 5, 2017。

2. 关于在线教育的未来，参见："The Future of Jobs and Jobs Training," Pew Research Center, May 3, 2017, https://www.pewresearch.org/internet/2017/05/03/the-future-of-jobs-and-jobs-training/; Emma Jacobs and Aimee Keane, "Career Changers: Cracking It as a Coder," Financial Times, August 30, 2018, 包括汉娜·克罗斯和玛莎·钱伯斯的案例;https://www.ft.com/content/1ee55290-963e-11e8-b67b-b8205561c3fe; "Creativity Peaks in Your 20s and 30s," BBC News, April 27, 2019, https://www.bbc.com/news/newsbeat-48077012。

3. 关于技术和"岗位破坏"，参见：Andrew J. Chapin, "Forget Robots, Blockchain Technology May Be the Real Threat to Your Job," *Observer*, November 18, 2018, https://observer.com/2018/11/blockchain-smart-contracts-middle-management-jobs/; "Resoundingly Human: Robots on the Job—What's the Real Impact for Their Human Counterparts?," Knowledge at Wharton, November 6, 2020, https://ai.wharton.upenn.edu/news-stories/resoundingly-human-robots-on-the-job-whats-the-real-impact-for-their-human-counterparts/; Joe McKendrick, "It's Managers, Not Workers, Who Are Losing Jobs to AI and Robots, Study Shows," *Forbes*, November 15, 2020, https://www.forbes.com/sites/joemckendrick/2020/11/15/its-managers-not-workers-who-are-losing-jobs-to-ai-and-robots-study-shows/?sh=22fd3ce520d5; *Technology and the Future of the Government Workforce* (Walldorf, Germany:SAP,2020),https: //www.instituteforgovernment.org.uk/sites/default/files/publications/tech-future-government-workforce.pdf; "The Future of Public Service," Deloitte, https://www2.deloitte.com/us/en/pages/public-sector/articles/future-of-public-service.html。

4. 关于老年人和教育，参见："China Focus: Silver-Haired Students Rise Against Population

Ageing," XinhuaNet, May 8, 2017, http://www.xinhuanet.com//english/2017-05/08/c136266199. htm; Neha Thirani Bagri, "China's Seniors Are Lining up to Go Back to College," Quartz, May 9, 2017, https://qz.com/978805/chinas-seniors-are-lining-up-to-go-back-to-college/; *Tech and the Modern Grandparent* (Washington, DC: AARP, 2019), https://www.aarp.org/content/dam/aarp/research/surveys_statistics/life-leisure/2019/aarp-grandparenting-study-technology-fact-sheet.doi.10.26419-2Fres.00289.016.pdf; Peter Rinderud, "Seniors and Technology During Covid-19," Ericsson, January 26, 2021, https://www.ericsson.com/en/blog/2021/1/seniors-and-technology-during-covid; Laurie Quinn, "Going Back to College After 50: The New Normal?," *Forbes*, July 1, 2018; Jacob Share, "Career Changes After 40: True Stories of Real People Who Succeeded," JobMob, April 4, 2019, https://jobmob.co.il/blog/career-changes-after-40-success-stories/; "Is It Too Late to Become a Doctor? Not According to Today's Medical Students," St. George's University Medical School, May 20, 2021, https://www.sgu.edu/blog/medical/becoming-a-doctor-later-in-life/。

5. 平均而言，人们一生中会换多少次工作，参见："Number of Jobs, Labor Market Experience, Marital Status, and Health," Bureau of Labor Statistics, August 31, 2021, https://www.bls.gov/news.release/pdf/nlsoy.pdf; "Average Time Spent with One Employer in European Countries 2020," Statista, August 4, 2021, https://www.statista.com/statistics/1209552/average-time-spent-with-one-employer-in-europe/。

6. 关于多代工作场所，参见："Managing the Multigenerational Workplace," January 1, 2014, Future of Work Hub, https://www.futureofworkhub.info/allcontent/2014/1/1/managing-the-multigenerational-workplace; Caroline Ngonyo Njoroge and Rashad Yazdanifard, "The Impact of Social and Emotional Intelligence on Employee Motivation in a Multigenerational Workplace," *Global Journal of Management and Business Research* 14, no. 3 (2014); Eddy S. Ng and Emma Parry, "Multigenerational Research in Human Resource Management," in *Review in Personnel and Human Resources Management* (Bingley, England: Emerald, 2016), 1–41; "The Hartford's Reverse Mentoring Program," *Profiles in Diversity Journal*, July 1, 2013, https://diversityjournal.com/11474-the-hartfords-reverse-mentoring-program/; Carol Hymowitz, "The Tricky Task of Managing the New, Multigenerational Workplace," *Wall Street Journal*, August 12, 2018; David Mallon, Yves Van Durme, and Maren Hauptmann, "The Postgenerational Workforce: From Millennials to Perennials," Deloitte, May 15, 2020, https: //www2.deloitte.com/us/en/insights/focus/human-capital-trends/2020/leading-a-multigenerational-workforce.html; "The Perennial Mindset in the Era of Ageless with Gina Pell and Susan Hoffman," Arts Research Center, University of California, Berkeley, https://arts.berkeley.edu/the-perennial-mindset-in-the-era-of-ageless-with-gina-pell-and-susan-hoffman/; Lindsey Pollak, *The Remix: How to Lead and Succeed in the Multigenerational Workplace* (New York: Harper Business, 2019)。

7. 关于千禧一代的标签，参见："Most Millennials Resist the 'Millennial' Label," Pew Research Center, September 3, 2015, https://www.pewresearch.org/politics/2015/09/03/most-millennials-resist-the-millennial-label/。

8. 关于彼得·卡佩利的引言，参见：Carol Hymowitz, "The Tricky Task of Managing the New, Multigenerational Workplace," Wall Street Journal, August 12, 2018. See also Peter Cappelli and Bill Novelli, *Managing the Older Worker: How to Prepare for the New Organizational Order* (Boston, MA: Harvard Business Review Press, 2010)。

9. 关于普雷齐奥西、韦斯曼和范伯格的引言，参见："Company Culture and the Multigenerational Workforce," Built In, May 10, 2021, https://builtin.com/company-culture/multigenerational-workforce。

06　畅想退休生活

1. 关于反对退休的论述，参见：Eric Brotman, "Why Retirement Is a Bad Idea Financially and Psychologically," *Forbes*, June 30, 2020, https://www.forbes.com/sites/ericbrotman/2020/06/30/why-retirement-is-a-bad-idea-financially-and-psychologically/?sh=4cbc5ce53c76。
2. 对托妮和托比的采访，参见：Don Ezra, "#56 Interviews about Retirement," *Life After Full-Time Work* (blog), 2017, https://donezra.com/56-interviews-about-retirement/。
3. 关于退休对健康的影响，参见：Iris van der Heide et al., "Is Retirement Good for Your Health? A Systematic Review of Longitudinal Studies," *Academic BMC Public Health* 13, no. 1 (2013): 1–22; Elizabeth Mokyr Horner et al., "The Impact of Retirement on Health," *MBC Health Services Research* 16 (2016): 1–9; Ranu Sewdas, "Association Between Retirement and Mortality: Working Longer, Living Longer?," *Journal of Epidemiology and Community Health* 74 (2020): 473–480; *Living in the Covid-19 Pandemic: The Health, Finances, and Retirement Prospects of Four Generations* (Cedar Rapids, IA: Transamerica Center for Retirement Studies, August 2021), https://transamericacenter.org/docs/defaul-source/retirement-survey-of-workers/tcrs2021_sr_four-generations-living-in-a-pandemic.pdf。
4. 关于老年人的时间安排，参见："American Time Use Survey," Bureau of Labor Statistics, https://www.bls.gov/TUS/CHARTS/OLDER.HTM; Jasmin Collier, "Excessive Daily TV at Older Age Tied to Poorer Memory," *Medical News Today*, March 1, 2019, https://www.medicalnewstoday.com/articles/324598; Gretchen Livingston, "Americans 60 and Older Are Spending More Time in Front of Their Screens Than a Decade Ago," Pew Research Center, June 18, 2019, https://www.pewresearch.org/fact-tank/2019/06/18/americans-60-and-older-are-spending-more-time-in-front-of-their-screens-than-a-decade-ago/; AJ Dellinger, "How the Elderly Spend Their Time with Screens," Mic, August 15, 2019, https://www.mic.com/life/screen-time-is-higher-for-the-elderly-than-younger-people-new-data-reports-18660210; Edward C. Baig, "Worried About Increased Screen Time? Think About Its Quality," AARP, April 6, 2020, https://www.aarp.org/home-family/personal-technology/info-2020/increase-screen-time.html，包括约翰·马里克的引言；Katharine G. Abraham and Susan N. Houseman, "Policies to Improve Workforce Services for Older Americans," Economic Studies at Brookings, November 2020, https://www.brookings.edu/wp-content/uploads/2020/11/E-11.19.20-Abraham-Houseman.pdf。
5. 关于世界各国的退休情况，参见："At 54, China's Average Retirement Age Is Too Low," *Economist*, June 24, 2021; Kasper Lippert-Rasmussen, "The EU and Age Discrimination: Abolishing Mandatory Retirement!," Twelve Stars, March 7, 2019, https://www.twelvestars.eu/post/kasper-lippert-rasmussen。
6. 关于老年人和就业增长，参见：William R. Emmons, "Older Workers Accounted for All Net Employment Growth in Past 20 Years," Federal Reserve Bank of St. Louis, February 1, 2021, https://www.stlouisfed.org/on-the-economy/2021/february/older-workers-accounted-all-net-employment-growth; Jo Ann Jenkins, "It's Time to Rethink Aging and Retirement, AARP's Jenkins Says," *Barron's*, May 17, 2021; Nicole Maestas, "Back to Work: Expectations and Realizations of Work after Retirement," Journal of Human Resources 45, no. 3 (summer 2010): 718–748; Nicole Maestas, "Why Are People Unretiring?," Retirement Wisdom, August 2, 2018, https://www.retirementwisdom.com/podcasts/why-are-people-unretiring-nicole-maestas/。
7. 关于退休后再就业，参见：Sherry E. Sullivan and Adram Al Ariss, "Employment After Retirement: A Review Framework for Future Research," *Journal of Management* 45, no. 1 (January 2019): 262–284; Zaria Gorvett, "What If We Have to Work Until We're 100?," BBC, July 16, 2018, https://www.bbc.com/worklife/article/20180710-whats-it-like-working-past-

your-100th-birthday,包括简·弗金汉姆的引言。
8. 关于老年人、技术和远程工作,参见:Lisa Michaels, "How Is Workplace Technology Supporting an Ageing Workforce," DiversityQ, August 7, 2020, https://diversityq.com/how-is-workplace-technology-supporting-an-ageing-workforce-1509859/; Kerry Hannon, "5 Reasons Working from Home Benefits Older Workers—and Their Employers," AARP, June 9, 2020, https://www.aarp.org/work/working-at-50-plus/info-2020/telework-benefits.html; Caitlin Powell, "Older People Who Work from Home More Likely to Stay in the Workforce, ONS Finds," *People Management*, August 31, 2021, https://www.peoplemanagement.co.uk/news/articles/older-people-work-from-home-more-likely-stay-workforce-ons#gref。
9. 关于零工工作,参见:Eileen Applebaum, Arne Kalleberg, and Hye Jin Rho, "Nonstandard Work Arrangements and Older Americans, 2005–2017," Economic Policy Institute, February 28, 2019, https://www.epi.org/publication/nonstandard-work-arrangements-and-older-americans-2005–2017/; "UK's Gig Economy Workforce Has Doubled Since 2016," TUC, June 28, 2019, https://www.tuc.org.uk/news/uks-gig-economy-workforce-has-doubled-2016-tuc-and-feps-backed-research-shows; Damjan Jugovic Spajic, "The Future of Employment: 30 Telling Gig Economy Statistics," SmallBizGenius, May 26, 2021, https://www.smallbizgenius.net/by-the-numbers/gig-economy-statistics/#gref; Andrew Fennell, "Gig Economy Statistics UK," StandOutCV, January 2022, https://standout-cv.com/gig-economy-statistics-uk; Elaine Pofeldt, "Why Older Workers Are Embracing the Gig Economy," Forbes, August 30, 2017, https://www.forbes.com/sites/elainepofeldt/2017/08/30/why-older-workers-are-embracing-the-gig-economy/?sh=193903aa42ce; Leonardo Castañeda, "Boomers, Not Millennials, May Be the Most Active Generation in the Gig Economy," *Mercury News*, June 28, 2019, including the description of the Wonolo study。
10. 关于新冠肺炎大流行和退休不平等:Brett Arends, "How the Covid Crisis Is Making Retirement Inequality Worse," MarketWatch, September 11, 2021, https://www.marketwatc.com/story/how-the-covid-crisis-is-making-retirement-inequality-worse-11631201005; Owen Davis et al., "The Pandemic Retirement Surge Increased Retirement Inequality," Schwartz Center for Economic Policy Analysis, June 1, 2021, https://www.economicpolicyresearch.org/jobs-report/the-pandemic-retirement-surge-increased-retirement-inequality; Mark Miller, "America's Retirement Race Gap, and Ideas for Closing It," *New York Times*, August 14, 2020。

07　百岁继承

1. 关于查尔斯·狄更斯的引言,参见:*Our Mutual Friend* (1864–1865), chapter 11, available from Project Gutenberg, https://www.gutenberg.org/cache/epub/883/pg883-images.html。
2. 关于长寿和继承预期,参见:Richard Venturi, "Inherited Wealth in Greying Societies," France Stratégie, July 6, 2017, https://www.strategie.gouv.fr/english-articles/inherited-wealth-greying-societies; Amy Feldman, "When Longevity Upends Trusts," Forbes, November 29, 2014; Amy Fontinelle, "Why Millennials Should Not Rely on an Inheritance," MassMutual, July 28, 2020, https://blog.massmutual.com/post/why-millennials-should-not-rely-on-an-inheritance; "Survey of Consumer Finances (SCF)," Board of Governors of the Federal Reserve System, https://www.federalreserve.gov/econres/aboutscf.htm; Will Kenton, "Average Inheritance: How Much Are Retirees Leaving to Heirs?," NewRetirement, June 29, 2020, https://www.newretirement.com/retirement/average-inheritance-how-much-are-retirees-leaving-to-heirs/; Nicolas Gattig, "'Inheritance Mother': Tackling Taboo of Caring for Elderly Parents," *Japan Times*, Au-

资料来源

gust 12, 2017; "Ameriprise Study: Family Financial Discussions Go Smoother Than Anticipated, but Unrealistic Inheritance Expectations Persist," BusinessWire, March 15, 2017, https://www.businesswire.co/news/home/20170315005007/en/Ameriprise-Study-Family-Financial-Discussions-Go-Smoother-Than-Anticipated-But-Unrealistic-Inheritance-Expectations-Persist, 包括马西·凯克勒的引言; "Despite Good Intentions, Millennials and Gen Z Are Demonstrating Unrealistic Expectations About Their Financial Futures," BusinessWire, August 13, 2018, https://www.businesswire.com/news/home/20180813005101/en/Despite-Good-Intentions-Millennials-and-Gen-Z-Are-Demonstrating-Unrealistic-Expectations-About-Their-Financial-Futures, 包括嘉信理财分析数据的引用; "Over-Optimistic UK Adults Overestimating Their Inheritance," Just, https://www.wearejust.co.uk/waj-archive/ARCHIVED-my-home-my-future/ARCHIVED-inheritance-expectations/; "Millennials 'Misjudging Inheritance Windfall,'" *Week*, May 10, 2019; Gail Johnson, "Nearly Half of Canadians Are Banking on an Inheritance to Meet Their Financial Goals. What Are the Dangers?," Globe and Mail, October 22, 2019; Edward Jones, "Canadians Are Banking on an Inheritance as Many Struggle to Meet Their Financial Goals," Newswire Canada, September 30, 2019, https://www.newswir.ca/news-releases/edward-jones-survey-canadians-are-banking-on-an-inheritance-as-many-struggle-to-meet-their-financial-goals-834230408.html; Mary R. Tomlinson, "Gen Y Housing Aspirations Could Depend on a Housing Inheritance," Future Justice issue paper, https://www.futurejustice.com.au/reports/pdf/GenY-Housing-Inheritance-issue-paper.pdf; "The Inheritance Expectation," Eldernet, October 12, 2021, https://www.eldernet.co.nz/gazette/the-inheritance-expectation-experts-say-spend-it-while-you-can/; Jay Zagorsky, "Do People Save or Spend Their Inheritances? Understanding What Happens to Inherited Wealth," *Journal of Family and Economic Issues* 34, no. 1 (March 2013): 64–76。

3. 关于世界各国的代际联系，参见：Misa Izuhara, "Care and Inheritance: Japanese and English Perspectives on the 'Generational Contract,'" *Ageing & Society* 22, no. 1 (January 2002): 61–77; Yun Sheng, "Little Emperors," *London Review of Books* 38, no. 10 (May 19, 2016); Christina Zhou, "One-Child Policy: A Look Inside the Struggles and Benefits of China's 'Little Emperor' Generation," ABC News Australia, February 3, 2018, https://www.abc.net.au/news/2018-02-03/the-struggles-and-benefits-of-chinas-little-emperor-generation/9323300; Tanza Loudenback, "The Typical American Heir Is Now a Middle-Class 50-Something Who Puts the Money Toward Retirement," Business Insider, November 21, 2019, https://www.businessinsider.com/personal-finance/older-americans-get-mor-inheritances-use-for-retirement-2019–11, 包括林肯·普鲁斯的引言。

4. 关于韩国三星家族，参见：Joyce Lee and Keekyoung Yang, "Samsung's Lee Family to Pay More Than $10.8 Bln Inheritance Tax," Reuters, April 28, 2021, https://www.reuters.com/business/samsungs-lee-family-pay-more-than-12-trln-won-inheritance-taxes-2021–04–28/; Choe Sang-Hun, "An Inheritance Tax Bill You 'Can't Fathom': $10.8 Billion," *New York Times*, April 28, 2021; Bae Hyunjung, "Samsung Estate Sparks Debate on Inheritance Tax," *Korea Herald*, May 11, 2021。

5. 关于遗产税和不平等，参见：*Inheritance Taxation in OECD Countries* (Paris: OECD, 2021), 74–75; Facundo Alvaredo, Bertrand Garbinti, and Thomas Piketty, "On the Share of Inheritance in Aggregate Wealth: Europe and the USA, 1900–2010," Economica 84, no. 334 (April 2017): 239–260; Mikael Elinder, Oscar Erixson, and Daneil Waldenstrom, "Inheritance and Wealth Inequality: Evidence from Population Registers," *Journal of Public Economics* 165 (September 2018): 17–30; Meredith Haggerty, "The Impact of Inheritance," Vox, March 23, 2021, https://www.vox.com/the-highlight/22320272/inheritance-money-wealth-transfer-estate-tax;

"Inheritance for All," Friedrich Ebert Stiftung, March 31, 2020, https://www.ips-journal.eu/interviews/inheritance-for-all-4207/, 包括皮凯蒂的引言; Eric Levitz, "Will 'the Great Wealth Transfer' Trigger a Millennial Civil War?," *New York*, July 18, 2021, https://nymag.com/intelligencer/2021/07/wil-the-great-wealth-transfer-spark-a-millennial-civil-war.html。

6. 关于再婚对财产继承的影响，参见：Gretchen Livingston, "The Demographics of Remarriage," Pew Research Center, November 14, 2014, https://www.pewresearch.org/social-trends/2014/11/14/chapter-2-the-demographics-of-remarriage/; Sarah O'Brien, "Remarried After Having Kids? Here Are Tips to Avoid Accidentally Disinheriting Them," CNBC, January 17, 2019, https://www.cnbc.com/2019/01/17/estate-planning-for-second-marriages-when-you-have-kids.html; Jamie M. Lewis and Rose M. Kreider, "Remarriage in the United States," United States Census Bureau Report Number ACS-30, March 10, 2015, https://www.census.gov/library/publications/2015/acs/acs-30.html; Tammy La Gorce, "When Your Parents Remarry, Everyone Is Happy, Right?," *New York Times*, March 22, 2018, including the quotes on this topic。

7. 关于女性与继承的历史，参见：Suzanne McGee and Heidi Moore, "Women's Rights and Their Money: A Timeline from Cleopatra to Lilly Ledbetter," *Guardian*, August 11, 2014; "Women, Business, and the Law Database," World Bank, https://wbl.worldbank.org/en/wbl; Pooneh Baghai et al., "Women as the Next Wave of Growth in US Wealth Management," McKinsey, July 29, 2020, https://www.mckinsey.com/industries/financial-services/our-insights/women-as-the-next-wave-of-growth-in-us-wealth-management; "Women's Wealth 2030: Parity, Power, and Purpose," UBS, March 8, 2021, https://www.ubs.com/global/en/wealth-management/women/2021/women-wealth-parity-power-purpose.html; "How Women's Wealth Is Driving Economic Change," Barclays, March 6, 2020, https://privatebank.barclays.com/news-and-insights/womens-rising-wealth/; "The Face of Wealth and Legacy: How Women Are Redefining Wealth, Giving, and Legacy Planning," RBC Wealth Management, https://www.rbcwealthmanagement.com/gb/en/research-insights/the-new-face-of-wealth-and-legacy-how-women-are-redefining-wealth-giving-and-legacy-planning/detail/; Warren Lewis, "Majority of Women Planning on Leaving an Inheritance Unlikely to Seek Advice," Financial Reporter, October 5, 2021, https://www.financialreporter.co.uk/finance-news/majority-of-women-planning-on-leaving-an-inheritance-unlikely-to-seek-financial-advice.html, 包括道恩·米林的引言; Tanita Jamil, "The Inheritance Challenge Facing Women in the Sandwich Generation," St. James's Place, January 7, 2021, https://www.sjp.co.uk/news/how-to-manage-inheritance; "$8.5 Billion Inheritance Skipping a Generation Every Year," One Family, August 7, 2019, https://www.onefamily.com/our-story/media-centre/2019/8-5-billion-inheritance-skipping-a-generation-every-year/。

08 女性

1. 关于女性、母亲和生物钟，参见：Carley Fortune, "The Career Advice I Wish I Got Before Having a Baby," Refinery29, July 23, 2020, https://www.refinery29.com/en-gb/2020/07/9929316/career-advice-for-new-mothers; Richard Cohen, "The Clock Is Ticking for the Career Woman," *Washington Post*, March 16, 1978; Moira Weigel, "The Foul Reign of the Biological Clock," *Guardian*, May 10, 2016; Quoctrung Bui and Claire Cain Miller, "The Age That Women Have Babies: How a Gap Divides America," *New York Times*, August 4, 2018, 包括希瑟·拉金的引言; Melinda Mills et al., "Why Do People Postpone Parenthood?," *Human Reproduction Update* 17, no. 6 (November–December 2011): 848–860。

2. 关于女性的职业生涯，参见：Sharon Mavin, "Women's Career in Theory and Practice: Time

for Change?," *Women in Management Review* 16, no. 4 (2011): 183–192; Patrick Ishizuka and Kelly Musick, "Occupational Inflexibility and Women's Employment During the Transition to Parenthood," *Demography* 58, no. 4 (221): 1249–1274。

3. 关于女性的工作与压力，参见："Women More Likely to Be Stressed Than Men," Priory, https://www.priorygroup.com/blog/why-are-stress-levels-among-women-50-higher-than-men, 包括朱迪思·莫林的引言；Nancy Beauregard et al., "Gendered Pathways to Burnout: Results from the SALVEO Study," *Annals of Work Exposures and Health* 2, no. 4 (May 2018): 426–437; "For Mothers in the Workplace, a Year (and Counting) Like No Other," McKinsey, May 5, 2021, https://www.mckinsey.com/featured-insights/diversity-and-inclusion/for-mothers-in-the-workplace-a-year-and-counting-like-no-other。

4. 关于女性职业生涯的更多内容，参见：Marianne Cooper, "Mothers' Careers Are at Extraordinary Risk Right Now," Atlantic, October 1, 2020, https://www.theatlantic.com/family/archive/2020/10/pandemic-amplifying-bias-against-working-mothers/616565/; Michelle Fox, "Men Have Been Promoted 3 Times More Than Women During the Pandemic, Study Finds," CNBC, October 13, 2020, https://www.cnbc.com/2020/10/13/pandemic-fallout-men-got-3-times-more-promotions-than-women.html, including Qualtrics/theBoardlist study; Caitlin Powell, "Could Working from Home Stall Women's Careers?," *People Management*, November 15, 2021, https://www.peoplemanagement.co.uk/news/articles/could-working-from-home-stall-womens-careers#gref, 包括斯蒂芬森博士的引言。

5. 关于艾莉森的故事，参见：Jen Gann, "6 Women on How They've Been Treated at Work After Having Kids," *New York*, June 13, 2018。

6. 关于母职惩罚，参见：Shelley Zalis, "The Motherhood Penalty: Why We're Losing Our Best Talent to Caregiving," *Forbes*, February 22, 2019; *The Pursuit of Gender Equality: An Uphill Battle* (Paris: OECD, 2017), figures 12.3, 12.4, and 12.5; Henrik Kleven, Camille Landais, and Jakob Egholt Sogaard, "Children and Gender Inequality: Evidence from Denmark," National Bureau of Economic Research, working paper 24219; Claire Cain Miller, "The Motherhood Penalty vs. the Fatherhood Bonus," *New York Times*, September 6, 2014, 包括米歇尔·布迪格的引言；Katja Möhring, "Is There a Motherhood Penalty in Retirement Income in Europe?," *Ageing & Society* 38, no. 2 (December 2018): 2560–2589; M. Gough and M. Noonan, "A Review of the Motherhood Wage Penalty in the United States," *Sociology Compass* 7, no. 4 (2013): 328–342; M. J. Budig and P. England, "The Wage Penalty for Motherhood," *American Sociological Review* 66 (2001): 204–225; M. J. Budig, J. Misra, and I. Boeckmann, "The Motherhood Penalty in Cross-National Perspective: The Importance of Work-Family Policies and Cultural Attitudes," *Social Politics: International Studies in Gender, State & Society* 19, no. 2 (2012): 163–193; *The Pursuit of Gender Equality: An Uphill Battle*, figure 13.14; Gann, "6 Women," 包括莎莉的引言；Joan R. Kahn, Javier Garcia-Manglano, and Suzanne M. Bianchi, "The Motherhood Penalty at Midlife," *Journal of Marriage & Family* 76, no. 1 (February 2014): 56–72。

7. 关于母亲不工作的负罪感，参见：Katie Martin, "When Women Choose Children Over a Career," Atlantic, December 19, 2016, https://www.theatlantic.com/business/archive/2016/12/opting-out/500018/。

8. 关于"妈咪轨道"，参见：Felice N. Schwartz, "Management Women and the New Facts of Life," *Harvard Business Review*, January–February 1989; Tamar Lewin, "'Mommy Career Track' Sets Off a Furor," *New York Times*, March 8, 1989; Lisa Endlich Heffernan, "Want to Keep Mothers in the Workforce? Make It Possible for Them to Stay," Vox, May 7, 2015, https://www.vox.com/2015/5/4/8523753/mommy-track, including examples of Vodafone and IBM; Cathy Barrera, "The Economics of the 'Mommy Track' Explain Why Parental Leave

Isn't Enough," Quartz, February 6, 2018, https://qz.com/work/1189295/the-economics-of-the-mommy-track-explain-why-offering-parental-leave-isnt-enough/。

9. 关于公共政策与女性的职业生涯，参见：Melinda Mills, "Why Do People Postpone Parenthood?"。

10. 关于少女妈妈，参见：Courtney Pellegrino, "The Lived Experiences of Teenage Mothers That Foster Resiliency," doctor of education thesis, Northeastern University, Boston, MA, August 2014, 包括斯塔西的引言，page 56, https://repository.library.northeastern.edu/files/neu:336610/fulltext.pdf; "Reproductive Health: Teen Pregnancy," Centers for Disease Control and Prevention, November 15, 2021, https://www.cdc.gov/teenpregnancy/about/index.htm。

11. 关于埃丽卡·阿尔法罗的故事，参见：Eric Breier, "From Teen Mom to College Graduate," California State University at San Marcos, May 8, 2017, https://news.csusm.edu/from-teen-mom-to-college-graduate/。

12. 关于少女怀孕和生产的数据，参见："Trends in Teen Pregnancies and Child-bearing," U.S. Department of Health & Human Services, https://opa.hhs.gov/adolescent-health/reproductive-health-and-teen-pregnancy/trends-teen-pregnancy-and-childbearing; "Early Childbearing," UNICEF, May 2021, https://data.unicef.org/topic/child-health/adolescent-health/; Josephine Nabugoomu, Gloria K. Seruwagi, and Rhoa Hanning, "What Can Be Done to Reduce the Prevalence of Teen Pregnancy in Rural Eastern Uganda?," *Reproductive Health* 17, no. 134 (2020); Nana Yaa Konadu Gyesaw and Augustine Ankomah, "Experiences of Pregnancy and Motherhood Among Teenage Mothers in a Suburb of Accra, Ghana," *International Journal of Women's Health* 5 (2013): 773–780; "National Single Parent Day," U.S. Bureau of the Census, https://www.census.gov/newsroom/stories/single-parent-day.html。

13. 关于女性重返校园，参见：Andrew J. Hostetler, Stephen Sweet, and Phyllis Moen, "Gendered Career Paths: A Life Course Perspective on Returning to School," Sex Roles 56 (2007): 85–103; Amy B. Valente, "Back on the Career Path: A Qualitative Study of Employment Transitions for Women Who Take a Career Break and Their Re-Entry Experiences," doctoral thesis, Northeastern University, Boston, MA, December 2019, https://repository.library.northeastern.edu/files/neu:m044ww78b/fulltext.pdf; Zoe May Simpson, "The Return of Teen Mothers to the Formal School System," doctoral thesis, University of Sheffield, August 2010, https://etheses.whiterose.ac.uk/14998/1/555516.pdf; Linnea Lynne Watson, "Educational Resiliency in Teen Mothers," doctoral dissertation, University of Northern Colorado, Greeley, CO, January 12, 2014, https://digscholarship.unco.edu/cgi/viewcontent.cgi?article=1272&context=dissertations; Zarina Chogan and Malose Langa, "Teenage Mothers Talk About Their Experience of Teenage Motherhood," *Agenda: Empowering Women for Gender Equity* 25, no. 3 (2011): 87–95, 包括苏伊的引言，page 91; "10 Teen Pregnancy Quotes," Texas Adoption Center, December 12, 2019, including the quote from the fifteen-year-old mother, https://www.texasadoptioncenter.org/blog/teen-pregnancy-quotes/。

09 后世代消费市场

1. 关于市场营销与世代，参见："Marketing to People Based on Their 'Generation' Will Ultimately Fail," Dragonfly Marketing, https://dragonflymarketing.com.au/marketing-people-based-generation-will-ultimately-fail/; Laura Slattery, "Advertisers' Portrayal of Older People Isn't Just Alienating, It's Self-Defeating," *Irish Times*, October 25, 2021, 包括奥杰斯的引言; Sonya Matejko, "How to Bridge the Age Gap in Marketing," *Forbes*, October 15, 2021;

资料来源

241

Alexandra Pastore, "Blurring the Lines for Multigenerational Appeal," WWD, January 7, 2021, https://wwd.com/business-news/business-features/multigenerational-appeal-1234690602/。

2. 关于千禧一代、刻板印象和流行文化，参见：Jeff J. Butler, "Where Did the Avocado Toast Millennial Stereotype Come From?," April 12, 2019, https://jeffjbutler.com/2019/04/12/where-did-the-avocado-toast-millennial-stereotype-come-from/; Ash Collyer, "Generational Stereotypes Are 'Insulting, Recycled and Not True,'" Rhino Interiors Group, June 12, 2018, https://www.rhinooffice.co.uk/blog/generational-stereotypes; Tom Wolfe, "The 'Me' Decade and the Third Great Awakening," *New York*, April, 8 2008; Jean Twenge, "Millennials: the Me Me Me Generation," *Time*, May 20, 2013。

3. 关于年龄歧视和对世代概念的批评，参见：Stéphane P. Francioli and Michael S. North, "Youngism: The Content, Causes, and Consequences of Prejudices Toward Younger Adults," *Journal of Experimental Psychology: General* 150, no. 12 (2021): 2591–2612; "The Whys and Hows of Generations Research," Pew Research Center, September 3, 2015, https://www.pewresearch.org/politics/2015/09/03/the-whys-and-hows-of-generations-research/; A. Bell and K. Jones, "The Impossibility of Separating Age, Period and Cohort Effects," *Social Science & Medicine* 93 (2013): 163–165; Stacy M. Campbell et al., "Fuzzy but Useful Constructs: Making Sense of the Differences Between Generations," *Work, Aging and Retirement* 3, no. 2 (April 2017): 130–139; P. J. Urwin and E. Parry, "The Evidence Base for Generational Differences: Where Do We Go from Here?," WestminsterResearch, 2017, https://westminsterresearch.westminster.ac.uk/download/f9124d9430b69b3df89f8a631919e4a56795e04cde20a95d33139865d2bcba21/200052/Generations%20paper%20for%20WAR%20v4%20241116.pdf; Cort W. Rudolph et al., "Generations and Generational Differences: Debunking Myths in Organizational Science and Practice and Paving New Paths Forward," *Journal of Business and Psychology* 36 (2021): 945–967。

4. 关于年龄歧视、女性和市场营销，参见：Tamar Miller, "It's Time for the Fashion Industry to Stop Ignoring Older Women," Swaay, June 22, 2020, https://swaay.com/ageism-fashion-industry-older-women; "Ageism in Marketing Is Not Only Harmful; It's Bad for Business," Forbes, January 3, 2020, 包括罗克斯的引言; Patrick Coffee, "Age Discrimination Is the Biggest Hidden Bias in Advertising—and It's Gotten Worse During the Pandemic," Business Insider, June 30, 2021, https://www.businessinsider.com/the-ad-industrys-silent-battle-against-ageism-2021-6?r=US&IR=T, 包括罗克斯的第二段引言; Georganna Simpson, "L'Oréal and Vogue Challenge Beauty Perceptions After 50," Campaign, https://www.campaignlive.co.uk/article/loreal-vogue-challenge-beauty-perceptions-50/1587434; Aimée McLaughlin, "Is Advertising Finally Addressing Its Age Problem?," CreativeReview, November 9, 2021, https://www.creativereview.co.uk/advertising-age-problem/, 包括马圭尔的引言; "Ageism Is Rife in Marketing," Longevity, August 12, 2021, https://www.longevity.technology/ageism-is-rife-in-marketing/, 包括韦斯的引言。

5. 关于高龄消费和市场营销，参见：Mari Shibata, "The Untapped Potential of the 'Longevity Economy,'" BBC, October 10, 2019, https://www.bbc.com/worklife/article/20190930-the-untapped-potential-of-the-longevity-economy; Jeff Beer, "Why Marketing to Seniors Is So Terrible," *Fast Company*, June 5, 2019, 包括查特吉的引言; Robert Zniva and Wolfgang Weitzl, "It's Not How Old You Are but How You Are Old: A Review on Aging and Consumer Behavior," *Management Review Quarterly* 66 (2016): 267–297; Pastore, "Blurring the Lines," 包括德拉比奇和马丁的引言。

6. 关于"祖辈网红"，参见："How 'Granfluencers' Are Shaking Up Social Media Representation and Influencer Marketing," PR Daily, December 31, 2021, https://www.prdaily.com/how-granfluencers-are-shaking-up-social-media-representation-and-influencer-marketing/; "The Rise of the

Granfluencer," Social Standard, https://www.sostandard.com/blogs/the-rise-of-the-granfluencer/; Kantaro Komiya, "Grandparents Gone Viral," Rest of World, https://restofworld.org/2021/social-media-isnt-just-for-young-people/; Kait Shea, "The Golden Age of Influence: Eight 'Granfluencers' Shaking Up Consumers' Social Media Feeds," Event Marketer, March 28, 2022, https://www.eventmarketer.com/article/social-media-granfluencers-eight-types/; Carlo Pizzati, "Aging Influencers, Chinese Grandmas Are Social Media Hit," World Crunch, September 3, 2021, https://worldcrunch.com/culture-society/-aging-influencers-grandmas-in-china。

7. 关于 TikTok 的引言，参见：Lindsay Dodgson, "TikTokers Are Dancing with Their Grandparents for Content, and It Could Help Curb the Pandemic of Loneliness Among Older People," Insider, June 11, 2020, https://www.insider.com/how-tiktok-brings-grandparents-and-grandchildren-together-2020-6; Sydney Page, "Grandparents Are Dancing with Their Grandkids on TikTok. People Can't Get Enough," *Washington Post*, May 14, 2020。

8. 关于多代家庭和市场营销，参见：Scott McKenzie, "Nielsen: The Rise of Multigeneration Homes and the New Gatekeepers Within," Drum, August 4, 2020, https://www.thedrum.com/opinion/2020/08/04/nielsen-the-rise-multi-generation-homes-and-the-new-gatekeepers-within; Sharon Vinderine, "Multigenerational Households Are Influencing North American Retail Trends," *Entrepreneur*, November 6, 2018, https://www.entrepreneur.com/growing-a-business/multigenerational-households-are-influencing-north-american/322144。

9. 关于优步和爱彼迎的统计数据，参见："Celebrating Airbnb's 60+ Host Community," Airbnb blog, https://blog.atairbnb.com/celebrating-airbnbs-60-host-community; "Airbnb Statistics, User Counts, Facts & News (2022)," DMR, https://expandedramblings.com/index.php/airbnb-statistics/; "Uber Revenue and Usage Statistics," BuildFire, https://buildfire.com/uber-statistics/。

10. 关于常青一代的引言，参见：Pastore, "Blurring the Lines"。

11. 关于耐克，参见：Carol Kuruvilla, "'Iron Nun' Proves Youth Is Unlimited in Nike Ad," HuffPost, August 15, 2016, https://www.huffingtonpost.co.uk/entry/iron-nun-proves-youth-is-unlimited-in-nike-ad_n_57b209e1e4b0718404123f79; Miriam Tremelling, "The Iron Nun Inspires Us All in Nike's 'Unlimited Youth,'" Campaign, August 23, 2016, https://www.campaignlive.co.uk/article/iron-nun-inspires-us-nikes-unlimited-youth/1406682。

12. 关于梅赛德斯-奔驰，参见："Mercedes-Benz 'Grow Up' Campaign: Tapping into an Urban Subculture," Advertising + Marketing, April 18, 2018, https://www.marketing-interactive.com/mercedes-benz-grow-up-campaign-tapping-into-an-urban-subculture; "Your Shot: Diving Deeper Into Mercedes-Benz's Compelling 'Grow Up' Series," Little Black Book, https://www.lbbonline.com/news/your-shot-diving-deeper-into-mercedes-benzs-compelling-grow-up-series。

13. 关于彩妆品牌封面女郎，参见："CoverGirl Embraces Inclusivity in Their New Campaign by Droga5," MPC, https://archive.mpcadvertising.com/our-work/all/covergirl-i-am-what-i-make-up/; Ruby Boddington, "CoverGirl Releases Biggest Reinvention in Brand's 60-Year History: I Am What I Make Up," It's Nice That, October 16, 2017, https://www.itsnicethat.com/news/covergirl-i-am-what-i-make-up-graphic-design-161017。

14. 关于莎拉·拉比亚的引言，参见：Beer, "Why Marketing to Seniors Is So Terrible"。

15. 关于多代市场营销，参见：Jessica Kriegel, "Why Marketing to Millennials and Other Generations Is Pointless," Forbes, November 25, 2015; Heidi Zak, "How to Successfully Market One Product to Multiple Generations," Medium, July 23, 2019, https://medium.com/swlh/how-to-successfully-market-one-product-to-multiple-generations-7c23428d11ee, including the example of ThirdLove; Sam Bradley, "How Do You Solve a Problem Like…Ageism in the Marketing Business?," Drum, June 1, 2021, https://www.thedrum.com/news/2021/06/01/how-do-you-solve-problem-ageism-the-marketing-business, 包括关于机构和奥利·斯科特的引

言；Matthew Schwartz, "Finding the Common Threads Is Key for Generational Marketing," ANA, June 23, 2020, https://www.ana.net/blogs/show/id/mm-blog-2019–12-common-threads-for-generational-marketing, 包括施瓦茨的引言；"'Parentmorphosis'—Progressive's Latest Ad Campaign Reminds Us…We're All Becoming Our Parents," UTA Social, March 29, 2017, https://utasocial.wordpress.com/2017/03/29/parentmorphosis-progressives-latest-ad-campaign-reminds-us-were-all-becoming-our-parents/; Paul Talbot, "How Marketers Can Engage with Different Generations," Forbes, November 11, 2021, 包括戈达德的引言。

10　迈向常青一代社会

1. 关于三浦雄一郎的引言，参见："80-Year-Old Japanese Man Yuichiro Mirua Becomes Oldest to Conquer Mount Everest," *Independent*, May 23, 2013; Kara Goldfarb, "He Was the Oldest Man to Climb Mount Everest—10 Years Later He Beat His Own Record," All That's Interesting, May 14, 2018, https://allthatsinteresting.com/yuichiro-miura. See also "About Miura Everest 2013 Project," Miura Everest 2013, http://miura-everest2013.com/pdf/project_english_130322.pdf。
2. 关于米德的引言，参见：Millard Dale Baughman, *Teacher's Treasury of Stories for Every Occasion* (Englewood Cliffs, NJ: Prentice-Hall, 1958), 69。
3. 关于德鲁克的引言，参见：Goodreads, https://www.goodreads.com/quotes/861169-we-now-accept-the-fact-that-learning-is-a-lifelong。
4. 世界价值观调查项目针对年龄歧视开展的研究，参见：Alana Officer et al., "Ageism, Healthy Life Expectancy and Population Ageing: How Are They Related?," *International Journal of Environmental Research and Public Health* 17, no. 9 (2020): 3159; Michael S. North and Susan T. Fiske, "A Prescriptive, Intergenerational-Tension Ageism Scale: Succession, Identity, and Consumpion (SIC)," *Psychological Assessment* 25, no. 3 (September 2013): 706–713. The original data are at "Online Data Analysis," World Values Survey, https://www.worldvaluessurvey.org/WVSOnline.jsp。
5. 关于胡思的引言，参见：Joe Kita, "Workplace Age Discrimination Still Flourishes in America," AARP, December 30, 2019, https://www.aarp.org/work/working-at-50-plus/info-2019/age-discrimination-in-america.html。
6. 关于托夫勒的引言，参见：Susan Ratcliffe, *Oxford Essential Quotations* (Oxford, England: Oxford University Press, 2016)。
7. 关于科佩瓦斯的引言，参见：Sam Bradley, "How Do You Solve a Problem Like…Ageism in the Marketing Business?," Drum, June 1, 2021, https://www.thedrum.com/news/2021/06/01/how-do-you-solve-problem-ageism-the-marketing-business。
8. 完全依赖在线学习的学生统计数据，参见：National Center for Education Statistics, https://nces.ed.gov/programs/digest/d21/tables/dt21311.15.asp。
9. 关于奥利普西亚的引言，参见：*Global Report of Ageism* (New York: United Nations, 2021), 125, https://www.who.int/teams/social-determinants-of-health/demographic-change-and-healthy-ageing/combatting-ageism/global-report-on-ageism。
10. 关于年龄歧视和人口老龄化，参见：David Neumark, "Strengthen Age Discri-mination Protections to Help Confront the Challenge of Population Aging," Brookings Institution, November 19, 2020, https://www.brookings.edu/research/strengthen-age-discrimination-protections-to-help-confront-the-challenge-of-population-aging/。
11. 美国退休人员协会2019年的研究报告，参见：G. Oscar Anderson, "Mentorship and the

Value of a Multigenerational Workforce," AARP, January 2019, https://www.aarp.org/research/topics/economics/info-2019/multigenerational-work-mentorship.html。

12. 关于惠特曼的引言，参见：Kerry Hannon, "Forget 'OK, Boomer'—Workplaces of the Future Will Be Multigenerational," MarketWatch, December 16, 2019, https://www.marketwatch.com/story/forget-ok-boomer-workplaces-of-the-future-will-be-multigenerational-2019–12–16。
13. 按年龄划分的大学入学数据，参见：OECD's Education Database, https://data.oecd.org/education.htm。
14. 按年龄划分的在线学习数据来自德国斯塔蒂斯塔的数据库。
15. 美国退休人员协会关于高管的调查研究，参见：Rebecca Perron, *Global Insights on a Multigenerational Workforce* (Washington, DC: AARP Research, August 2020)。
16. 关于德勤的调查研究，参见：Gildas Poirel and Michela Coppola, "Wrong Numb-ers," Deloitte, https://www2.deloitte.com/us/en/insights/focus/technology-and-the-future-of-work/post-pandemic-talent-strategy-generations-in-the-workplace.html。
17. 关于娱乐行业的多代市场营销，参见：Natalie Oganesyan, "Entertainment Executives See Return to Multi-Generational Viewing," Yahoo! News, October 2, 2020, https://www.yahoo.com/now/entertainment-executives-see-return-multi-201447044.html。
18. 关于加拿大美妆品牌19/99，参见：Lisa Payne, "New Multigenerational Beauty Brand Targets Ages 19 to 99," Stylus, https://www.stylus.com/new-multigenerational-beauty-brand-targets-ages-19-to-99。